La boîte à outils

des

Réseaux sociaux

La boîte à outils

des

Réseaux sociaux

4e édition

Avec des liens pour approfondir

Cyril BLADIER

DUNOD

Maquette de couverture : Caroline Joubert (www.atelier-du-livre.fr)

Crédits iconographiques de couverture : © Mega Pixel ; © bioraven-Shutterstock.com ; © John T. Garcia – The Noun Project ; © Gregor Črešnar – The Noun Project.

Mise en page : Belle Page

ISBN : 978-2-10-074933-1

11, rue Paul-Bert, 92247 Malakoff Cedex
www.dunod.com

Remerciements

Je tiens à remercier tous ceux qui m'ont aidé dans l'écriture de cet ouvrage et en particulier (par ordre alphabétique) :

Jean-Philippe Bécane (Google), Hervé Bommelaer (Enjeux & Dirigeants), Gabriel Dabi-Schwebel (1min30), Alexandre Durain (So-Buzz), Aurélie Durand (WeLink), Alizée English (DettacheedePresse), Michaël Flautre Bué (Sogec), Bruno Fridlansky (Consonaute), Hervé Gonay (Get+), Yann Gourvennec (Visionarymarketing.com), Gaël de Kerdanet (CarpeDiemQM), Mohamed Khodja (Open2Leads), Stéphane Malherbe (Offiscenie), Xavier Monty (Sage), Stéphane Munier (Stein IAS), Laurent Pavillon (BNP Paribas Real Estate), Anthony Poncier (Publicis Consultants), Jean-Marc Puech (Avocat au barreau de Paris), Jorg Stegemann (Kennedy Executive).

Avant-propos

Venus des États-Unis par la sphère privée, les réseaux sociaux se sont imposés en quelques années dans notre quotidien. Jamais aucune entreprise ni aucune technologie n'avait auparavant réussi à convertir autant d'utilisateurs en aussi peu de temps. Pour atteindre 50 millions d'utilisateurs, la radio a mis 38 ans, la télévision : 13 ans, Internet : 4 ans, l'iPod : 3 ans. Facebook a conquis plus de 200 millions d'utilisateurs en moins d'un an. Vine, le réseau social de partage de vidéos créé par Twitter a gagné 30 millions d'utilisateurs en 2 mois (été 2013). 72 % des internautes sont actifs sur les réseaux sociaux. 71 % y accèdent depuis un mobile (DMexco 2014).

Ces réseaux ont introduit de nouveaux usages, tant personnels que professionnels. De nouveaux réseaux arrivent régulièrement (Instagram, Pinterest, Tumblr, Vine, Snapchat...) ; les réseaux les plus anciens évoluent constamment (Facebook, LinkedIn...). Et il est très difficile aujourd'hui de suivre toutes ces évolutions.

Les réseaux sociaux changent la manière d'acheter, de voyager, de communiquer, de vendre, de faire du marketing, de recruter, de se faire recruter, d'apprendre ; sans compter les risques de crise (dont même les plus grandes marques sont victimes). De nouvelles tendances apparaissent : inbound marketing, marketing automation, content marketing, picture marketing, MOOC, digital shopping, social selling... La plupart des fonctions et des métiers de l'entreprise sont concernés.

Contrairement à ce qu'on entend souvent, les réseaux sociaux n'amènent pas une obligation de transparence. La transparence est impossible; on ne peut pas tout dire. Ils ont plutôt une obligation d'authenticité : on ne peut pas tout dire, mais ce qu'on dit doit être vrai et sincère.

En mission de conseil, en conférence ou en formation, je rencontre chaque semaine des dirigeants, des cadres, des entrepreneurs, des étudiants qui se sentent dépassés par ce flux incessant d'informations (pas toujours vérifiées), de nouveaux usages et d'outils innovants. La difficulté est qu'il n'y a pas de règle : on ne peut dire que tel réseau marchera (ou non) dans telle ou telle situation. En effet, Goldman Sachs recrute sur Snapchat ; Mattel promeut Barbie sur LinkedIn ; Airbus Helicopters diffuse des vidéos de ses hélicoptères militaires ou de sécurité civile sur Facebook.

Pour y voir plus clair cependant dans cette grande variété : Facebook est plutôt un outil au service de la notoriété ; YouTube aide à diffuser des campagnes vidéo ; Instagram touche à l'image de marque ; Google+ aide surtout au référencement ; Twitter est intéressant pour le SAV ; Snapchat pour fédérer des fans et des opérations « flash » ; Pinterest pour anticiper des tendances ; LinkedIn pour sa carrière et pour développer son business ; Vine pour le buzz et enfin Periscope pour la vidéo en direct.

L'objectif de ce livre n'est pas de faire un panorama complet de tous les outils, ni de tous les courants de pensée. Parmi toutes les plateformes existantes et toutes les tendances en termes de communication, j'ai choisi de n'aborder que celles qui sont reconnues, confirmées et qui peuvent le plus aider les professionnels à piloter et développer leurs carrières et leurs business. Certains outils, comme LinkedIn par exemple, sont davantage développés car ils ont une place de plus en plus essentielle dans la vie professionnelle.

Néanmoins, cette quatrième édition aborde Periscope (vidéo live streaming) et Snapchat, qui n'ont pas nécessairement leurs preuves d'efficacité dans un contexte professionnel, mais dont les chiffres et les niveaux de progression ne peuvent laisser indifférent.

Un dossier est consacré au développement d'activité, notamment d'un point de vue commercial et marketing. Ayant créé mon entreprise en 2009, je sais combien les réseaux sociaux peuvent être essentiels à des entrepreneurs, pour se faire connaître et développer leur activité (en France et à l'international). Certes ils ne représentent pas la majeure partie du business, mais pour les sociétés les plus avancées, ils peuvent en représenter 30 % à 40 %. D'ailleurs les équipes commerciales de certains grands comptes comme Oracle ne prospectent plus par les voies classiques (fichiers, bases de données, appels sortants...).

Un outil est consacré aux services de diffusion de contenu qui permettent d'économiser un temps précieux consacré à une activité à faible valeur ajoutée. L'automatisation de certains process (publication) reste un sujet de débat, mais je fais partie de ceux qui pensent que, bien abordée, elle a du sens et peut apporter des résultats.

Le plus gros dossier concerne les ressources humaines, tant du point de vue de la direction (marketing RH, recrutement, aspects juridiques, réseaux sociaux d'entreprise, etc.) que du point de vue des candidats et salariés (quels réseaux sociaux utiliser et comment pour se rendre plus visible, trouver ou retrouver un emploi).

Dans la continuité des précédentes éditions, un dossier est destiné au digital shopping. Les réseaux de distribution sont en effet très touchés par cette nouvelle concurrence, par la géolocalisation et par l'évolution de Facebook (Graph Search), qui va obliger les chaînes qui veulent en profiter à créer une page Facebook par point de vente. Néanmoins, les réseaux sociaux ou les plateformes tierces qui leur sont liées peuvent aussi devenir des alliés des chaînes de magasin en générant par exemple du trafic en point de vente.

Enfin, le dernier dossier aborde les sujets du pilotage et du ROI (retour sur investissement).

J'espère que cette quatrième édition vous sera très utile et je vous souhaite une excellente lecture.

Sommaire

La Boîte à outils, mode d'emploi

Comment utiliser les QR codes de ce livre ?

1. Téléchargez un lecteur de QR code gratuit et ouvrez l'application de votre smartphone.
2. Photographiez le QR code avec votre mobile.
3. Découvrez les contenus interactifs sur votre smartphone.

Si vous n'avez pas de smartphone, saisissez l'URL indiquée sous le QR code dans la barre d'adresse de votre navigateur Internet.

Les outils sont classés par dossier

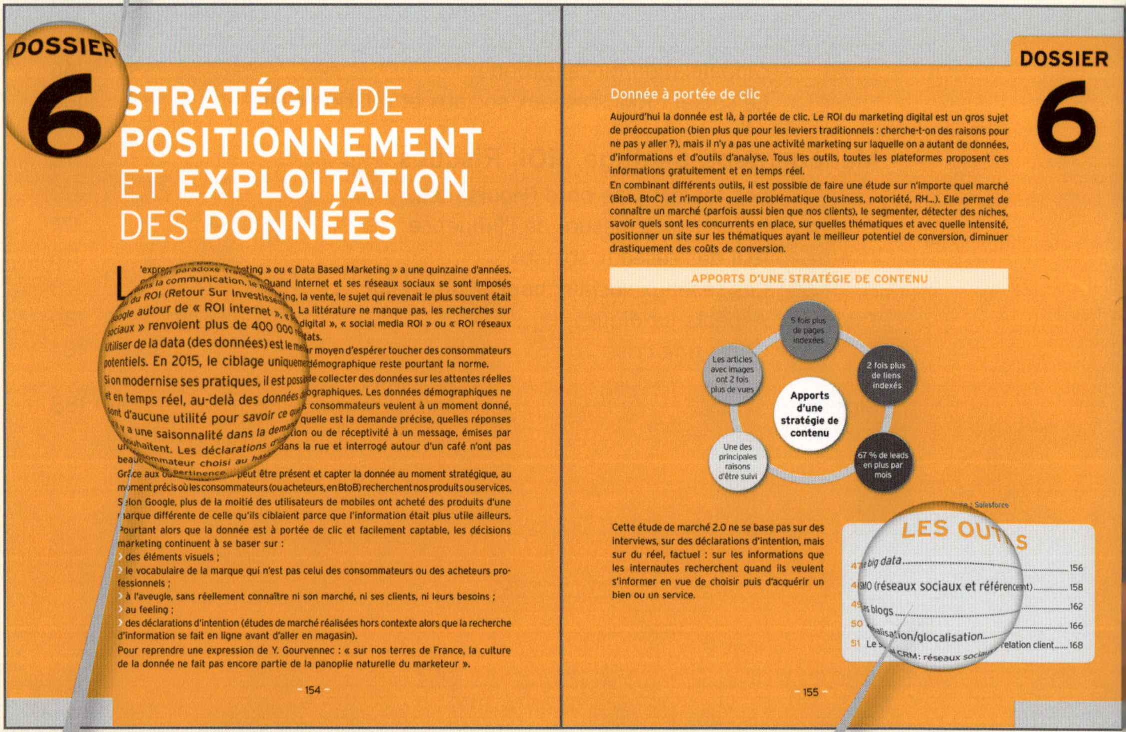

L'intérêt de la thématique vu par un expert

Un menu déroulant des outils

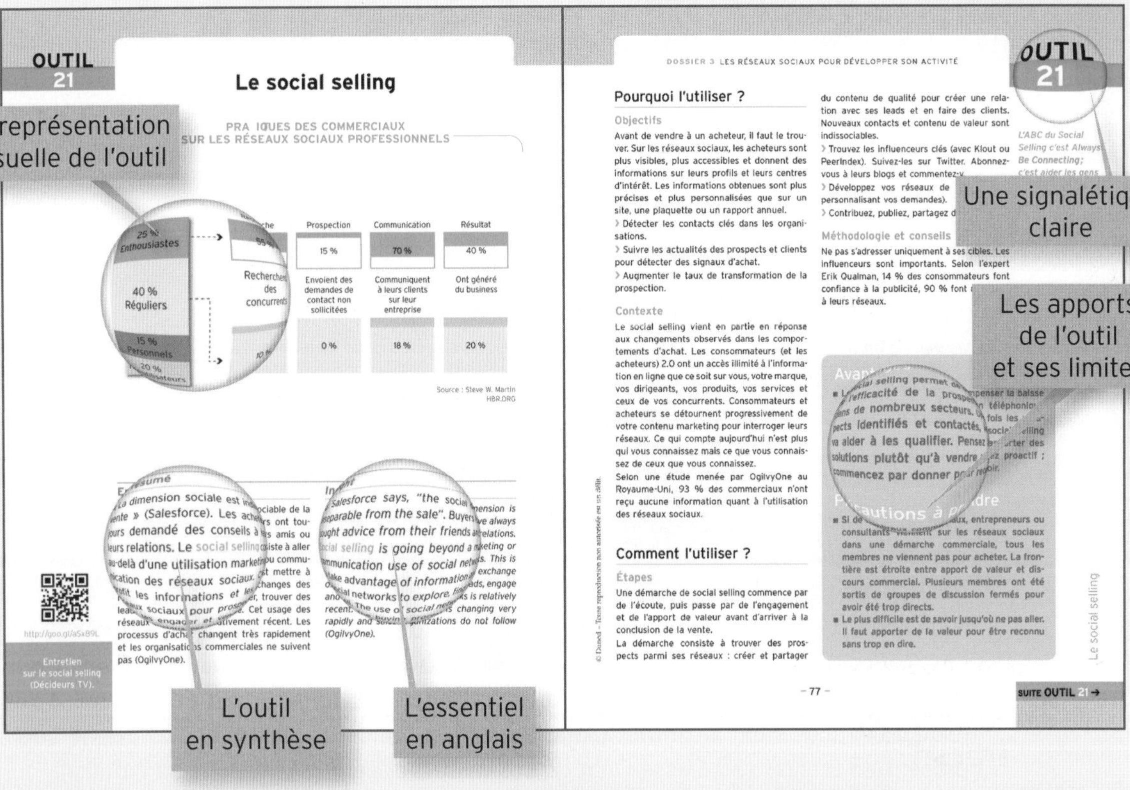
OUTIL 21
Le social selling
La représentation visuelle de l'outil
PRATIQUES DES COMMERCIAUX SUR LES RÉSEAUX SOCIAUX PROFESSIONNELS
L'outil en synthèse
L'essentiel en anglais
Entretien sur le social selling (Décideurs TV).
DOSSIER 3 LES RÉSEAUX SOCIAUX POUR DÉVELOPPER SON ACTIVITÉ
Pourquoi l'utiliser ?
Objectifs
Contexte
Comment l'utiliser ?
Étapes
Méthodologie et conseils
Une signalétique claire
Les apports de l'outil et ses limites
Le social selling
– 77 –
SUITE OUTIL 21 →

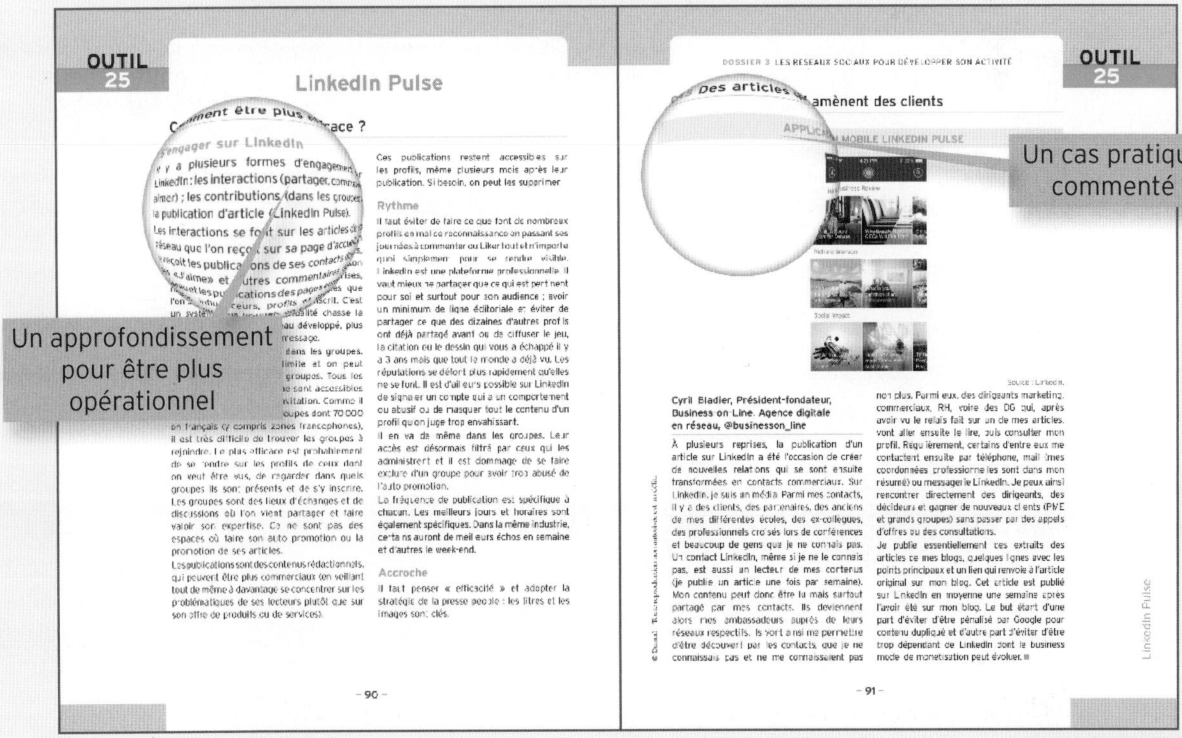
OUTIL 25
LinkedIn Pulse
Comment être plus efficace ?
S'engager sur LinkedIn
Rythme
Accroche
Un approfondissement pour être plus opérationnel
– 90 –
DOSSIER 3 LES RÉSEAUX SOCIAUX POUR DÉVELOPPER SON ACTIVITÉ
Des articles qui amènent des clients
APPLICATION MOBILE LINKEDIN PULSE
Un cas pratique commenté
Cyril Bladier, Président-fondateur, Business on Line. Agence digitale en réseau, @businesson_line
LinkedIn Pulse
– 91 –

DOSSIER

1 LES 4 RÉSEAUX PRINCIPAUX

L'écosystème des réseaux sociaux est très vaste et diversifié et évolue en permanence. À tel point qu'il devient difficile d'en réaliser une cartographie complète. Il y a des réseaux sociaux mobiles, autour de la musique ou de la vidéo, pour jouer ou apprendre... Il y a des réseaux pour piloter sa carrière, pour recruter, afficher son personal (ou son professional) branding, publier, communiquer, vendre – sans compter tous les outils qui tournent autour de ces réseaux pour analyser (nombre et origine des visiteurs), mesurer l'influence, gérer plusieurs profils, faciliter la diffusion entre plusieurs comptes, etc. Étudiant, cadre, entrepreneur, dirigeant, pour gérer sa visibilité professionnelle et booster sa carrière, lancer son entreprise ou la développer, communiquer, recruter, vendre ou mener des actions marketing, l'univers des réseaux sociaux est difficile à appréhender et les choix complexes : sur quels réseaux être présent ? Comment créer sa présence et s'y rendre visible ?

En dehors des réseaux chinois (Sina Weibo, Qzone, Tencent, Youku, RenRen...) qui sont encore peu présents en dehors de leurs frontières d'origine, il y a aujourd'hui 4 réseaux majeurs et quasiment incontournables : Facebook, LinkedIn, Google+ et Twitter. Viadeo, très présent en France, reste assez loin de ces quatre plateformes au niveau mondial.

› **Facebook** est le plus important en nombre de membres (1,5 milliard d'utilisateurs actifs). YouTube reçoit plus d'un milliard de visiteurs uniques tous les mois, mais c'est plus un média qu'un réel réseau social. Facebook peut être utilisé à titre personnel (carrière, entrepreneurs) et par une entreprise qui utilisera une page pour établir sa présence. Facebook a des règles qu'il faut connaître et respecter. Le fonctionnement de Facebook repose sur un moteur de recherche sémantique qui permet à Facebook de savoir quels sont les profils socialement connectés. Cela va permettre à Facebook de proposer des résultats très personnalisés. Les résultats proposés tiennent compte en effet de ce que le réseau de contacts a recommandé.

› **LinkedIn** est le réseau social professionnel de référence avec plus de 400 millions de profils de professionnels. La plateforme n'est plus majoritairement nord-américaine et, pour y être visible, un Français a intérêt à y être présent dans sa langue maternelle. Un profil LinkedIn est plus qu'un CV, c'est la représentation principale d'un profil en ligne. LinkedIn vous permet de parler de vous, pas uniquement de votre job. LinkedIn est un outil de visibilité, de réseautage, de recrutement, de marketing, de communication ou de vente. Pensez à y avoir un profil personnel et une page entreprise. LinkedIn a l'avantage de proposer nombre de fonctionnalités gratuites. LinkedIn évolue toutefois de plus en plus vers un modèle payant.

› **Google+** est le réseau social de Google créé en 2011 et destiné à concurrencer Facebook. Google+ est moins développé auprès du grand public. Google+ est néanmoins intéressant pour ceux qui publient des contenus (*via* des blogs notamment) pour mieux les faire prendre en compte par Google. Google+ fonctionne sur la base de cercles, ce qui permet d'adresser des messages différents à différents interlocuteurs. Google+ dispose également d'une

NOMBRE D'UTILISATEURS ACTIFS (AOÛT 2015)

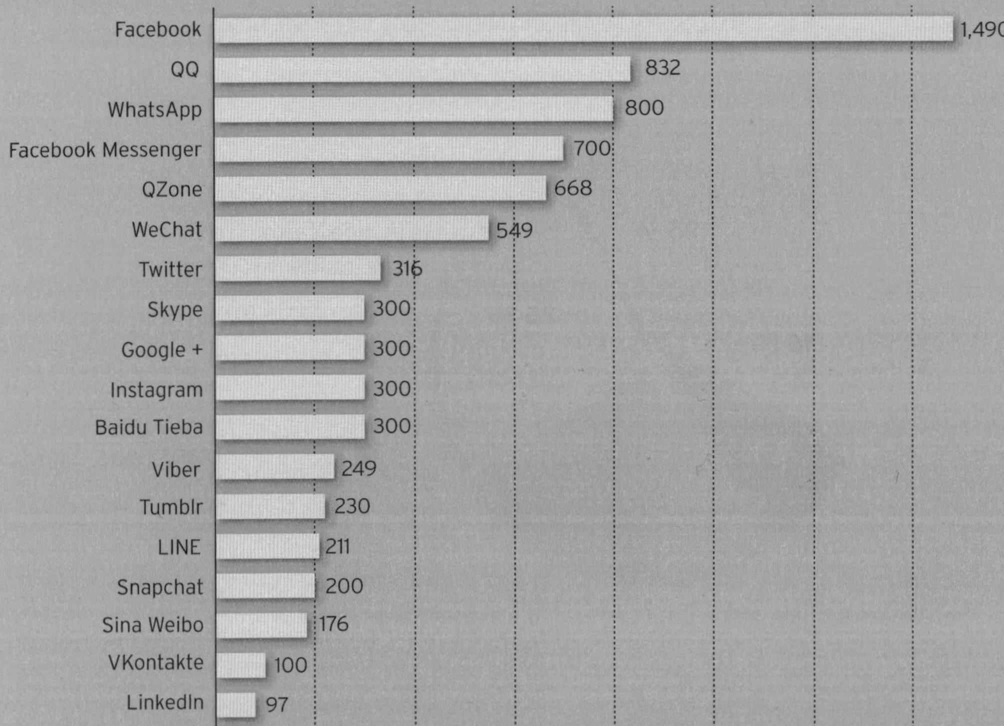

Nombre d'utilisateurs actifs (en millions)

http://global.webindex.net

fonctionnalité de vidéo-chat (Hangouts) qui permet d'organiser gratuitement et simplement une vidéo-conférence de 10 personnes maximum. En dehors du référencement, la valeur principale de Google+ réside probablement dans les très nombreuses communautés qui y sont créées.

› **Twitter** est un réseau à part. C'est essentiellement un média. Au départ plateforme pour geeks et journalistes, Twitter s'est fortement développé auprès du grand public grâce à la télévision. De nombreuses émissions ont leurs hashtags (#) pour interagir, questionner et commenter. Plusieurs internautes y ont créé un profil non pas pour communiquer mais pour voir ce qu'il s'y passe. Twitter est en effet le meilleur outil pour s'informer en temps réel sur n'importe quel sujet. Twitter peine encore à trouver un modèle économique efficace. Les rumeurs de rachat par Google (ou de rapprochement) reviennent souvent dans l'actualité.

LES OUTILS

OUTIL 1

Les pages Fan Facebook

FACEBOOK PAR TRANCHE D'ÂGE EN FRANCE

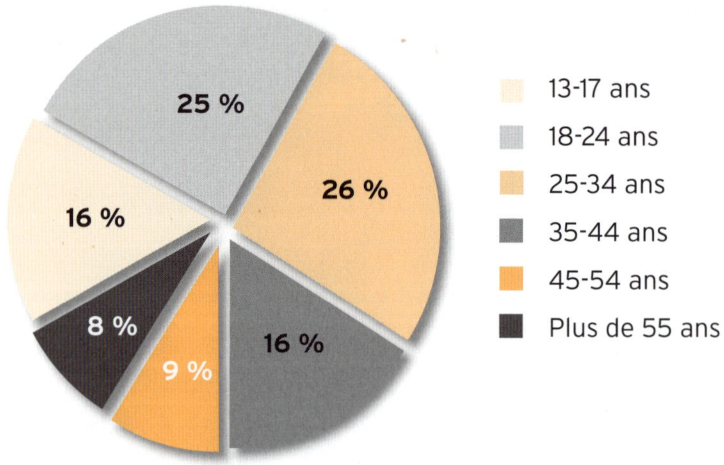

Source : facebookbiz.fr

En résumé

Sur Facebook (1,5 milliard de comptes actifs), on peut trouver des profils, des pages et des groupes.

- Les profils sont faits pour les particuliers.
- Les groupes sont des lieux d'échange et de partage.
- Les pages sont à destination des entreprises. Une page n'a pas d'amis mais des fans qui « aiment ». Tout membre peut être fan d'une page. On ne peut refuser qu'un concurrent devienne fan. Il n'y a pas de limite au nombre de fans, mais un algorithme interne décide de la portée des messages postés. Une page dispose de données statistiques et donne accès aux publicités.

Sur Facebook, on parle de picture marketing, l'image a un fort impact sur la visibilité et l'engagement.

Insight

On Facebook (1,5 billion active accounts), you can find profiles, pages and groups.

- *Profiles are for individuals.*
- *Groups are places for exchange and sharing.*
- *Pages are for businesses. A page has no friends but fans who "Like". Any member may be a page fan. One can't deny that a competitor becomes a fan. There is no limit to the number of fans, but an internal algorithm decides on the scope of posts. A page has statistics and provides access to advertising.*

On Facebook, we talk about picture marketing, Images has a strong impact on visibility and engagement.

Pourquoi l'utiliser ?

Objectifs

Facebook peut être pertinent en BtoC, en BtoB et pour les RH.

Facebook s'apprécie au cas par cas, en fonction de la cible à atteindre. Facebook peut être l'occasion de créer une communauté privilégiée avec clients et prospects. Les marques y créent de l'engagement, c'est-à-dire des interactions avec leurs fans. On peut aussi y gérer son SAV ou son service client.

Contexte

En BtoC, Facebook est incontournable. Si le nombre de fans est important (taux de conversion plus élevé et moins onéreux), ils partagent plus souvent et avec plus d'efficacité. Le réel intérêt de Facebook réside dans le fait que c'est la plateforme qui permet de récolter le plus d'informations sur les profils de sa communauté.

De plus en plus de marques ne veulent plus y investir à fonds perdus et souhaitent que leurs pages soient un vecteur de développement de leur chiffre d'affaires.

Facebook donne une place importante à l'image et aux vidéos qui sont maintenant en *autoplay* (lecture automatique).

Sur l'image d'accueil (« *cover picture* ») les messages trop commerciaux ou promotionnels sont interdits. La timeline (à droite) permet de raconter en image l'histoire de la marque (storytelling).

Comment l'utiliser ?

Étapes

› Une page peut être créée directement ou à partir d'un profil Facebook. Il vaut mieux éviter de prendre une adresse mail déjà utilisée pour un profil. Cela limitera les risques d'erreur ou de transfert d'informations entre la page et le profil.

› Utiliser une adresse mail que l'on contrôle pour éviter que la page soit rattachée et gérée avec une adresse de prestataire externe ou de stagiaire. Cela limite les moyens de pression en cas de conflit.

› Une fois la page créée, il faut la faire connaître. Les fans n'arrivent pas seuls. Il faut aller les chercher : concours, animation, *goodies*, newsletter…

› Prenez en compte dans l'animation de la page que plus de 95 % des fans ne reviennent pas sur une page dont ils sont fans. Ils ont connaissance des posts dans leurs flux.

Les émoticônes, c'est un tiers de commentaires en plus. (Quicksprout)

Méthodologie et conseils

Pour limiter les risques de critique ou d'attaque, on peut restreindre les possibilités d'expression aux administrateurs. Seule l'entreprise ayant la parole, il n'y a pas de risque de dérapage. On y perd la force principale de l'outil, c'est-à-dire les possibilités d'interagir et de discuter avec ses clients et prospects, au risque de décourager des membres de devenir fans.

Si une critique s'exprime sur votre page Facebook, vous en avez connaissance et vous pouvez y répondre. Ailleurs, vous n'aurez pas l'information ou pas de possibilité de répondre. Si vous n'êtes pas prêt à recevoir une critique, Facebook n'est pas le bon outil pour vous.

Avantages

- Une page Facebook permet d'avoir un contact direct avec ses clients, sans intermédiaire, et de créer un lien privilégié. Vos futurs clients, recruteurs, candidats ou partenaires y sont probablement.

Précautions à prendre

- Votre page Facebook ne vous appartient pas. Elle est à Facebook. Il faut donc respecter les règles au risque de voir sa page fermée. Les règles de Facebook ne sont pas figées, elles évoluent et Facebook n'avertit pas toujours de ces changements.

SUITE OUTIL 1 →

Les pages Fan Facebook

Comment être plus efficace ?

› **Personal branding.** Professionnels et étudiants veulent utiliser Facebook pour leur personal branding, c'est-à-dire au service de leur image professionnelle, en plus de l'usage personnel qu'ils en ont avec leurs amis. La question du mélange des genres (personnel/professionnel) peut se poser. Le plus simple et le plus professionnel est d'avoir un profil et une page. Un profil personnel, pour les relations avec ses amis et sa famille. Ce profil peut être fermé pour qu'un membre de Facebook qui n'est pas dans le cercle des relations n'ait pas accès aux informations (photos notamment). Une page, à titre professionnel, pour communiquer sur sa vision de son métier. Cette double présence protège mieux la vie privée, donne une image professionnelle, montre que l'on sait faire la part des choses et que l'on connaît le fonctionnement de Facebook.

› **Picture marketing.** Sur les réseaux sociaux, l'image est essentielle (picture marketing). La vidéo s'est imposée ces derniers mois, comme média de référence. Par défaut, les vidéos sont en *autoplay* (lecture automatique) : quand une vidéo s'affiche, elle se déclenche automatiquement. Il faut l'arrêter manuellement ou faire défiler l'écran pour qu'elle ne soit plus visible si on ne veut pas la voir. Ce paramétrage par défaut peut être modifié *via* les paramètres.

› **Des publications plus performantes.** Éviter de poster plus de deux fois par jour et laisser au moins 3 heures entre deux posts. L'engagement baissera et les publications seront donc moins visibles. Il y a davantage de monde aux heures d'arrivée et de départ des bureaux et à l'heure du déjeuner. En semaine, les gens n'ont que le temps de liker ou de commenter. Le week-end est plus favorable aux commentaires. Soyez concis, les internautes sont impatients. Posez des questions. Organisez des concours (1/3 des fans les apprécient). Distribuez des coupons ou faites-en offrir par vos fans à leurs amis. Les applications tierces peuvent vous y aider. Cela permet aussi de générer du trafic en point de vente, ou sur le site e-commerce. Peu importe le secteur, Facebook peut être pertinent : 77 % des entreprises BtoC et 43 % en BtoB ont pu trouver des clients sur Facebook (Quicksprout).

› **Facebook Data Marketing.** Animer sa communauté ou développer sa base de fans, c'est bien, mais ce n'est utiliser qu'une petite partie de ce que Facebook peut apporter. La vraie puissance marketing, c'est de pouvoir accéder à une grande variété de données sur les fans. Au-delà du mail, Facebook permet de récupérer les données suivantes :

- Média : émissions TV, films, musique, livres ;
- Loisirs : sports, jeux ;
- Centres d'intérêts : héros, « likes », citations ;
- Identités : photos, noms, mails ;
- Démographiques : statut marital, sexe ;
- Géographiques : fuseaux horaires, adresses, localisation ;
- Dans certaines zones géographiques : religion, opinions politiques, origine ethnique ;
- Et bien d'autres encore.

CAS le Pari Facebook de Sage

Xavier Monty, Global Social Media Director

› Pourquoi faire un pari sur Facebook ?

Sage fournit des logiciels de gestion aux entrepreneurs. Le marketing est B2B2C. Pour s'adresser aux dirigeants de PME, Facebook est la meilleure base de données au monde.

Une des premières actions marketing d'un entrepreneur qui débute son activité est de créer une page Facebook pour son entreprise car c'est gratuit et cela permet de se faire connaître en invitant ses amis qui deviennent les premiers clients ou ambassadeurs.

› Quelle est la stratégie de Sage sur Facebook ?

Elle repose sur un contenu aux formats variés qui mise sur la création de valeur pour le client lecteur : vidéos natives (meilleure performance organique d'environ 10 %), infographies, illustrations.

Afin d'en optimiser la visibilité, Sage a mis en place une stratégie de boost/sponsoring des contenus organiques qui permet de les proposer aux audiences ciblées grâce à l'outil Facebook Ads. Cela permet de trouver des critères pertinents pour assurer un ciblage très précis. C'est un mix de bon contenu et de budget pour le sponsoriser.

Facebook est aussi un canal de support et de vente avec de nombreuses requêtes entrantes. Tous les jours nous sommes contactés du monde entier pour des questions commerciales ou du support. Le temps de réponse de l'équipe est le plus rapide possible car le temps social n'est pas le même que le temps universel et les Facebookers attendent une réponse immédiate.

› Quels sont les résultats ?

Sage compte une communauté mondiale de 370 000 abonnés qu'elle adresse tous les jours avec ses contenus. Les fans interagissent chaque jour en commentant. C'est une vraie conversation humaine, loin des interactions marketing classiques mais plus qualitative.

En conclusion, le pari de Sage sur Facebook se révèle payant. ■

Animer Facebook

CONCOURS FACEBOOK SUR LE MUR OU *VIA* UNE APPLICATION DÉDIÉE ?

	Concours sur le mur	Application dédiée
Modération	Longue et fastidieuse	Facile et rapide
Multicanal	×	✓
Tirage au sort et dédoublonnage	Manuel	Automatique
Fan obligatoire	×	✓
Collecte des données opt-in	×	✓
En règle avec la législation	≃	✓

Réalisé par http://www.so-buzz.fr

En résumé

Au-delà de montrer leur attachement à une marque, les fans d'une page Facebook attendent des offres dédiées, du contenu spécifique, des avant-premières, des jeux, des concours (citations, photos, loteries, instants gagnants).

Un fan n'est ni un client ni un prospect. La page de Ferrari a 16 millions de fans, tous ne sont pas des clients actuels ou futurs.

Les jeux et concours sur Facebook sont très encadrés. Les règles ont évolué à l'été 2014 avec la fin du Like obligatoire. Mieux vaut utiliser des applications dédiées (So-Buzz, AgoraPulse...) ou recourir à des spécialistes pour mettre en place des opérations sur-mesure.

Insight

Facebook fans on a page not only show their commitment to a brand, but expect dedicated offers, specific content, previews, games, competitions (quotes, photos, lotteries, instant-win).

A fan is not a customer or a prospect. Ferrari's Page get 16 million fans, not all are current or future customers.

Games and contests on Facebook are highly regulated. Summer 2014, rules changed with the end of like gating. It is better to use dedicated applications (So-Buzz, AgoraPulse...) or specialists to set up sur-mesure *operations.*

Pourquoi l'utiliser ?

Objectifs

› Attirer de nouveaux fans et faire connaître sa page.

› Faire des fans des ambassadeurs auprès de leurs réseaux respectifs.

› Rester présent auprès de sa communauté et éviter que les fans aillent ailleurs.

› Récolter des données sur ses fans.

› Inciter à venir en magasin par des e-coupons ou des cartes de fidélité digitales.

De plus en plus, les marques ne veulent pas se contenter d'animer leurs bases, mais les utiliser dans une optique plus mercantile, pour y vendre leurs produits ou services.

Contexte

Un membre de Facebook est en moyenne fan de 12 à 15 marques et a environ 170 relations.

Avoir une page n'est plus suffisant pour avoir des fans. Sur Facebook, chaque marque qui a une page est votre concurrente auprès des membres, y compris des marques très éloignées de votre domaine.

TPE, PME, commerce, artisan, grand compte, chacun à son niveau peut tirer un bénéfice de l'animation de sa page ou de l'organisation d'un concours.

Le concours est une solution qui fera connaître votre page et qui vous aidera à gagner vos premiers fans. L'animation vient ensuite. Votre page ne vous sera d'aucun apport et vos fans vous quitteront, si vous n'apportez pas de valeur ou ne l'animez pas.

L'objectif d'accumulation du plus grand nombre de fans n'a aucun intérêt, il faut rechercher de l'engagement.

Comment l'utiliser ?

Étapes

› Déterminez vos objectifs, votre cible, la thématique, le mode opératoire, les lots et vos critères de mesure. Restez dans votre domaine, cohérent et pertinent par rapport à vos produits et services.

› Vous pouvez organiser un concours vous-même sur votre page, mais mieux vaut utiliser des services professionnels notamment dès qu'on a quelques centaines de fans.

L'essentiel de l'engagement d'un post sur Facebook intervient dans les 5 heures et 90 % en 12 heures. (Wisemetrics)

Méthodologie et conseils

Une animation (jeu ou concours) est un bon moyen de faire connaître sa page. Pensez à la viralité et à ce que vos fans pourront avoir envie de partager auprès de leurs réseaux. Pour les petites structures, personnalisez le plus possible et mettez vos équipes en avant. Humanisez : sur Facebook c'est davantage une histoire de gens que de produits.

D'un point de vue opérationnel, plusieurs solutions (payantes) existent pour vous aider à mettre en place ce type d'animations.

Utilisez les outils d'analyse fournis par Facebook pour mesurer l'efficacité de ces actions.

Prévoyez un dispositif pour récolter les adresses mail de vos fans et les intégrer ensuite dans votre CRM, le cas échéant.

Prenez vos précautions contre d'éventuels détournements de votre jeu.

Avantages

- Animer sa page est le moyen le plus efficace pour créer une communauté et la faire vivre.
- L'animation génère des interactions des fans et limite les risques de désabonnement.

Précautions à prendre

- Soyez prêt à y consacrer du temps, il n'y a pas de recette miracle.
- Il y a de nombreux *gamers* sur Facebook, soit des membres du réseau en permanence en recherche de jeux et concours, sans intérêt pour vos produits ou votre marque. Mettez en place un règlement qui permette d'éviter de les faire gagner.

SUITE OUTIL 2 →

Animer Facebook

Comment être plus efficace ?

Le Like de Facebook

Quand Facebook a lancé le bouton Like en septembre 2009, la course aux Likes a été ouverte. Plusieurs marques ont acheté des faux fans pour gonfler artificiellement le nombre affiché sur leurs pages. Les responsables marketing se sont probablement sentis poussés à le faire pour plaire à une hiérarchie peu au fait et n'ayant que le nombre de fans comme critère de mesure et de benchmark. C'est pourtant inefficace puisque Facebook prend en compte le ratio entre le nombre de Likes et de fans. Si ce ratio est faible, c'est que le contenu n'est pas pertinent et qu'il n'a donc pas à être mis en avant.

Pendant les premiers mois, il suffisait de poster un contenu pour qu'il apparaisse dans les flux des fans. On pouvait facilement toucher quasiment toute sa base de fans sans payer.

Limite du reach

Mais Facebook a eu besoin de générer du chiffre d'affaires, que ce soit pour financer son développement ou pour satisfaire ses actionnaires après son entrée en bourse. Facebook a donc limité la portée naturelle du reach. C'est-à-dire que Facebook a limité la capacité d'un contenu publié sur une page à être vu gratuitement par ses fans. Cette portée naturelle et gratuite a baissé progressivement pour atteindre 2 % à 3 %. Certains analystes pensent que le chiffre peut encore baisser.

Facebook est payant

Il ne faut pas payer pour être sur Facebook, mais en dehors de quelques marques très affinitaires ou de quelques opérations très spécifiques, il est assez illusoire de miser sur une réelle efficacité « business » sans recours aux solutions payantes (Facebook Ads) ou aux applications tierces packagées (AgoraPulse...) ou sur mesure (So-Buzz...).

Comme TF1, M6, NRJ ou Europe1, Facebook est un média. Facebook propose des contenus (celui de ses membres). Ce contenu attire de l'audience. Si une marque veut toucher tout ou partie de cette audience, il faut payer, comme pour un média classique.

Les Likes sont essentiels

D'une part, les fans ont un taux de conversion plus élevé et moins onéreux que les non-fans. Pour le même post « poussé » auprès de fans ou de leurs amis et pour le même prix, on touche plus de monde en ciblant aussi les amis de ceux qui aiment la page.

D'autre part, les fans partagent plus souvent et amènent plus de fans quand ils le font.

La clé de Facebook

L'une de clés est d'investir sur ses fans, de leur proposer du contenu qu'ils pourront aimer ou partager.

Comment obtenir plus de Likes ? Gratuitement, par la qualité, la pertinence, l'originalité du contenu. En payant Facebook, *via* les Facebook Ads. Avec des animations packagées (AgoraPulse) : solution française, opérations d'engagement, baromètre de performance. L'un des 4 meilleurs outils de Social Media Management 2015 (SerouslySocial). Avec des opérations sur mesure (So-Buzz) : solution française, pour évoluer de l'animation/engagement au Data Marketing. So-Buzz a développé un service exclusif ; la Master App (outil 27).

CAS Jeu Facebook #WikoNightFever

JEU FACEBOOK #WIKONIGHTFEVER PAR SO-BUZZ

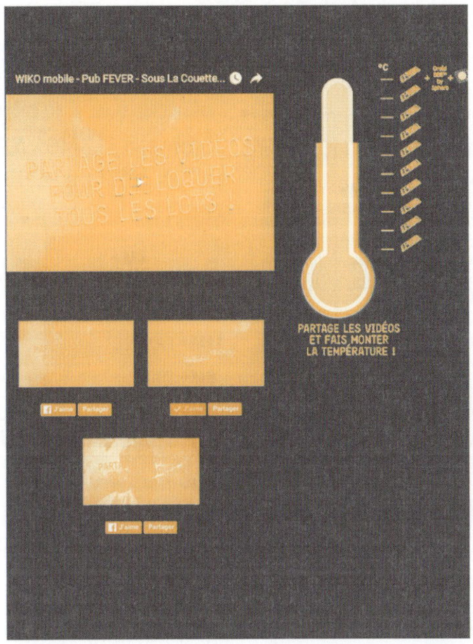

A. Durain, Président So-buzz, @So_Buzz

› Contexte

Depuis juillet 2013, **Wiko** est la 2e marque de mobiles la plus vendue sur le marché français. Novembre 2015, la jeune marque lance le Fever. Particularité de ce smartphone ? Il dispose de bords phosphorescents. Pour le lancement du mobile, Wiko choisit de l'accompagner, dans un pack, de quatre préservatifs... phosphorescents, et des spots vidéo graveleux sont mis en ligne. Le ton est donc donné !

Comment **booster la visibilité de sa campagne média** à moindre coût ? Comment profiter de ce lancement pour **engager encore davantage** ses fans ?

› Solution : faire monter la température

Wiko et **So-Buzz** ont collaboré pour lancer un jeu inédit sur la page **Facebook** de la marque. À la clé, des smartphones Fever.

› Expérience utilisateur

Le jeu est accessible depuis l'onglet *Wiko Night Fever* de la page Facebook de Wiko et sur son site Web. Elle affiche les différentes vidéos promotionnelles avec des **boutons de partage Facebook.** Pour participer, les internautes doivent aimer, partager et commenter les vidéos pour faire « monter la température ». Au fur et à mesure des interactions, la **jauge monte** et des lots sont débloqués. Un gagnant est tiré au sort à chaque palier atteint *via* la plateforme So-Buzz.

› Résultats

Un fort taux d'engagement et des milliers d'interactions sur Facebook et le site de Wiko. En un mois :

- 17 900 invitations envoyées ;
- 82 810 interactions (Likes, partages, commentaires) autour des vidéos.

LinkedIn

RÉPARTITION GÉOGRAPHIQUE DES MEMBRES DE LINKEDIN

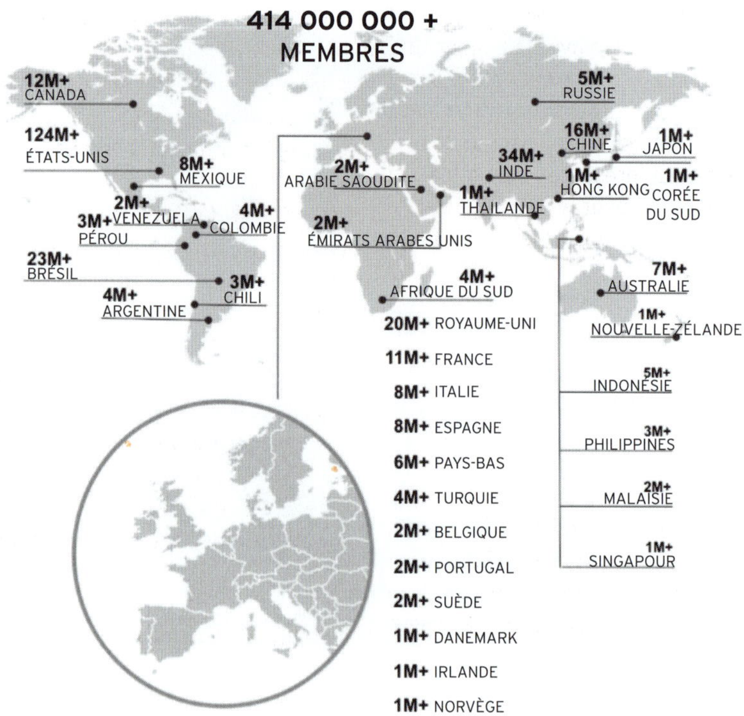

Source : LinkedIn

En résumé

LinkedIn est le principal réseau social professionnel au monde. Le site a plus de 400 millions de membres dans le monde, dont plus de 11 en France, 2e pays européen (après le Royaume-Uni, 1er à plus de 20 millions).

Malgré cela, beaucoup de professionnels ne savent pas comment bien l'utiliser. LinkedIn n'est pas une plateforme de CV mais de profils, et un profil n'est pas un CV.

LinkedIn est très international, mais il est recommandé de l'utiliser dans sa langue maternelle et non systématiquement en anglais.

LinkedIn propose des services pour cadres, dirigeants, entrepreneurs, chercheurs d'emploi, recruteurs, entreprises, commerciaux, communicants, étudiants, écoles et universités.

Insight

LinkedIn is the leading professional social network in the world. The site has more than 400 million members; 11 millions in France, 2nd european country (after UK, above 20 million).

Despite this, many professionals do not know how to properly use it. LinkedIn is not a CV but a profile platform, and a profile is not a resume.

LinkedIn is very international, but it is recommended to use it in native language and not only in English.

LinkedIn offers services for executives, managers, entrepreneurs, job seekers, recruiters, businesses, sales people, marketers, students, schools and universities.

Pourquoi l'utiliser ?

Objectif

LinkedIn offre des services et une visibilité dont tout professionnel peut avoir besoin. Un étudiant peut mieux choisir son école avec les pages Universités. Un commercial peut trouver des informations et contacter des prospects. Un cadre en transition peut se rendre visible de recruteurs. Un entrepreneur peut présenter son offre. Un responsable marketing peut y faire connaître ses offres et les exposer auprès de ses cibles.

Contexte

Créé en 2003, LinkedIn convainc de plus en plus de cadres, dirigeants et entrepreneurs de créer un profil. En France, LinkedIn est devenu le premier réseau social professionnel en 2013 (en nombre de visiteurs mensuels). Plus de 11 millions de professionnels y ont un profil (1 de plus toutes les 10 secondes en moyenne). Selon un article publié dans *Les Échos* (19/11/2012), plusieurs grands groupes estiment que ne pas y être présent est préjudiciable pour sa valeur professionnelle, voire rédhibitoire. Un cabinet international de chasse de tête a d'ailleurs annoncé qu'il fermait son service d'enregistrement en ligne et qu'il fallait désormais contacter ses chasseurs par LinkedIn.

Comment l'utiliser ?

Étapes

› Commencez par réfléchir à votre projet professionnel, à vos particularités, à vos compétences différenciantes. C'est ce qui vous rend unique qui vous rend visible.

› Créez un profil. Si vous intervenez uniquement dans un univers francophone, faites-le en français. Si vous avez une exposition internationale, créez une version de votre profil dans chaque langue que vous maîtrisez. Mais votre langue maternelle reste la base de votre présence.

› LinkedIn, c'est à propos de vous, pas de votre job. Votre headline (sous votre nom) n'est pas votre poste actuel mais votre *candidate value proposition*.

› Mettez une photo professionnelle. Évitez les photos à la campagne, sur la plage, en soirée…

› Utilisez le résumé pour expliquer la valeur que vous apportez.

› Même si vous êtes seul, n'hésitez pas à créer une page entreprise. Quelques clics suffisent (et c'est gratuit) pour présenter son offre.

40 % des inscrits se connectent tous les jours.

Méthodologie et conseils

La langue du profil principal a peu d'importance, LinkedIn s'adapte et présentera à celui qui vient sur votre profil la version qui lui convient le mieux.

Un profil seul ne suffit pas. Faites-le vivre en publiant dans des groupes ou en partageant des articles, des nouvelles. Apportez de la valeur, ne parlez pas que de vous et évitez l'auto-promotion. Quand vous contactez un inconnu, expliquez pourquoi ; ne vous limitez pas au message par défaut.

LinkedIn sert davantage à marketer votre potentiel qu'à reprendre votre histoire professionnelle.

Avantages

- LinkedIn propose de nombreux services gratuitement. Il n'est pas nécessaire de prendre un abonnement pour être visible, se faire recruter ou développer son activité.
- Quelle que soit votre situation, les professionnels que vous recherchez sont sur LinkedIn.

Précautions à prendre

- Pour créer la présence de votre entreprise, il y a des pages dédiées : il ne faut donc pas utiliser de profil pour cela. Si LinkedIn venait à interdire cette pratique, vous y perdriez beaucoup.
- Même si on y est présent à titre personnel, LinkedIn est un réseau professionnel. Adoptez le comportement qui convient et ne faites pas sur LinkedIn ce que vous ne feriez pas dans la vie quotidienne.

SUITE OUTIL 3 →

LinkedIn

Comment être plus efficace ?

Mieux utiliser LinkedIn

› **Un profil n'est pas un CV.** Un CV est un document qu'on envoie à un recruteur pour se présenter et lui donner envie de nous recevoir. Un profil est présent sur un réseau social en ligne pour être trouvé par un recruteur ou un autre professionnel qui recherche des compétences particulières. Si votre profil doit vous présenter et expliquer qui vous êtes, il doit au préalable être vu et donc trouvé par celui qui cherche vos compétences. La bonne question à se poser n'est donc pas comme pour un CV : « Comment dois-je me décrire ? » mais « Comment les professionnels que je veux toucher vont-ils rechercher mon profil ? ».

› **Utilisez les bons mots.** Votre profil doit être créé après avoir réfléchi à votre positionnement et après avoir choisi les mots utilisés. LinkedIn, comme Internet, fonctionne sur une base de recherche sémantique. Un site apparaît dans les résultats de Google parce que Google fait un lien entre la recherche d'un internaute et son contenu. Sur LinkedIn, c'est pareil. Un professionnel (recruteur, client, prospect, fournisseur, partenaire) va utiliser des mots spécifiques pour trouver des profils correspondant à ce qu'il recherche. Si vous voulez être vu, ces mots doivent être dans votre profil personnel et/ou dans votre page d'entreprise. LinkedIn est très précis. Un directeur n'est pas une directrice ; un DAF n'est pas un directeur financier. Si un DRH est recherché et que vous vous décrivez comme directeur des ressources humaines, il y a peu de chances que votre profil ressorte.

› **Le poste actuel.** Par défaut, quand vous créez votre profil, headline et poste actuel sont identiques. C'est à vous de les différencier. Votre headline, c'est vous, ce n'est pas votre poste actuel. Soyez précis : directeur, directeur marketing, consultant... ne veulent rien dire s'ils sont seuls. Précisez la filière, le secteur, le métier, les technologies que vous maîtrisez. Le titre du poste actuel sur LinkedIn a un fort impact sur votre visibilité. Utilisez les termes du marché plus que la nomenclature de votre employeur.

› **Être visible.** LinkedIn prend également en compte la distance avec celui qui fait une recherche. Plus vous en êtes éloigné, moins vous êtes visible. La taille de votre réseau compte.

› **Les aspects graphiques** étant importants sur les réseaux sociaux, exploitez au mieux la possibilité que laisse LinkedIn de mettre des pièces jointes sur votre profil (picture marketing) : présentation, plaquette, CV, infographie.

› **LinkedIn payant ?** En 2014 et 2015, LinkedIn a fait évoluer son business model et sa tarification. D'une part, LinkedIn fixe désormais une limite mensuelle du nombre de recherches que l'on peut faire. À partir de 40-50 recherches mensuelles, il faut un abonnement payant pour consulter les résultats ; ou attendre le mois suivant. L'objectif est de faire payer commerciaux et recruteurs, mais tout le monde est concerné. D'autre part, LinkedIn a simplifié sa grille tarifaire. Il y a 4 types d'abonnement : Business/Job Seeker/Sales/Recruiter et 3 niveaux de prix par formule. ATTENTION : l'abonnement le moins cher (Job Seeker) ne permet pas de lever la limite mensuelle des recherches.

CAS LinkedIn : un outil indispensable pour les professionnels

Hugues Werth,
Senior marketing manager, LinkedIn

› Un service gratuit : identité, réseau et information

Le réseau permet gratuitement à chacun de créer son identité professionnelle et de la mettre en avant, d'accéder à des informations sur son secteur et de se construire un réseau de contacts de confiance. Début 2016, LinkedIn compte plus de 400 millions de membres dont plus de 11 millions en France.

LinkedIn s'est fortement développé sur les applications mobiles pour permettre de rester connecté où que l'on soit. Depuis mi-2014, plus de 50 % des utilisateurs se connectent depuis un téléphone ou une tablette.

› Des solutions adaptées pour les entreprises

LinkedIn offre de nombreuses solutions professionnelles : « Talent Solutions » (recrutement), « Marketing Solutions » (communication et publicité digitale et sociale) et « Sales Solutions » (prospection commerciale).

› La transformation du recrutement

Les solutions de recrutement sont un outil incontournable pour les recruteurs à la recherche de candidats de qualité. « Talent Solutions » permet d'accéder à l'ensemble de la base pour identifier et recruter les meilleurs talents ; de sélectionner rapidement les candidats les plus adaptés et de créer un vivier de talents ; de diffuser ses annonces directement aux bons candidats et de communiquer efficacement sur sa marque employeur.

EXTRAIT DE LA PAGE ENTREPRISE DE LINKEDIN

› Communiquer, amplifier et viraliser

Les « Marketing Solutions » permettent de cibler très précisément une audience importante et qualifiée grâce à de nombreux critères. Vous pouvez communiquer avec votre cible et proposer des offres spécifiques dans un contexte professionnel ou développer une communauté autour de votre marque et de vos produits.

› Prospecter

Identifiez les contacts les plus pertinents dans votre réseau ; LinkedIn permet d'entrer en contact avec vos prospects.

› Les comptes premium

Ils permettent de profiter de fonctionnalités supplémentaires, notamment pour étendre ses recherches. Ils sont destinés aux utilisateurs ayant des besoins très spécifiques (chasseurs de tête, commerciaux, personnes en recherche d'emploi, etc.). ■

OUTIL 4

Google+

APERÇU DU GOOGLE+ STREAM

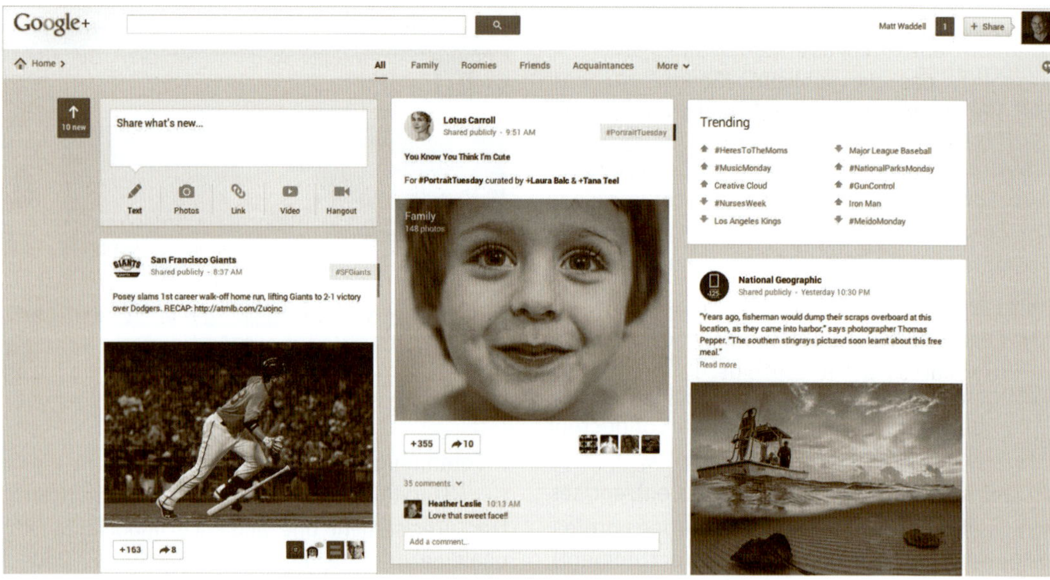

En résumé

Google+ (ou Google Plus : 400 millions de comptes actifs) est le réseau social créé par Google en 2011 destiné à contrer l'hégémonie de Facebook. C'est aujourd'hui le second réseau social en nombre de comptes créés et actifs.

Sur Google+, la place de l'image est essentielle.

Google+ propose de regrouper ses relations par cercles, ce qui permet de pouvoir adresser des messages différents à ses différents contacts.

Grâce aux vidéo-bulles (Hangouts), on peut organiser gratuitement des vidéos conférences jusqu'à 15 participants.

Comme sur les autres plateformes, les hashtags (# devant un mot-clé) sont pris en compte.

Insight

Google+ (or Google Plus: 400 millions active members) is the social network created by Google in 2011 designed to counter the hegemony of Facebook. Today it is the second social network in number of created and active accounts.

On Google+, image is essential.

Google+ offers to create groups of relations (circles), which allows to send different messages to different contacts.

With Hangouts, we can organize free video conferences up to 15 participants.

Like on other social networks, hashtags (# before a keyboard) are considered.

Pourquoi l'utiliser ?

Objectif

C'est un moyen de se différencier. De nombreux responsables marketing ont un réflexe Facebook et ne pensent pas à Google+. Les Hangouts permettent de réunir quelques clients, d'organiser une formation ou une réunion entre collaborateurs éloignés. Sur Google+, pas de publicité. Google n'a pas besoin de générer du chiffre d'affaires avec son réseau social. Il n'y a donc pas à payer pour être visible ou pousser ses contenus. Les mises à jour ne sont pas filtrées par un algorithme. Les « +1 » pour recommander des contenus (images, photos, vidéos, articles) sont pris en compte par Google pour le SEO (référencement).

Google Adresses n'existe plus, il faut passer par un profil Google+ pour le référencement local de Google.

Google+ est au centre de la stratégie online de Google (Gmail, Chrome, Picasa, YouTube).

Contexte

Malgré des échecs dans le domaine (Orkut), Google a investi plus de 500 millions de dollars pour développer Google+. Google+ bénéficie des considérables ressources de Google et contrairement à Facebook n'a ni limite financière à son développement, ni obligation de diffuser de la publicité. Quand Facebook a été créé, le mobile n'occupait pas la place d'aujourd'hui. Google+ est né avec le mobile. Cela se ressent sur son interface. Facebook a dû investir lourdement dans Instagram pour ne pas être distancé (1 milliard de $).

Comment l'utiliser ?

Étapes

› Créez un profil personnel. Un profil de marque ou d'entreprise ne peut être créé que depuis un profil personnel.

› Sélectionnez avec soin l'image de la photo de couverture.

› Créez votre profil d'entreprise, renseignez les informations de localisation pour le référencement local de Google.

Dès que 10 autres membres vous ont ajouté à un cercle, vous pouvez avoir une URL personnalisée.

› Insérez le widget « +1 » au pied de vos articles pour en faciliter le partage.

Google+, c'est 400 millions d'utilisateurs actifs par mois dont 20 % depuis un mobile.

Méthodologie et conseils

Créez autant de cercles que vous voulez pour regrouper vos contacts. Un contact peut être dans plusieurs cercles. Le contenu publié dans un cercle reste dans celui-ci. Vos contacts ne savent pas dans quel cercle ils sont, ni avec qui.

Commencez par pousser votre contenu en cliquant « +1 » sur tout ce que vous publiez.

Avantages

- Le principal avantage de Google+ (et sa grande force) est d'être un outil Google. Même si ce n'est pas officiel, il est fort probable que Google privilégie le contenu publié ou partagé sur sa plateforme. D'autant que Google a plus facilement accès à ce contenu qu'à celui qui est partagé sur les autres réseaux sociaux.

Précautions à prendre

- Le contenu que vous publiez dans un cercle peut être partagé à l'extérieur de celui-ci par les membres du cercle.
- Ne faites pas créer votre page entreprise sur Google+ à partir d'un profil qui ne vous appartient pas.

SUITE OUTIL 4 →

Google+

Comment être plus efficace ?

Les 7 bases de votre présence

› Titres. Vos titres doivent attirer l'attention pour donner envie d'aller vous lire.

› Ayez une photo. Vos posts dans Google+ seront plus visibles et plus faciles à repérer par les autres membres.

› Utilisez les hashtags. Taguez vos contenus avec des hashtags pour qu'ils soient découverts plus facilement.

› Le contenu d'abord. La qualité du contenu publié est la clé pour faire croître son audience.

› Utilisez les cercles pour bien segmenter votre audience. Google+ est le seul réseau social qui le permette.

› Taguez les autres. Taguez ceux que vous citez ou que vous ciblez.

› Communautés. Rejoignez des communautés thématiques. Elles sont très animées sur Google+.

Publication sur Google+

Si vous publiez sur Google+, vous recherchez à obtenir des « +1 », des commentaires et des partages. Il y a quelques règles à respecter pour en tirer le maximum.

› Au-delà du titre (*cf.* ci-dessus) qui doit à la fois introduire le contenu et susciter l'attention, ajoutez quelques lignes de description.

› Pensez à insérer un lien vers l'article complet que vous partagez plutôt qu'à tout publier dans Google+. Posez des questions pour essayer d'engager vos lecteurs.

› Contrairement à LinkedIn, Twitter ou Facebook, vous pouvez mettre en forme vos textes (gras, italique...).

› N'abusez pas des hashtags.

› Illustrez : photo, vidéo, infographie. L'image est aujourd'hui indissociable d'une présence professionnelle sur les réseaux sociaux. Contrairement à Twitter, Instagram ou Facebook les photos sont affichées dans leur taille d'origine. Il n'est pas nécessaire de les découper ou de les ajuster.

› Suivez vos statistiques pour savoir quel contenu intéresse le plus.

› Publiez plutôt en milieu de matinée (à affiner avec vos propres statistiques).

Hangouts/vidéo bulles pour les professionnels

Google a annoncé compléter son offre de chat vidéo par d'autres outils pour professionnels. Le vidéo chat sera par exemple intégré à Google App for business. Plus besoin donc d'avoir un compte Google+ pour utiliser le service. Le service autorise les échanges de textes, d'audio et de vidéos pour 15 personnes et un support mutliécrans pour fonctionner depuis PC, portable, téléphone ou tablette. Un support téléphonique 24/24h, 7/7j sera disponible à 99,9 %.

Google+ et la vidéo

Si vous avez une chaîne YouTube, connectez les deux. En partageant une vidéo YouTube sur Google+ les commentaires qui y seront faits seront visibles sur YouTube.

L'option Hangouts on Air (accessible *via* le menu hangouts) offre un service de diffusion de vidéo gratuit qui vous permet de diffuser un flux en direct sur votre chaîne YouTube pour l'enregistrer et en faire un webinaire.

Dans les paramètres, l'option « auto awesome » permet de créer une vidéo à partir de vos photos.

Le service « +Post Ads », accessible à ceux qui ont un compte Adwords (l'offre publicitaire de Google) permet de diffuser un post Google+ comme bannière sur le réseau Google, présent sur plus de 2 millions de sites. Un bon moyen de se donner plus de visibilité et de créer de nouvelles conversations.

CAS Google+ pour son business

GOOGLE+ HANGOUTS SUR MOBILE

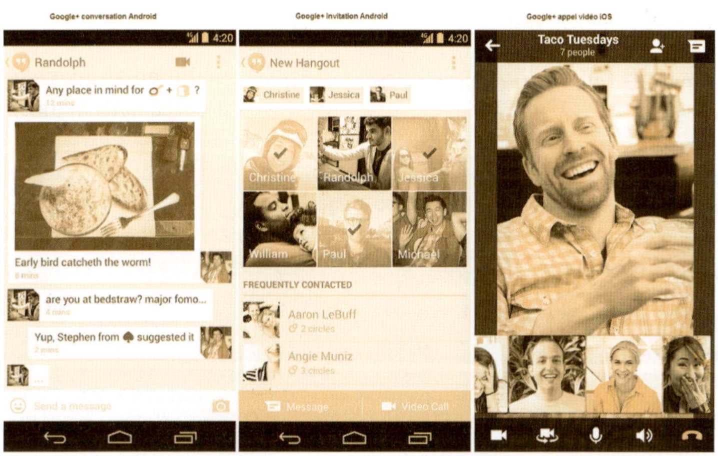

Jean-Philippe Bécane, Head of B2C Marketing for Google France

Google+ c'est plus de 400 millions d'utilisateurs mensuels actifs dans le monde. Cette forte croissance, ajoutée à des fonctionnalités exclusives, explique que la plateforme compte plus de 100 marques millionnaires en abonnés.

Google+, c'est d'abord des fonctionnalités uniques qui permettent aux utilisateurs de découvrir et de partager le contenu qui les intéresse, et aux marques d'engager leur public différemment : Cercles pour segmenter une audience, Hangouts en direct pour interagir avec des utilisateurs et créer un contenu vidéo original.

Se lancer sur Google+, c'est se donner les moyens de construire une présence de marque au sein d'autres outils Google : permettre à un internaute cherchant votre marque de découvrir vos derniers billets, ou à un abonné Google+ de découvrir vos dernières vidéos YouTube. Pour une PME avec un point de vente physique, Google My Business est un moyen de se connecter directement à ses clients que ce soit sur Google+, Search ou Maps.

Par où commencer ? Créez un profil qui permettra de créer une page. Couplez votre chaîne YouTube avec votre page pour gagner en simplicité de gestion.

Privilégiez la qualité et l'originalité pour vos posts : les utilisateurs Google+ sont exigeants ! Préférez les photos (format le plus engageant), testez les GIFs animés, utilisez les hashtags pour améliorer la visibilité de vos contenus.

Une fois ces premiers pas effectués, découvrez toutes les fonctionnalités de Google+ : invitez vos utilisateurs les plus influents à un premier Hangout en direct, lancez une communauté, découvrez les Annonces +Post pour transformer vos posts en annonces diffusées sur l'ensemble du Web.

Si vous souhaitez en savoir plus sur la façon dont marques, médias et autres organisations tirent le meilleur parti de Google+, rendez-vous sur Google+ ou inscrivez-vous à la Google+ Weekly Newsletter. ■

OUTIL 5

Twitter

OPTIMISER SES TWEETS

Message < 100 caractères	Lien < 20 caractères	Blanc < 20 caractères
Call To Action : ce que vous attendez de vos suiveurs Hashtags : 1 à 2 par tweet pour toucher des non-suiveurs Message : évitez les majuscules et le langage SMS Mentions, citations, RT	Automatiquement raccourci par Twitter s'il est trop long	Laissez un espace libre pour les retweets

En résumé

Avec ses messages courts limités à 140 caractères, Twitter (316 millions de comptes actifs) s'est imposé comme une plateforme incontournable des réseaux sociaux. 1/3 des internautes auraient un compte Twitter.

Twitter se développe rapidement dans le grand public, poussé par la télévision. Toutes les émissions de débat ou « talk show » proposent leurs hashtags (#) pour réagir en direct, commenter, poser des questions voire voter pour un candidat.

Le verbe « tweeter » a fait son apparition dans le dictionnaire Larousse.

En moyenne, près de 6 000 tweets sont envoyés chaque seconde.

Twitter a toujours du mal à trouver un modèle économique.

Insight

With short messages limited to 140 characters, Twitter (316 millions active accounts) has emerged as a main platform for social networks. Third of Internet users have a Twitter account.

Twitter is growing rapidly in the general public, driven by television. All talk shows now offer their hashtags (#) to react directly, comment, ask questions or vote for a candidate.

The verb « Tweeter » appeared in the Larousse French dictionary.

On average, nearly 6,000 tweets are sent each second.

Twitter is still struggling to find a business model.

Pourquoi l'utiliser ?

Objectifs

› Se faire connaître, publier une information, lancer un sondage, informer et s'informer en temps réel… grâce à la simplicité et à la grande viralité de l'outil.

› Faire une veille (concurrence, marché, sa marque…).

› Développer le trafic vers un site Internet.

› Toucher des journalistes, des blogueurs, des influenceurs, des leaders d'opinion, faire des RP.

› Toucher une cible internationale. J'ai pu publier plusieurs articles aux États-Unis grâce à Twitter.

Contexte

Grand public, cadres, dirigeants, étudiants, entrepreneurs, PME, grands comptes, BtoB, BtoC… Twitter peut être utile à tout le monde. Twitter est le réseau social pour savoir en temps réel ce qui se passe sur un sujet donné. Au-delà du web social, Twitter est le meilleur média d'information en temps réel.

Twitter est le réseau social qui a crû le plus rapidement (44 %) entre 2012 et 2013. Il y a plus de 500 millions de comptes dont 300 millions d'actifs. Mais 20 % seulement sont utilisés tous les mois et le twittos médian a 1 abonné.

Comment l'utiliser ?

Étapes

› Soyez identifiable via votre pseudo, votre bio (160 caractères) et votre photo. Il faut qu'on puisse vous retrouver facilement.

› Personnalisez votre photo de profil : la vôtre et non votre logo.

› Postez vos premiers tweets.

› Suivez ceux qui ont les mêmes intérêts. On peut les identifier à travers les suggestions de Twitter ou *via* l'outil de recherche (search.twitter.com) et on peut être suivi en retour.

› Tweetez tous les jours. Les occasions sont nombreuses : réflexions sur son secteur, recommander un article, retweeter… Des outils existent pour publier de manière automatique les derniers posts d'un blog par son flux RSS.

Méthodologie et conseils

Pour développer son nombre de followers, il faut une présence minimum. Le nombre de tweets et le nombre de followers sont corrélés. Vous assistez à une conférence : tweeter peut s'avérer très efficace pour recueillir des abonnés en partageant ce qui s'y dit.

Insérez deux widgets Twitter sur votre site ou votre blog :

› l'un pour permettre aux visiteurs de tweeter un élément du site sur leurs comptes Twitter ;

› l'autre pour qu'ils puissent devenir followers.

Dépassez les fonctionnalités de base de l'outil et engagez le dialogue par message direct pour créer de la valeur.

Surveillez le rapport entre vos nombres d'abonnements et d'abonnés. Évitez un écart trop important.

Le 3 août 2013, on a enregistré le nombre record de 143 199 tweets en 1 seconde.

Avantages

- Twitter est gratuit, simple, efficace. Aucune compétence particulière n'est nécessaire.
- Il n'est pas nécessaire d'avoir un compte pour effectuer une veille ou lire les messages.
- Poster sur Twitter peut être partiellement ou totalement automatisé.

Précautions à prendre

- S'inscrire pour bloquer l'URL à votre marque et éviter le cybersquatt (utilisation du nom de marque par quelqu'un qui n'en est pas propriétaire).
- Comprenez bien le langage interne avant de vous lancer : #, RT, DM, mentions, @…
- Ne pas dépasser les 110 caractères pour ne pas bloquer les retweets (RT) qui reprennent votre nom de compte et un commentaire.
- Éviter de spammer et d'être trop autocentré. Twitter est principalement un outil de partage.

SUITE OUTIL 5 →

Twitter

Comment être plus efficace ?

Mieux utiliser Twitter

› **Stratégie.** Avant de se lancer, une stratégie de contenu est nécessaire. Soyez pertinent et cherchez à engager. On n'a que 100/110 caractères pour donner envie aux twittos (les membres de Twitter) de cliquer ou de retweeter. Évitez surtout l'auto-promotion. Si vous ne parlez que de vous, vous n'intéressez personne.

› **Personnalisez.** Comme les autres réseaux sociaux principaux, Twitter est passé au picture marketing (dossier 2). Dans les paramètres, téléchargez une image de format 1 500 × 500 de 5 Mo maximum pour créer votre bannière. Personnalisez votre identifiant pour être repérable et mémorisable rapidement (15 caractères maximum).

› **Hashtags.** Les hashtags (#) sont indispensables. Un hashtag se place devant un mot-clé pour aider à indexer le tweet. Il n'y a pas de bibliothèque ni de dépôt ou de réservation à faire. Pas plus de deux par tweet.

› **Adoptez le bon rythme.** Pour exister sur Twitter, une présence quotidienne est indispensable. Un tweet a une durée de vie de quelques heures. Ne pas hésiter à tweeter un message à quelques heures d'intervalle pour toucher davantage de membres : ceux qui sont présents à 10 h ne le sont pas nécessairement à 15 h. Si vous tweetez en anglais, prenez en compte le décalage horaire. Un tweet n'est pas un mail. Poster 10 tweets n'a pas la même incidence qu'envoyer 10 mails.

› **Les usages de Twitter : la règle 4-1-1.** Twitter implique de la réciprocité. Il est d'usage (et c'est efficace) de retweeter, remercier, mentionner ou suivre ceux qui nous suivent. La règle 4-1-1 n'est pas une obligation mais une recommandation : pour 1 tweet d'auto-promotion et 1 tweet promotionnel, 4 tweets de partage de contenu de tiers. N'hésitez pas à demander qu'on vous retweete (Please RT).

› **Utilisez des outils tiers.** L'efficacité de Twitter peut être renforcée par d'autres outils. Scoop.it (voir outil 13) propose du contenu à tweeter. ManageFlitter aide à identifier les faux comptes ou les comptes inactifs. SocialOomph permet de planifier ses tweets. Les applications Klout ou PeerIndex pour Chrome ou Firefox indiquent le niveau d'influence des autres twittos. Hootsuite permet de manager plusieurs comptes Twitter sur une interface unique. Sociallymap, Social Dynamite ou Overgraph (outil 14) permettent d'automatiser la diffusion sur plusieurs comptes.

› **Connectez.** Faites savoir que vous avez un compte en l'indiquant sur votre site ou blog, votre profil LinkedIn, votre carte de visite, votre CV, votre signature de mail...

› **Seuils.** Il y a plusieurs seuils à respecter sur Twitter. On ne peut envoyer plus de 1 000 tweets par jour... Par ailleurs (et c'est plus important) à partir de 5 000 personnes suivies, Twitter évalue le rapport entre abonnés et abonnements et bloque les comptes qu'il estime peu pertinents (trop grand écart). Le ratio exact n'est pas publié. Utilisez un outil comme ManageFlitter pour retirer de vos abonnements les comptes qui ne sont plus actifs.

› **Achat d'abonnés.** De nombreux prestataires proposent d'acheter des tweets, des retweets, des abonnés... C'est assez facile à trouver. Si cela peut satisfaire certains egos d'afficher des chiffres élevés, ce n'est pas une stratégie pérenne, surtout si vous êtes repéré.

CAS Mettez Twitter au service de votre démarche de social selling

EXEMPLE DE TWEET D'EXPRESSION DE BESOIN

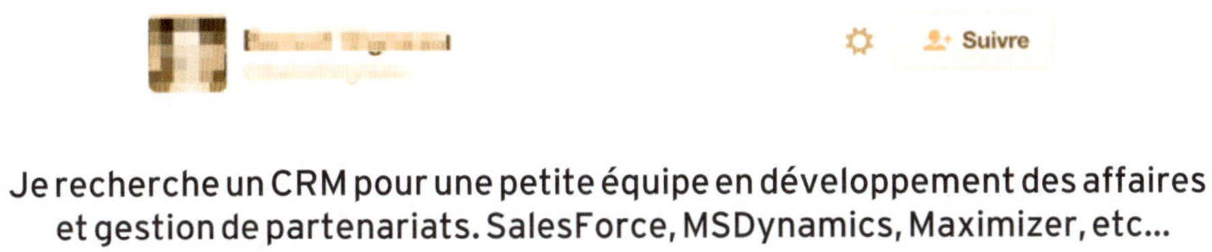

Bruno Fridlansky,
Directeur associé Social Dynamite,
fondateur de consonaute.fr

Le social selling est une approche centrée sur l'humain pour développer son business. Oubliez le mot selling, concentrez-vous sur le social et mettez à profit le potentiel de Twitter pour atteindre votre objectif.

Il faut distinguer deux aspects dans une démarche social selling. Le premier concerne l'entretien d'une relation commerciale établie avec un client. Le second se rapporte à la détection de nouvelles opportunités business.

Fidéliser un client, ce n'est pas seulement s'assurer qu'il va reconduire le contrat que vous avez signé. Dans une démarche social selling digitale, il s'agit de continuer à entretenir une conversation qui lui soit utile. Twitter est un réseau particulièrement puissant pour cela, qui permet de partager des contenus avec son interlocuteur. En message privé pour lui envoyer directement un lien. Ou dans un tweet public en le mentionnant avec son pseudo pour l'interpeller sur le sujet que vous traitez ensemble. Dans ce mode public, vous développez en même temps votre professional branding en partageant à l'ensemble de votre communauté l'information. Bien sûr, seuls vous et votre client connaissez la nature de vos relations commerciales. Les autres ne verront que deux personnes qui se connaissent et partagent un sujet d'intérêt commun.

Pourquoi *via* Twitter plutôt que par e-mail ? Parce que Twitter est un média de conversation et d'actualité et que sa boîte de messagerie e-mail est probablement inondée de messages.

Détecter une opportunité sur Twitter, c'est écouter sa communauté, veiller sur des mots-clés qui vous permettront de découvrir qui exprime un besoin *via* des questions ou des réflexions. Voire également obtenir des réactions à vos propres tweets qui vous engageront dans une discussion propice à enclencher un rendez-vous business. ■

OUTIL 6

Définir une stratégie de présence en 3 étapes

LES 3 BE

3 leviers		
Be found Faire en sorte qu'on vous trouve	**Be seen** Se faire repérer	**Be in touch** Approche directe
Profil personnel & Page entreprise	Partages et publications. Contribution dans les groupes	Mise en relation *via* son réseau

En résumé

Les réseaux sociaux professionnels peuvent être très efficaces, mais encore faut-il y aller avec une démarche structurée. Copier-coller son CV en guise de profil ou une plaquette pour servir de page entreprise n'a aucune efficacité. En procédant ainsi on passe à côté de l'apport majeur de ces outils : se faire connaître de ceux qui n'ont jamais entendu parler de nous. Que quelqu'un qui a entendu parler de vous vous cherche pour en savoir plus, c'est une chose. Que quelqu'un qui ne vous connaît pas vous découvre et puisse vous contacter facilement, peut s'avérer extrêmement puissant. Il y a 3 manières de mettre à profit ces outils à titre professionnel : « be found », « be seen », « be in touch ».

Insight

Professional social networks can be very effective, but it is still necessary to go with a structured approach. Copy and paste the resume as a profile or a brochure to serve as a company page has no efficiency. By doing so we miss the major contribution of these tools being discovered and known by those who have never heard of us. Anyone who has heard of you and looks for more, that's one thing. Someone who does not know you, discovers you and can contact you easily, can be extremely powerful. There are 3 ways to utilize these tools in a professional way, "Be found", "Be seen", "Be in touch".

Pourquoi l'utiliser ?

Objectif

Adopter une démarche claire et structurée pour qu'elle soit efficace. Il y a 3 stratégies principales pour tirer un bénéfice de sa présence sur ces outils :

› « be found » : faire en sorte qu'on vous trouve, via votre profil ou votre page entreprise en utilisant le moteur de recherche interne.

› « be seen » : faire en sorte de se faire repérer, par des publications ou des contributions dans des groupes.

› « be in touch » : développer son réseau vers de nouveaux contacts, soit directement, soit *via* une introduction.

Contexte

Chaque personne présente sur ces plateformes peut adopter l'une et/ou l'autre de ces stratégies, à titre personnel ou au nom d'une entreprise. Chacune peut être très efficace voire même suffisante. Ce n'est pas obligatoire de toutes les activer. Combiner les trois sera le plus puissant, mais exploiter au maximum une seule peut être plus efficace que de mal associer les trois.

Comment l'utiliser ?

Étapes

› Les réseaux sociaux sont des outils sémantiques. À travers des algorithmes qui leur sont spécifiques, tous fonctionnent à partir de mots-clés et de moteurs de recherche qui analysent les mots d'une demande pour proposer en résultat les profils les plus pertinents. Ce système est en plus personnalisé puisque la manière dont quelqu'un a créé son réseau a un impact direct sur la visibilité que son profil aura et sur les profils auxquels il aura accès.

› Demandez-vous comment ceux qui auront besoin de vos compétences vont vous rechercher. Essayez de trouver les mots-clés utilisés par les recruteurs dans les annonces et les job descriptions. Utilisez wordle.net pour en faire ressortir les mots-clés principaux et les mettre dans vos profils. Pensez à votre profil personnel et à votre page entreprise. Les deux sont des points d'entrée.

Méthodologie et conseils

› « *Be found* » : vous misez sur une visibilité liée aux moteurs de recherche et aux algorithmes. Faites en sorte qu'on vous trouve en diversifiant au maximum votre champ sémantique (synonymes, orthographes différentes...).

› « *Be seen* » : partagez vos contenus ou ceux de tiers qui vous paraissent pertinents. Utilisez le service LinkedIn Pulse (outil 25). Intervenez dans des groupes LinkedIn et Viadeo. Partagez vos articles depuis la page d'accueil. Les groupes sont des lieux d'échanges et de discussions.

› « *Be in touch* » : soyez ouvert. Ne considérez pas qu'un réseau social est un carnet d'adresses. Un contact n'est pas nécessairement quelqu'un que vous avez rencontré ou que vous connaissez. C'est aussi quelqu'un qui peut lire votre contenu, le partager et vous rendre visible de son réseau. Ce n'est pas parce que vous ne le connaissez pas et que vous ne l'avez jamais vu qu'il n'est ni intéressant ni pertinent. ■

Un petit nombre d'intermédiaires est suffisant en moyenne pour connecter n'importe quelle personne à une autre par Internet.

Avantages

■ Pour que les réseaux sociaux vous apportent des résultats, il faut les aborder avec une stratégie : compétences, cibles, objectifs. Le choix de l'outil le plus pertinent vient ensuite.

Précautions à prendre

■ Les professionnels utilisent spontanément leur langue maternelle. En France, n'avoir un profil qu'en anglais, c'est se rendre invisible de la majorité des profils francophones.

DOSSIER

2 VIDÉO ET PICTURE MARKETING

L'expression « picture marketing » est apparue la première fois début 2012 dans un article publié par l'auteur de ce livre sur le blog Presse-Citron. Depuis, de nombreuses formations se sont développées, le magazine *Stratégies* y a consacré un dossier en juin 2013 et une communauté a même été créée sur Google+.

Entre la place prise par les images dans les interfaces des réseaux « classiques » et l'émergence de réseaux sociaux qui reposent exclusivement sur le partage d'images (Instagram, Tumblr, Pinterest), il est désormais impératif de penser sa stratégie de présence sur les réseaux sociaux en y intégrant la dimension visuelle. Images, photos et vidéos sont au cœur de toutes les plateformes. Instagram a été racheté 1 milliard de dollars par Facebook. Tumblr est l'une des principales plateformes de blog. Les interfaces de Facebook, Twitter et Google+ ont évolué et imposé une « cover picture » grand format pour les pages et les profils. LinkedIn a modifié les pages d'entreprises en y ajoutant des bannières et donne la possibilité d'insérer des images et une bannière sur les profils. Twitter a changé les pages de profils en y insérant également des bannières.

Sur les pages Facebook, les photos ont un onglet dédié. Google+ fait un lifting où l'image prend davantage de place. Pinterest devient le troisième site le plus fréquenté aux États-Unis. Le partage d'images et de vidéos est ce qui génère le plus d'engagement sur Facebook et Twitter. Les vidéos se lancent automatiquement quand elles apparaissent sur Facebook. LinkedIn indique lors de ses conférences que le nombre moyen de visites d'un profil varie de 1 à 14 selon qu'il y ait ou non une photo... Le picture marketing prend ses marques et s'impose à tous ceux qui veulent tirer profit des réseaux sociaux pour développer leur visibilité ou leur business.

› **Pinterest** est le lieu idéal pour partager des images sur ses idées, ses produits, ses valeurs. C'est devenu un allié incontournable des sites de e-commerce.

› Évolution interne (cover picture, timeline, fil d'actualité) ou externe (rachat d'Instagram), **Facebook** est l'une des références du picture marketing. Animer une page Facebook ne peut se faire sans image ou vidéo.

› **Google+** est le réseau qui met le plus en avant les images.

› Contrairement à une plateforme de blog classique où l'image vient en support d'un article, sur **Tumblr**, c'est le texte (très court) qui vient en support de l'image.

http://goo.gl/kEomo3

En savoir plus sur le picture marketing (ActuEntreprise)

› **Instagram**, une application mobile de partage et de retouche de photo, s'est principalement fait connaître en étant rachetée 750 millions d'euros par Facebook juste avant son entrée en bourse, sans avoir réalisé de chiffre d'affaires. Instagram a par ailleurs contribué à aider Facebook à mieux appréhender le mobile.

SOURCES DE TRAFIC DES SITES INTERNET

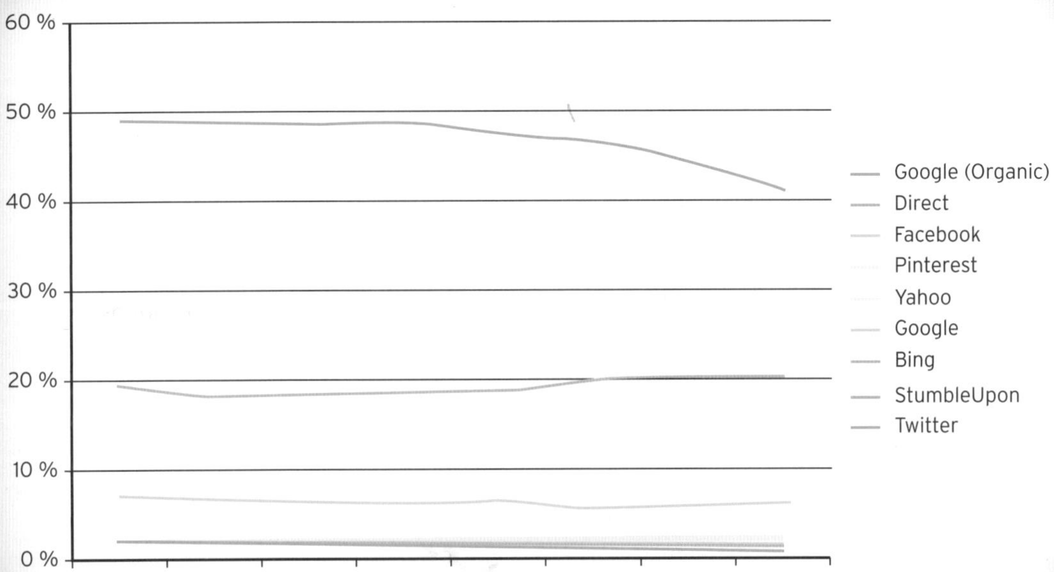

Source : Shareaholic

› **YouTube** est le second moteur de recherche au niveau mondial. Un internaute sur deux s'y rend tous les mois.

› Avec **Vine**, Twitter a appliqué son schéma de message court à la vidéo et a réussi à convaincre des millions d'utilisateurs.

› **Periscope** et **Meerkat** se sont développées autour du marché émergent du streaming live de vidéo.

LES OUTILS

Pinterest

SOURCES DE TRAFIC : RÉSEAUX SOCIAUX VERS SITES MARCHANDS

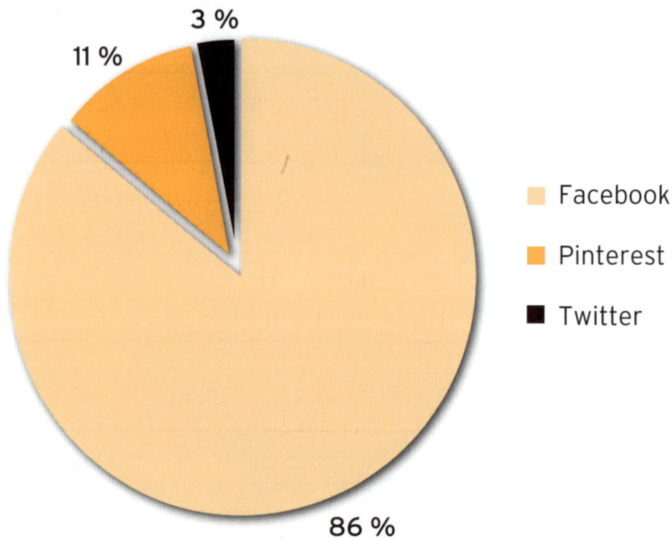

Source : www.richrelevance.com

En résumé

Pinterest (20 millions de membres actifs) a été créé en 2010. Le nom vient de *to pin* (épingler) et *interest* (intérêt). Sur Pinterest, on crée un compte sur lequel on ajoute des tableaux thématiques qui contiennent chacun des images (épingles). On y partage ses centres d'intérêts, ses loisirs, sa culture d'entreprise, ses valeurs...

Son chiffre d'affaires vient de commissions touchées sur les ventes de sites d'e-commerce qui y exposent leurs produits.

Pinterest est le réseau social le plus féminin (70 % de l'audience) et fait partie des cinq plus gros réseaux sociaux au niveau mondial. C'est le second plus important de ceux consacrés au partage d'image.

Insight

Pinterest (20 millions active users) was created in 2010. The name comes from « to pin » and « interest ». On Pinterest, you create an account on which you add thematic boards, each containing images (pins). You share your interests, your leisure, your company's culture, its values ...

Its revenue comes from commissions earned on sales of e-commerce sites that display their products.

Pinterest is the most feminine social network (70 % of the audience) and is one of the five largest social networks in the world. This is the second most important among those devoted to picture sharing.

Pourquoi l'utiliser ?

Objectif

Pinterest est la seconde source de trafic pour les sites e-commerce, après Facebook et devant Twitter. PME, grand compte, consultant indépendant, Pinterest peut être utilisé pour montrer votre personnalité, pour personnaliser ou humaniser une relation commerciale :

› Proposer des tutoriels, des modes d'emploi en vidéo ou en infographie.

› Montrer le côté « backstage » si vous êtes dans une activité de services et n'avez pas de produit à présenter.

› Aller au-delà de votre site et montrer vos produits dans la vie quotidienne, comme le fait Starbucks par exemple.

Contexte

Pinterest a une audience très féminine. Les utilisateurs de Pinterest y passent en moyenne près de 15 minutes par visite soit près de 90 minutes par mois. Le site compte aujourd'hui 70 millions d'utilisateurs et plus de 2 milliards de pages vues chaque mois.

69 des 100 plus grandes marques (classement Interbrand) y sont présentes (pas nécessairement actives). Fin 2013, Pinterest a lancé son programme publicitaire avec les « promoted pins ».

Comment l'utiliser ?

Étapes

› Commencez par définir votre stratégie : trafic, notoriété, ventes, engagement. Consacrez 20 % de vos images à votre marque, 40 % à du contenu informatif ou éducatif et 40 % à des images plus personnelles, autour de vos valeurs.

› Mettez le bouton « Pin It » sur tout votre contenu visuel afin qu'il puisse être repris facilement.

› Interagissez en reprenant, partageant et commentant les images des autres.

› Soignez vos titres et descriptions (500 caractères maximum).

› Connectez Facebook, Twitter et Pinterest.

› Créez votre page entreprise.

Méthodologie et conseils

Marquez vos images (copyright, tracking) pour qu'on puisse remonter à vous plus facilement.

Ayez vos produits dans la section cadeaux et mettez votre prix dans la description.

Utilisez les hashtags (#) devant les mots-clés principaux de vos descriptions, cela facilitera votre indexation et vous rendra plus visible.

Placez votre contenu important au centre et ce qui est essentiel sur le second rang.

Ne partagez pas que des images, mettez aussi des vidéos.

Été 2013, Pinterest a lancé les « rich pins » qui donnent plus d'informations que les « pins » simples. Ils sont de trois types : produits, recettes, films. Leur objectif est de donner envie d'en savoir plus pour déclencher des achats. Les « rich pins » donnent des informations en temps réel sur la disponibilité, les notes, les avis, les prix, la localisation... ■

Site de référence aux États-Unis, il peine à décoller en France et en Europe.

Avantages

- Dans le secteur des services, Pinterest permet de se différencier en montrant sa personnalité et ses sources d'inspiration.
- Dans le secteur industriel, Pinterest permet d'adopter un mode de communication qui ne soit pas exclusivement commercial.

Précautions à prendre

- Pinterest n'est pas votre site, donc ce n'est pas le lieu pour mettre votre catalogue de produits.
- Considérez que les images que vous postez sont publiques et n'attendez pas de droits d'auteurs ou à être systématiquement cité. Beaucoup d'internautes se contenteront de reprendre voire de s'approprier vos images.

OUTIL 8

Instagram

CRÉER UN PROFIL INSTAGRAM

- ☐ Choisissez vos images. Posez des questions. Attirez l'attention.
- ☐ Mettez votre URL dans vos commentaires.
- ☐ Géolocalisez vos photos.
- ☐ Mettez votre photo dans votre profil et taguez vos clients pour engager le dialogue.
- ☐ Utilisez les hashtags.
- ☐ Répondez, commentez, mentionnez.

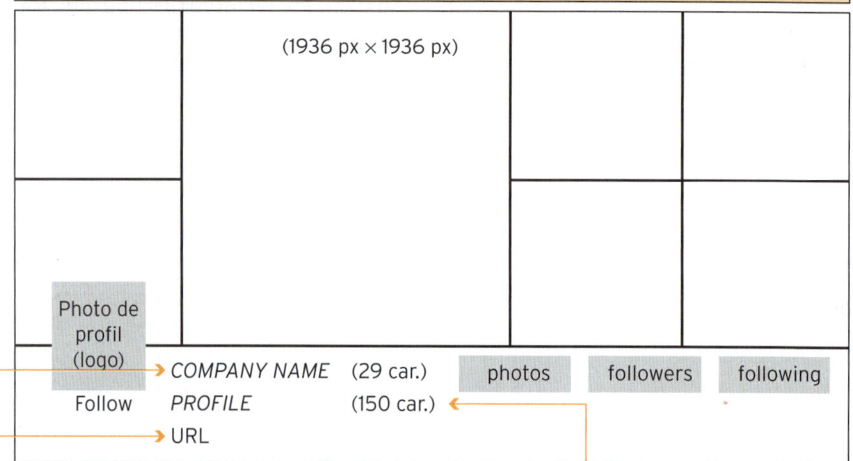

Company name : proche de votre compte Twitter
Profile : votre activité et pourquoi vous êtes sur Instagram
URL : site ou page Facebook
Intégrez des éléments de marque dans vos photos
Les connexions se font par le flux, pas par le nom de la marque

En résumé

Instagram est une application mobile de partage et de retouche de photos. Développée au départ à partir de l'iPhone, elle est maintenant disponible sur Android.

Instagram, grâce au support de Facebook, a conquis plus de 200 millions d'utilisateurs actifs et est devenu incontournable dans certains secteurs.

Instagram a aidé Facebook à rentabiliser sa présence mobile.

Les images que vous publiez sont liées au style de vie que vous voulez communiquer avec vos produits. Instagram n'est pas une application e-commerce directement destinée à vendre.

Insight

Instagram is a mobile application for editing and sharing photos. Originally developed for the iPhone, it is now available on Android.

Instagram, thanks to Facebook's support, has won over 200 million active users and has become unavoidable in some areas.

Instagram has helped Facebook to monetize its mobile presence.

The pictures you post are related to the lifestyle you want to communicate with, around your products. Instagram is not an e-commerce application designed to sell directly.

Pourquoi l'utiliser ?

Objectif

Instagram, c'est à la fois Twitter et Flickr : une communauté dans laquelle les membres prennent des photos et les partagent. La communauté étant très importante, les possibilités d'interactions sociales sont intégrées. Instagram est donc un espace pour se rapprocher de consommateurs potentiels et développer sa notoriété. 59 des 100 premières marques (classement Interbrand) y sont présentes. L'engagement vers les photos de marque est en croissance de plus de 35 %.

Utilisez Instagram pour :

- poster des démonstrations de produit ;
- répondre aux questions de SAV ;
- créer votre « book » ;
- promouvoir un événement ;
- diffuser des codes promotionnels.

Contexte

Instagram est un réseau social de partage d'image *via* mobile. À première vue, on peut s'imaginer qu'Instagram ne s'adresse qu'aux grandes marques et aux produits de grande consommation. Mais des industriels du BtoB savent l'utiliser, comme General Electric qui y a organisé des concours photo. Les consultants peuvent l'utiliser pour illustrer leur pensée du jour et pour sortir d'une communication d'expert technique. Red Bull ne montre pas son produit mais communique sur un style de vie et des valeurs qui lui sont propres.

Comment l'utiliser ?

Étapes

- Définissez votre stratégie de contenu : type d'images et message à véhiculer.
- Créez votre compte avec un identifiant reconnaissable facilement. Choisissez une image qui marque.
- Utilisez les hashtags pour faire des recherches et trouver des comptes à suivre. Suivez chaque jour une dizaine de comptes dans votre domaine d'activité.
- Si vous ne trouvez pas d'abonnés, trouvez des experts et suivez ceux qui ont partagé leurs photos. L'objectif, comme sur les autres réseaux est de trouver des membres engagés. N'en suivez pas plus de 50 par jour.
- Postez une image par jour, autour de votre activité. Ne montrez pas directement vos produits, mais votre univers ou vos produits dans la vie courante.
- N'hésitez pas à proposer des opérations exclusives.

45 millions de photos sont publiées chaque jour sur Instagram par plus de 150 millions de membres.

Méthodologie et conseils

Utilisez de préférence vos images ou utilisez des hashtags pour trouver des photos qui vous inspirent et partagez-les en citant vos sources dans vos descriptions.

Pensez « efficace » : demandez-vous ce que vos abonnés peuvent aimer et surtout ce qui peut les faire réagir.

Utilisez les filtres de retouche, c'est l'une des particularités de l'outil.

Mettez vos mots-clés (hashtags) plutôt en commentaires qu'en description.

Animez en publiant des photos mystères pour demander de découvrir ce qui se cache derrière.

Partagez aussi le contenu des autres.

Avantages

- En plus du partage de photos, Instagram permet le partage de vidéos (15 secondes maximum). Les vidéos d'Instagram (ou de YouTube) peuvent être lues dans Facebook contrairement à celles de Vine.

Précautions à prendre

- Vos images doivent rester pertinentes dans votre domaine et doivent inspirer vos clients.
- Ne mettez pas plus d'un CTA (*call to action*) d'achat par mois.
- Respectez la philosophie de la plateforme : photos ou vidéos et messages très courts.

SUITE OUTIL 8 →

Instagram

Comment être plus efficace ?

Instagram est assez addictif, l'utilisateur moyen (90 % ont moins de 35 ans) passe 20 minutes par jour à feuilleter son flux de photos. Avant de vous lancer, ayez une stratégie éditoriale. Regardez ce que font vos concurrents et quelles sont les thématiques ou types de photos qui fonctionnent dans votre univers.

› **Comment assurer le succès d'une photo.** Sur Instagram, comme sur Facebook, Twitter ou LinkedIn, si on a un objectif professionnel (professional Branding, marketing, commercial...) il faut démarrer avec un certain nombre de likes et de commentaires. On publie pour soi, mais on publie aussi pour vu et repris par d'autres. Instagram autorise une trentaine de tags (mots-clés) pour une image. Sans aller jusque-là, il faut les multiplier. Il y a un lien direct entre le nombre de tags et le nombre de likes et commentaires.

› **Instagram propose une grande série de filtres,** mais il vaut mieux ne pas en utiliser, ou alors « willow », « valencia » ou « sierra ». Comme ailleurs, demandez à être partagé, il y a un impact positif. Les visages ou les couleurs froides (gris, bleu, vert) ont aussi un effet positif. Être pertinent par rapport à sa marque et à son message est important, mais il faut aussi penser à intéresser les autres.

› **Instagram et SEO.** Pensez à optimiser les informations de profil. D'une part avec une photo ou un logo et d'autre part avec un lien vers un site. Les campagnes sur les réseaux sociaux sont un bon moyen de se faire connaître en dehors de son site. Le site n'est plus nécessairement le meilleur outil pour se faire connaître, ni le premier lieu consulté par ceux qui nous découvrent. Il est donc important de proposer à chaque fois un lien vers son site.

› **Les hashtags** se sont développés avec Twitter, mais ils ont aussi leur place sur Instagram. C'est un bon levier pour être trouvé à condition qu'ils soient pertinents pour la marque et par rapport au message et de ne pas en mettre trop. On peut aussi se tenir au courant des hashtags populaires ou « tendance » pour s'y raccrocher.

› **Ne pas hésiter à relier les comptes Twitter et Facebook.** Une photo peut ainsi être partagée sur les 3 plateformes en même temps. Dans ce cas, il faut prévoir des hashtags dans les titres des photos.

› **Instagram peut être utilisé pour mettre en valeur des clients** ou faire de la pédagogie autour de l'expérience. Ne publiez pas que des photos, pensez aux vidéos. D'ailleurs on peut ensuite intégrer ces photos et vidéos à son site.

› **Applications tierces.** Wordswag ou Canva vont vous aider à éditer vos photos pour y ajouter des textes. Layout permet de créer des compositions en mélangeant plusieurs photos. Hyperlapse permet de créer des vidéos time-lapse (enregistrement en vitesse plus lente que celle de la projection). Boomerang crée des vidéos en boucle.

› **Faites du business avec Instagram.** Vous pouvez proposer de vendre des posters de vos photos. Mettez en ligne votre catalogue produit sur Instagram. Connectez les deux espaces et insérez descriptions et prix.

CAS Instagram vu par Alizée English, @dettacheedepresse, 12 300 abonnés

COMPTE INSTAGRAM @DETTACHEEDEPRESSE

Instagram avec plus de 400 millions de membres est le 4e réseau social le plus utilisé. On y recense aussi 86 % des marques mondiales. C'est un levier intéressant à exploiter pour développer la notoriété d'une marque. Les photos publiées génèrent jusqu'à 60 fois plus d'engagement qu'un contenu sur Facebook. Instagram est, de ce fait, plus qu'une simple plateforme sociale, c'est avant tout une vraie communauté...

- **Passionnée** : avec 400 millions d'utilisateurs actifs qui partagent leurs centres d'intérêts régulièrement.
- **Active** : plus de 40 milliards de photos ont été partagées jusqu'à présent et 80 millions de photos le sont chaque jour.
- **Internationale** : 75 % des utilisateurs sont hors des États-Unis.
- **Engagée** : 3,5 milliards de likes par jour.

Instagram est un média très utilisé par les jeunes, 74 % des utilisateurs ayant entre 18 et 34 ans. Les femmes sont aussi plus nombreuses à l'utiliser avec un taux d'utilisatrices de 55 %. Sur ce réseau, on privilégie la qualité et l'originalité : les utilisateurs Instagram apprécient la sublimation. Ils intègrent naturellement la notion de storytelling. Enfin, la vidéo est un angle important et créateur d'engagement sur la plateforme. 2016 sera d'ailleurs l'année du développement de la vidéo. En ce sens, les applications « sœurs » d'Instagram que sont Layout, Boomerang et Hyperlapse possèdent de beaux potentiels à exploiter.

Pertinent pour promouvoir vos produits ou services, Instagram peut également servir à partager les coulisses de votre entreprise ou « marque personnelle ». Utilisez les hashtags pour améliorer la visibilité des contenus. De par son engagement il reste un très bon moyen de promotion (concours...). Bien exploité, Instagram est un excellent levier de communication institutionnelle et promotionnelle pour les entreprises. ■

OUTIL 9

Tumblr

INTERFACE TUMBLR

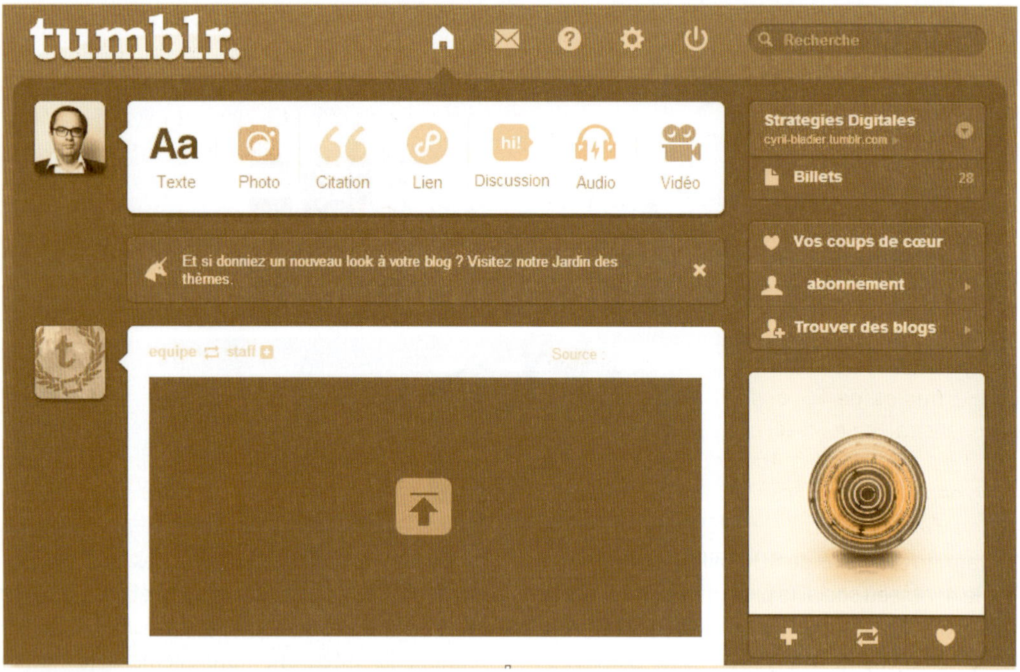

En résumé

Tumblr (100 millions d'utilisateurs actifs) est une plateforme de blog créée en 2007. Contrairement à un blog classique où l'image vient en support du texte pour l'illustrer, la communication sur Tumblr repose sur l'image et le texte vient en illustration pour décrire ou apporter une légende.

Tumblr a été racheté par Yahoo ! quand son audience est arrivée dans les 10 premiers sites aux États-Unis. C'est une plateforme de blog assez simple d'utilisation, à la fois visuelle et mobile. Il semble que l'audience se soit contractée depuis le rachat. Aujourd'hui, Tumblr représente 245 millions d'utilisateurs.

Insight

Tumblr (100 millions active users) is a blogging platform created in 2007. Unlike a traditional blog where the image comes in support of the text to illustrate it, the communication on Tumblr is based on the picture and the text comes in illustration to describe it or make a legend. Tumblr was acquired by Yahoo! when it came in the top 10 sites in the United States. It is a blogging platform rather easy to use, both visual and mobile. It seems that the audience decreased after the purchase. Today, there are 245 million users.

Pourquoi l'utiliser ?

Objectifs

La philosophie de Tumblr est de permettre à tous : écrivains, artistes, musiciens, internautes de partager et diffuser leurs contenus. Ce sont surtout les professionnels du monde de l'image qui y trouveront un intérêt. Néanmoins, plusieurs créateurs d'entreprise y sont présents et de grandes marques comme Coca-Cola y ont créé un espace.

Tumblr est utilisé pour raconter une histoire. Il peut être utilisé soit à titre institutionnel en publiant sous un format différent ou à titre personnel dans une démarche de personal branding.

Contexte

De nombreux internautes, notamment jeunes (moins de 25 ans) et nord-américains commencent à se lasser de Facebook qui leur paraît de plus en plus être le réseau social de leurs parents. Tumblr s'est longtemps différencié de Facebook en permettant de proposer des contenus collectifs. Facebook a répondu en septembre 2013 avec les albums partagés.

Comment l'utiliser ?

Étapes

› Après vous être inscrit (c'est rapide et gratuit), choisissez les thèmes qui vous intéressent. Tumblr vous propose des pages susceptibles de vous intéresser. Abonnez-vous à ceux qui vous semblent pertinents. Vous verrez leurs mises à jour dans votre interface (« dashboard »).

› Connectez Tumblr à Facebook et Twitter.

› Suivez vos fans et partagez leur contenu.

Méthodologie et conseils

Tumblr propose différents modules selon le type de contenu : texte (avec mise en forme basique), photos (jusqu'à 10 Mo), citations, discussions, liens, audio (MP3) et vidéo (depuis une plateforme comme YouTube ou depuis un ordinateur) limitée à 5 minutes et 100 Mo.

Les photos sont les plus efficaces, suivies des GIF animés, du texte et de la vidéo ; adaptez-vous et jouez sur l'émotion.

Recrutez suffisamment d'abonnés pour optimiser la viralité de vos publications.

L'option payante « Highlight » permet de promouvoir son contenu auprès de ses suiveurs (1 $ par post).

L'espace « Spotlight » permet de surfer parmi les blogs les plus tendance de chaque catégorie. Le service est aussi accessible en payant, pour s'afficher en haut de la page.

Des thèmes professionnels payants sont aussi proposés. ■

Yahoo! a déboursé 1,1 milliard de dollars pour le rachat de Tumblr en mai 2013.

Avantages

- Le contenu publié sur Tumblr est bien pris en compte par les moteurs de recherche : titres, mots-clés et réécriture des URL.
- Sur Tumblr, on peut acquérir son propre nom de domaine.
- L'utilisation de Tumblr sur un mobile est très simple.
- La plateforme est compatible avec Google Analytics pour disposer de données statistiques des consultations.

Précautions à prendre

- Beaucoup de bruit (du contenu sans intérêt voire de faible valeur) qui peut diluer votre contenu. Il faut être actif pour être visible.
- Tumblr est un outil qui s'utilise en plus des autres (pas tout seul).
- Yahoo ! va devoir rentabiliser son investissement, il faudra suivre de près l'évolution de la plateforme et du nombre de membres.

YouTube

DÉPENSES EN PUBLICITÉ VIDÉO NUMÉRIQUE (EN MILLIARDS DE $)

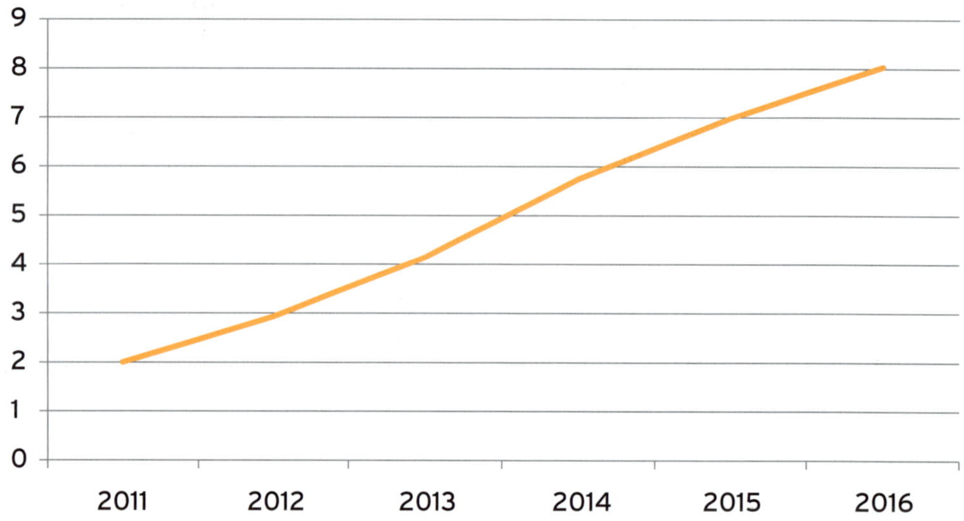

Source : mdgadvertising.com

En résumé

YouTube (1 milliard d'utilisateurs actifs) est un site de partage de vidéos, créé en février 2005 et racheté par Google en octobre 2006 pour 1,65 milliard de dollars. Grâce à ce rachat, les vidéos YouTube sont particulièrement bien référencées sur Google. Très demandée par les internautes, la présence de vidéos sur un site Internet fait partie des critères de référencement et de classement de Google. Il existe une fonction sur Google pour ne rechercher que des résultats en vidéo. YouTube n'est pas qu'une plateforme de partage, c'est un moteur de recherche où l'internaute peut trouver une information.

Insight

YouTube (1 billion active users) is a video sharing website, created in February 2005 and acquired by Google in October 2006 for $1.65 billion. With this acquisition, YouTube videos are uniquely referenced on Google. Videos are in high demand by users. The presence of video on a website is part of the criteria for listing and ranking by Google. There is a feature on Google to find only the video results. YouTube is not only a platform for sharing, it is a search engine that enables users to find information.

Pourquoi l'utiliser ?

Objectifs

› YouTube est idéal pour les PME.

› Se faire connaître rapidement.

› Créer un buzz : le partage et la reprise des vidéos sur des blogs est très simple.

› Communiquer et démontrer son expertise.

› Optimiser son référencement. Les vidéos YouTube sont mieux référencées que celles des autres plateformes.

Contexte

La demande de vidéos est croissante, notamment en BtoB (business to business).

YouTube reste gratuit, hormis les bannières publicitaires, et n'est pas réservé aux entreprises. Chacun peut déposer ses vidéos.

YouTube est de plus en plus utilisé en communication d'entreprise : lancement de produits (Blendtec) ou vidéo virale (« A hunter shoots a bear » de Tipp-Ex), même dans les secteurs plus traditionnels (« The Force » de Volkswagen). Ces campagnes ont généré des dizaines de millions de vues, pour un budget de diffusion quasi nul, sans commune mesure avec le coût d'une campagne télévisée.

Comment l'utiliser ?

Étapes

› Créez un compte (une adresse Gmail suffit).

› « Ajoutez une vidéo » ou enregistrez-en une directement *via* mobile ou webcam.

› Partagez sur d'autres plateformes : Facebook, Twitter, Tumblr.

› Placez les vidéos sur des sites ou des blogs grâce aux options « Partager » et « Intégrer ».

Un compte est une « chaîne » YouTube. Il peut contenir les vidéos ajoutées, les vidéos préférées et les listes personnelles (playlists). La couleur d'arrière-plan est modifiable et il existe des modules et des options de mise en forme.

Méthodologie et conseils

Répondez aux questions que se posent vos clients. Partez du principe que votre nouveau produit n'intéresse personne. Apportez les solutions que vos prospects recherchent. Les modes d'emploi répondent aux questions tout en permettant d'asseoir une autorité.

Soyez concis : il est inutile de réaliser une vidéo de 10 minutes si 3 suffisent.

Soyez précis dans les tags que vous utilisez pour décrire vos vidéos (titres et descriptions, y compris dans vos playlists).

Créez des playlists pour mieux accueillir et guider les internautes.

Les annotations sont utilisées pour inciter à l'action, pousser les abonnements, partager ou commenter. Autant d'éléments qui contribuent au référencement. ■

Wasp Barcode (scanners de code-barres) a généré plus d'un million de vues sur YouTube.

Avantages

- YouTube a fait baisser le niveau de qualité attendu des vidéos. Les plus petits budgets peuvent tout à fait y être présents même sans avoir de moyens de production sophistiqués. Des PME ont eu beaucoup de succès avec des vidéos réalisées avec des mobiles.

Précautions à prendre

- Concentrez-vous sur le son, si la qualité n'est pas bonne, vous perdez de l'engagement.
- Attention aux effets de buzz. Il est en général positif qu'une campagne se diffuse rapidement. Mais l'effet peut être négatif en cas de détournement.
- Attention au pillage : les vidéos sont souvent reprises à leur compte par d'autres utilisateurs.
- S'assurer d'avoir l'autorisation de diffusion des personnes figurant sur les vidéos.

OUTIL 11

Vine

VISUALISER VINE

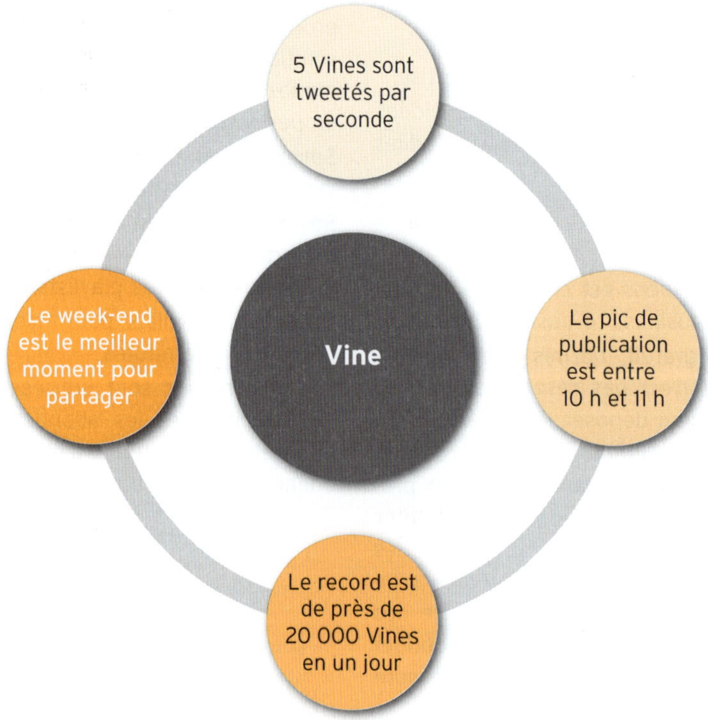

En résumé

Vine est une application mobile de publication et de partage de vidéos d'une durée de 6 secondes. Vine est gratuit et disponible pour iPhone et Android. Vine a été racheté par Twitter et lancé début 2013. Comme sur Twitter, un court texte peut accompagner les vidéos et les hashtags sont indispensables.

Vine est particulièrement destiné à ceux qui ne veulent pas, ne savent pas ou n'ont pas les moyens de produire des vidéos complexes.

Vine est très récent et n'est pas encore une priorité pour communiquer, mais sa simplicité peut convertir rapidement de nouveaux adeptes.

Insight

Vine is a mobile application for publishing and sharing 6 seconds long clips. Vine is free and is available for iPhone and Android. Vine was bought by Twitter and launched in early 2013. As on Twitter, a short text can be used as a description for videos and hashtags are essential.

Vine is particularly aimed at those who do not want, do not know or do not have the means to produce complex videos. Vine is very recent and is not yet a priority to communicate, but its simplicity can quickly convince new followers.

Pourquoi l'utiliser ?

Objectifs

› Utiliser Vine pour réaliser une vidéo de présentation d'un produit ou d'un service ; par exemple dans un *teasing*.

› Montrer ses caractéristiques principales ou préparer un lancement.

› Utiliser Vine pour humaniser la relation avec vos prospects et clients ; ne pas communiquer que sur vos produits et services.

› Attirer des clients en montrant vos collections, vos menus, vos promotions. Si vous avez un commerce ou un restaurant.

› Un article de blog ne pouvant être publié seul, sans aucune illustration, Vine peut venir en appui. Ce format changera des images que tous les blogueurs utilisent.

Contexte

Twitter est limité à 140 caractères, Vine est limité à 6 secondes. La plateforme est donc très accessible et très simple d'utilisation (à condition d'avoir un smartphone). Il n'y a donc pas besoin de budgets importants pour l'utiliser dans sa communication.

Comment l'utiliser ?

Étapes

› Téléchargez l'application. Après avoir créé votre compte (à partir d'un compte Twitter ou d'une adresse mail), trouvez des profils à suivre en cliquant sur l'icône en haut à droite dans votre profil.

› Connectez-vous à votre compte Facebook pour y partager vos vidéos.

› L'enregistrement de vidéos se fait en touchant l'écran. Dès que vous n'appuyez plus, l'enregistrement s'arrête. Il est donc possible de combiner des vidéos de 2 ou 3 secondes pour arriver aux 6 secondes du format. Quand votre vidéo est prête, cliquez sur « Continuer » pour la partager sur le réseau Vine ou supprimez-la si elle ne vous convient pas.

Méthodologie et conseils

Dialoguez avec vos clients à partir de vidéos.

Présentez un événement en montrant par exemple les lieux ou en filmant les préparatifs, montrez votre équipe, montrez la vie de bureau. 6 secondes sont suffisantes pour partager une information ou une actualité.

Cherchez de l'engagement. Proposez à vos abonnés de partager leur propre contenu et faites-en un concours.

Surprenez en utilisant Vine en podcast : uniquement du son et pas d'image. Comme on s'attend à voir une image et que vous ne diffusez que du son, cela peut créer un effet de surprise auprès de votre audience.

Intégrez vos clients : dans vos points de vente, dans vos établissements, en train de consommer vos produits. Demandez-leur de créer des vidéos Vine et de les partager avec le hashtag de votre marque. ■

Après avoir gagné 13 millions de membres entre janvier et juin 2013, le site en a conquis près de 30 millions entre juin et août.

Avantages

- Vine est gratuit, simple d'accès et facile à utiliser. Vous pouvez partager facilement vos vidéos sur Twitter et Facebook. Vous pouvez à tout moment éduquer, informer ou distraire votre communauté.

Précautions à prendre

- Notez que les vidéos Vine tournent en boucle. En cas de film public ou en extérieur, attention au droit à l'image et à la protection de la vie privée de ceux que vous filmez.

OUTIL 12

Periscope

UTILISATEURS ACTIFS QUOTIDIENS LES PREMIERS MOIS

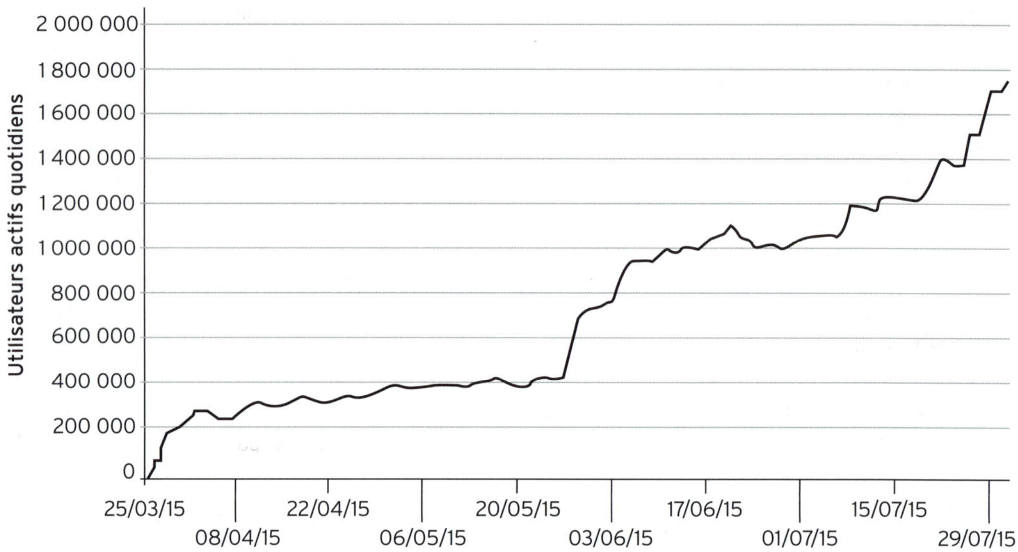

Source : Periscope.

En résumé

Periscope est une application mobile qui permet à ses utilisateurs de partager et de regarder des émissions Live en direct depuis un mobile. Contrairement à toutes les autres émissions, ce n'est pas un dispositif à sens unique puisque les spectateurs peuvent interagir à tout moment via un chat ou en envoyant des cœurs.

5 mois après son lancement (mars 2015), le service a dépassé le cap des 10 millions d'utilisateurs dont 2 millions d'utilisateurs actifs quotidiens.

L'équivalent de 40 années de vidéo sont vues chaque jour.

Insight

Periscope is a mobile application that allows its users to share and watch live broadcasts live from a smarthpone. Unlike all other live events, this is not a one-way device since viewers can interact at any time via a chat or sending hearts.

5 months after its launch' (March 2015), the service has exceeded 10 million members and 2 million daily active users.

The equivalent of 40 years of vidéo are seen every day.

Pourquoi l'utiliser ?

Objectif

Selon Twitter, Periscope peut aider les marques à créer une relation plus personnelle avec les consommateurs en leur donnant un accès en temps réel à des moments importants ; que ce soit de grandes annonces, des défilés de mode ou des événements.

Contexte

Periscope a un usage marketing de communication. C'est davantage une application qui s'intègre dans un plan plus global comprenant d'autres dispositifs qu'une application qui s'utilise seule.

La mesure de référence sur Periscope est le « Time Watched » : temps total (en années ou jours) passé à regarder des vidéos live sur iOS ou Android. Le temps passé sur PC ou en replay n'est pas pris en compte.

Doritos, historiquement très présente sur les réseaux sociaux, a été la première marque à y faire un concours.

Les vidéos des coulisses sont très populaires, mais on y mène des actions de service client, de démonstration, pour une actualité, des interviews.

Periscope est une alternative à Meerkat, lancée plus tôt. Mais, le rachat par Twitter l'a fortement favorisée.

Comment l'utiliser ?

Étapes

› Periscope est une application mobile pour systèmes iOS ou Android.

› Une fois le compte créé, on peut suivre d'autres profils. Ensuite, il suffit de cliquer sur un bouton pour enregistrer une vidéo en direct et la diffuser en temps réel.

› Anticipez : annoncez votre live quelques jours avant et relayez sur Twitter.

Méthodologie et conseils

› Choisissez le bon contenu, adapté à ce nouveau format. Racontez une histoire. Lancez vos produits ou vos campagnes. Proposez des offres spéciales. Diffusez des conseils ou modes d'emploi pour former vos clients. Montrez la vie quotidienne de votre entreprise.

› Soyez authentique : pas de script, pas de répétition. Ce n'est pas adapté au temps réel ni à l'outil.

› Répondez aux spectateurs en temps réel.

› Encouragez les replays.

› Analysez pour optimiser. Les critères ne manquent pas : nombre de spectateurs, temps moyen de visualisation, nombre de replays.

› Periscope se prête bien à tout contenu qui nécessite de l'interaction : SAV, démonstrations, retours clients, actualités, interviews, offre spéciales.

› Periscope permet aussi de filmer et diffuser en temps réel un événement et d'accroître significativement la portée de son message par une diffusion en direct.

› C'est aussi un moyen d'être présent sur un territoire où on n'a pas de présence locale physique. ■

Periscope a été racheté entre 50 et 100 millions de dollars par Twitter.

Avantages

- L'un des intérêts de Periscope c'est que l'on peut mesurer en temps réel l'engagement qu'on atteint avec son audience. En effet, les participants peuvent envoyer des cœurs en temps réel pour montrer leur intérêt. Plus on reçoit de cœurs, plus ils montent sur l'écran. De plus le compteur de participants évolue en temps réel.
- Periscope ayant été racheté par Twitter, ses vidéos peuvent être diffusées live ou en replay (en autoplay) sur Twitter (pour le moment uniquement iOS).

Précautions à prendre

- Comme c'est une diffusion en direct, il n'y a pas de filtre. Une diffusion sur Periscope n'est pas destinée à être montée ensuite.

OUTIL 13

Snapchat

MEMBRES DE SNAPCHAT SELON L'ÂGE (EN POURCENTAGE)

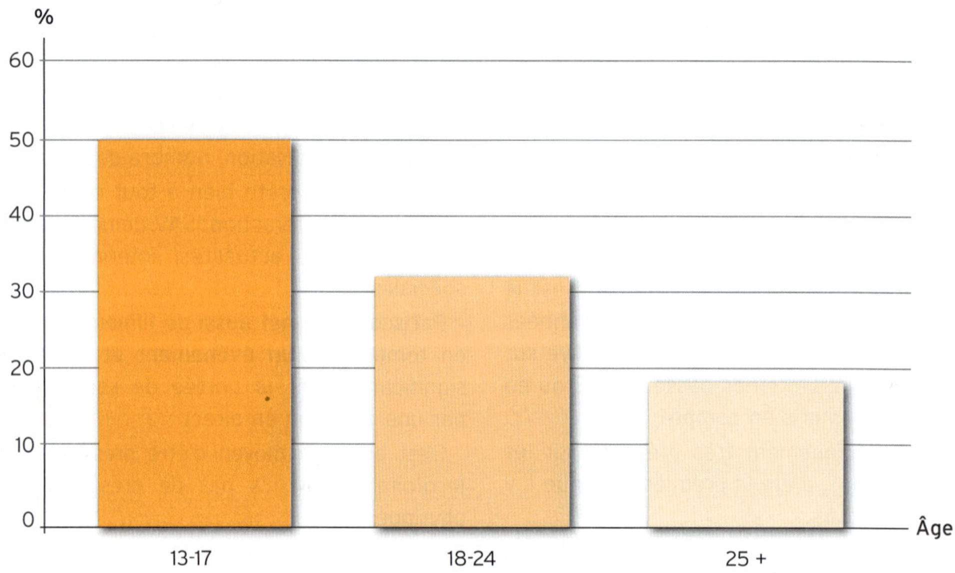

Source : Snapchat.

En résumé

Parmi les réseaux sociaux, Snapchat fait partie des outils qui capitalisent sur l'image et la photo. Le concept est assez simple. Ce ne sont pas des photos qu'on met en ligne, mais qui sont envoyées à des amis. Une fois connecté, on fait une photo et avant de l'envoyer, on décide de sa durée de vie, de 1 à 10 secondes. Celui qui la reçoit ne pourra la voir que pendant ce temps prédéfini, puis elle disparaît.

On peut également faire des vidéos, ajouter du texte, des émoticônes ou créer des « story » qui pourront être vues pendant 24 heures.

Snapchat est suspecté de ne pas supprimer les photos de ses utilisateurs.

Insight

Among social networks, Snapchat is one of the platforms that capitalize on images and photos. The concept is quite simple. These are not pictures to be publish online, but that are sent to friends. Once connected, take a picture and before dending it, decide its lifetime from 1 to 10 seconds. The one who receives will see it during this preset time and the nit disappears.

It is also possible to make videos, add texte or emoticons or create "story" that cen be viewed for 24 hours.

Snapchat is suspected not to remove photos from its users.

Pourquoi l'utiliser ?

Objectif

Snapchat est plus un outil de communication ou de marketing pour marque que pour un individu. Ce qu'on envoie, ce sont des photos instantanées. Snapchat est pertinent soit pour se donner une image jeune, moderne et dynamique, soit pour toucher des populations qui ne sont pas ailleurs. C'est le cas par exemple de Goldman Sachs qui y a lancé une campagne de recrutement.

Contexte

Les utilisateurs sont plutôt jeunes (13/25 ans) et féminins (70 %). La double force de Snapchat auprès de cette tranche d'âge, c'est que leurs parents n'y sont pas et que le contenu disparaît. Près de 400 millions de snaps sont envoyés chaque jour. Sur Snapchat, on compte 7 milliards de vues de vidéos par jour (8 sur Facebook) par 100 millions d'utilisateurs actifs. Les « stories » et surtout les « local stories » permettent de découvrir des vidéos de son voisinage. La fonctionnalité « Discover » a fortement contribué à la hausse du nombre de vues sur la plateforme : presqu'autant que sur Facebook avec 80 % d'utilisateurs de moins. Si les images sont éphémères, elles ont toute l'attention de ceux qui les regardent. Sur les autres outils, elles ne sont pas éphémères, mais l'attention y est moins importante.

Comment l'utiliser ?

Étapes

› Ce n'est pas Twitter ni Instagram : on doit inviter les autres à rejoindre un de ses groupes. Une fois l'application téléchargée et le compte créé, il faut le promouvoir (Facebook, Twitter, Instagram...). Ensuite remercier les abonnés avec un contenu pertinent (concours, coupon) et gérer le contenu destiné à maintenir l'engagement.

› Le plus simple pour se familiariser avec cet écosystème différent est d'aller regarder ce que font des marques déjà présentes, voire de les suivre pour voir ce qui fonctionne et l'adapter ensuite à son univers. La fonctionnalité « Discover » est pour cela très utile.

Le fondateur a refusé des offres de rachat de Facebook et Google de 3 et 4 milliards de dollars.

Méthodologie et conseils

› Sur Snapchat, on peut savoir combien de personnes ont vu une histoire et combien en ont fait une capture d'écran.

› Il n'y a pas de ROI immédiat ni même de mesure de ROI. Il s'agit juste de créer une relation et une expérience différentes avec ses consommateurs.

› Les photos des coulisses ou d'événements « live » se prêtent particulièrement bien à Snapchat : lancements de produits, offres promotionnelles, défilés, expositions, teasing... De même que les jeux et concours. Ne pas hésiter à proposer à ses communautés de se mettre en scène avec ses produits. Si on demande à la communauté de capturer les codes promotionnels pour les montrer en magasin, il est assez facile de mesurer l'efficacité de l'opération.

› Utiliser l'option « My Story » pour garder une visibilité des photos ou vidéos pendant 24 heures. La combinaison de différentes vidéos de 10 secondes permet aussi de raconter une histoire plus longue.

› La spontanéité et le « fun » sont de rigueur.

› Le cas échéant, les Snapchat Ads ont été lancés fin 2015. À l'heure actuelle, tout le monde n'y a pas encore accès et les utilisateurs peuvent les passer si elles sont trop intrusives. ■

Avantages

- Snapchat reste assez nouveau en termes de présence de marque et reste donc assez préservé des abus qu'on peut voir ailleurs.
- Par définition, tout ce qu'on y publie est éphémère.

Précautions à prendre

- Rien n'empêche celui qui reçoit un snap d'en faire une capture d'écran.

DOSSIER

3 LES **RÉSEAUX SOCIAUX** POUR **DÉVELOPPER** SON **ACTIVITÉ**

Les réseaux sociaux, en devenant des services utilisés tous les jours par des millions de consommateurs, attirent de très nombreuses entreprises de toutes tailles, qui veulent essayer d'en tirer profit, pour se faire connaître, exporter ou pour trouver des clients. Ce sont d'abord les entreprises de produits de grande consommation, en particulier américaines, qui ont utilisé ces outils. Mais, les réseaux sociaux ont un intérêt pour les entreprises BtoB. L'internaute est le même, qu'il recherche des informations personnelles ou professionnelles. L'une des difficultés pour les équipes marketing est que la plupart des dirigeants n'ont pas été formés à ces nouveaux outils. L'autre vient du fait, que c'est un écosystème en perpétuelle évolution : de nouveaux réseaux apparaissent, les règles changent, les interfaces évoluent... Il est donc très difficile à tout moment de savoir sur quels réseaux aller, comment, pourquoi et avec quels critères de mesure.

Il ne s'agit plus de savoir s'il faut y aller mais où et comment. Il est désormais acquis que, quel que soit le réseau, les fans ou abonnés ne viennent pas tout seuls. Il faut aller les chercher, leur donner envie de venir et les animer pour les faire rester et les engager. L'engagement est aujourd'hui crucial. Mais de plus en plus d'équipes marketing ne s'en contentent plus et cherchent désormais à rentabiliser leur présence en essayant d'y développer leur chiffre d'affaires. C'est notamment le cas en BtoC.

A contrario, en BtoB, on ne va pas vendre de produit ou de service ni convertir un prospect en client sur la base d'un tweet de 140 caractères, d'une vidéo Vine, d'une photo Instagram ou d'un post Facebook. Dans les usages BtoB, il y a une sorte de fracture numérique liée à l'âge des acheteurs. Les plus jeunes cherchent des informations et font du sourcing *via* les réseaux sociaux. C'est une pratique moins ancrée chez les plus âgés.

En BtoC, le cycle de vente est court, les transactions se font facilement en ligne, il n'y a qu'un (voire deux) décideur(s). Les réseaux sociaux peuvent donc avoir un impact plus direct sur les ventes. En BtoB, le cycle de vente est plus long, les transactions se font principalement offline, il y a presque toujours plusieurs décideurs. Les réseaux sociaux ont donc un usage et une approche différents. Ils sont davantage destinés à se faire connaître, à diffuser son expertise (content marketing, curations, plateformes d'experts, inbound marketing), à trouver des prospects et à entretenir une relation pour en faire des clients (social selling).

SPÉCIFICITÉS BTOB ET BTOC SUR INTERNET

	BtoC	BtoB
Audience	Large et peu spécialisée	Réduite et spécialisée
Cycle de vente	Court (1,5 jour en moyenne)	Long (50 % > 1 mois)
Conclusion de la vente	Online	Online & offline
Décisionnaire(s)	1	Multiples
Recherche	Produit spécifique	Répondre à un besoin
Vocabulaire utilisé	Usuel	Jargon professionnel
Approche	Élargir vers les termes génériques	Exclure ce qui se rapproche du BtoC
Contenu	Rassurer, sécuriser, réduire les risques	Valeur ajoutée. Répondre aux attentes spécifiques de chacun

Le marketing digital repose sur des idées fausses : c'est gratuit et il faut prendre la parole. Les différentes plateformes sont des entreprises commerciales dont l'objectif n'est pas de fournir un service gratuit. Ce sont des médias : elles ont créé des audiences, plus ou moins personnelles ou professionnelles et plus ou moins qualifiées. Si vous voulez toucher ces audiences, il faut payer. Autre idée fausse : il faut être présent et prendre la parole. Ce n'est pas ce qu'il faut faire. Les marques parlent au lieu d'engager la conversation. Elles utilisent les réseaux sociaux comme des canaux de communication. Or ce sont des lieux d'échanges où l'on doit avoir une stratégie « WIFT » (*What's In For Them*) et non « WIFM » (*What's In For Me*). On n'est pas sur les réseaux pour pousser son contenu mais pour dialoguer autour des problématiques de ceux que l'on veut toucher.

Facebook sera peut-être considéré comme indispensable pour des produits grand public. Viadeo, LinkedIn ou Xing sont plutôt BtoB. Twitter peut être utilisé aussi bien en BtoC qu'en BtoB.

LES OUTILS

OUTIL 14

Le content marketing

CHOISIR LES COULEURS POUR SON CONTENU

Jaune	Optimisme et jeunesse	Utilisé pour attirer l'attention dans les vitrines
Rouge	Énergie	Créer un sentiment d'urgence, soldes
Bleu	Confiance et sécurité	Banques et entreprises en général
Vert	Santé	Pour se relaxer
Orange	Agressivité	Call to action : souscrivez, achetez
Rose	Romantique et féminin	Marketing des produits féminins
Noir	Pouvoir, élégance	Produits de luxe
Violet	Apaisement et calme	Beauté et anti-âge

En résumé

Une présence de marque ou d'entreprise sur les réseaux sociaux implique la création et la diffusion de contenus. Ils sont destinés à informer, éduquer, divertir et peuvent prendre plusieurs formes : livres blancs, webinaires, vidéos, image, blogs… Le content marketing (marketing de contenu) est surtout utilisé en BtoB. Il n'est pas destiné à vendre directement mais à se faire connaître en montrant son expertise.

Les acheteurs recherchent et s'informent en ligne. Le content marketing est de plus en plus visuel (photos, images, vidéos, infographies). Témoignages clients, études de cas sont les plus efficaces ; idéalement autour de LinkedIn pour commencer. Le retour sur investissement se mesure en notoriété, trafic, téléchargements, appels, démonstrations…

Insight

The presence of a brand or a company on social networks involves the creation and dissemination of content. It is intended to inform, educate, entertain and can take many forms: white papers, webinars, videos, pictures, blogs… Content marketing is mostly used in B2B. It is not intended for sale directly but to be known by showing an expertise.

Buyers are looking for information and inform themselves online. Content marketing is more and more visual (photos, images, videos, infographics…). Customer testimonials and case studies are the most effective, ideally around LinkedIn to start. The return on investment is measured in reputation, traffic, downloads, calls, demonstrations…

Pourquoi l'utiliser ?

Objectifs

On est passé d'une époque où le marketing ne devait créer du contenu que pour répondre à des besoins internes de communication (promotion, nouveau produit...) à une époque où il faut du contenu pour exister ; idéalement quotidien, au pire hebdomadaire.

L'enjeu est multiple : il faut être intéressant et pertinent pour attirer et donner envie ; sans tout dire pour éviter qu'on se passe de vos services et en évitant d'être trop commercial pour ne pas faire fuir. L'objectif n'est pas directement de vendre. Le contenu doit renvoyer au site voire aux réseaux sociaux de la marque, mais s'il est trop auto-promotionnel, l'effet risque d'être contre-productif.

Contexte

Les acheteurs sont de plus en plus sollicités et de moins en moins réceptifs aux appels de prospection venant d'interlocuteurs et de sociétés inconnus. Ils cherchent de plus en plus à retarder le contact avec les commerciaux. C'est aussi vrai en BtoB qu'en BtoC où les consommateurs sont entrés dans une démarche de pré-achat, où ils arrivent en magasin en s'étant informés, en sachant ce qu'ils veulent, peu importe ce que pourra leur dire le vendeur. Pour répondre à cette tendance, il est nécessaire de produire et de diffuser du contenu. Il va permettre à l'entreprise de se rendre présente, de se faire connaître et reconnaître.

Comment l'utiliser ?

Étapes

› Déterminer qui sont les acheteurs : quel est le prospect idéal ? Quels sont ses besoins ? Où et comment le toucher ? Quel contenu l'intéresse ?

- Quels problèmes mes prospects ont-ils à résoudre ? De quoi ont-ils besoin ?
- Comment un prospect devient-il client ?

› Analyser ses statistiques :

- Quels sont les mots-clés qui génèrent du trafic ? et ceux qui convertissent ?

› Adapter le contenu au cycle d'achat : à chaque étape du processus, son contenu.

- prise de conscience (de votre existence ou d'un besoin) : articles ;
- recherche d'informations et de solutions : e-books, webinaires ;
- comparaison et validation : cas, démonstrations, témoignages ;
- achat : information produit.

« Le contenu [content] est roi. » (Bill Gates)

Méthodologie et conseils

Le content marketing est très chronophage et pas nécessairement à la portée de toutes les structures. En petite entreprise, ce doit être un choix assumé du dirigeant qui doit accepter d'y consacrer les ressources nécessaires en considérant qu'il s'agit d'un investissement et non d'une dépense. ■

Avantages

- Améliorer le référencement d'une part grâce aux articles et d'autre part grâce aux images (Google Images est un levier souvent négligé).
- Diversifier les sources de trafic : images, vidéos, webconférences, textes, commentaires, podcasts...
- Toucher d'autres audiences : chaque site ou réseau social a une audience qui lui est propre.
- Maintenir une relation avec des prospects qui ne sont pas encore prêts à acheter (lead nurturing).

Précautions à prendre

- En la matière, il y a peu de protection de propriété intellectuelle. Considérer donc que le contenu publié est totalement public.
- Attention aux détournements possibles (parodies, critiques...).

OUTIL 15

La curation de contenu : Scoop.it

RÈGLE 90-9-1 DES RÉSEAUX SOCIAUX

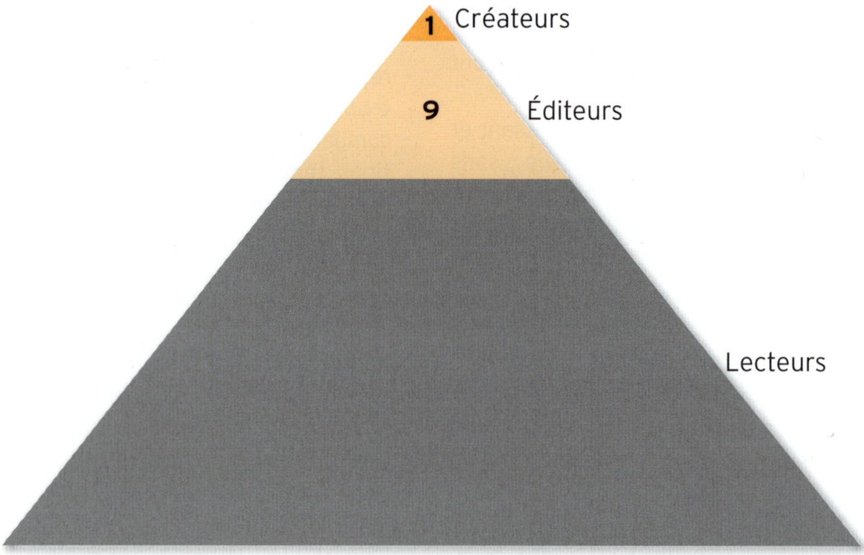

- → 1 % des internautes créent du contenu
- → 9 % contribuent (éditeurs)
- → 90 % lisent

En résumé

L'outil précédent explique qu'une stratégie marketing ou de communication appliquée au digital ne peut se faire sans contenu. Idéalement, ce contenu est créé, proposé et publié par l'entreprise. Pour des raisons de taille d'équipe ou de budget, ce n'est pas toujours possible. D'où l'intérêt de la curation.

La curation est une pratique qui consiste à sélectionner, éditer et partager pour les autres le contenu le plus pertinent d'Internet autour d'une thématique donnée. C'est une approche accessible, simple à mettre en place et peu onéreuse. Sa valeur ajoutée réside dans la sélection qui est faite parmi le volume de données et d'informations qui existent.

Scoop.it, plateforme française, est un très bon outil pour s'y lancer.

Insight

The previous tool explains why a marketing strategy applied to digital communication cannot be done without content. Ideally, this content is created and published by the company. Because of the team size or budget, it is not always possible. Hence the importance of curation.

Curation is to select, edit and share the most relevant content of the Internet for others around a particular theme. This approach is affordable, easy to implement and inexpensive. The added value of curation is the selection that has been made from the volume of existing data and information.

Scoop.it, a French platform, is a great tool to start.

Pourquoi l'utiliser ?

Objectifs

L'objectif de la curation est de faciliter les démarches de ceux qui ont fait le choix d'une stratégie de content marketing (marketing de contenu). Le contenu issu de la curation doit être pertinent et cohérent avec le métier de l'entreprise et avec sa stratégie de communication. Elle répond à des impératifs de visibilité d'une marque, d'un expert ou d'une entreprise.

La curation s'inscrit dans une démarche de marketing ou de communication. C'est une démarche principalement BtoB, qui concerne aussi bien les PME que les grands comptes. Un consultant indépendant peut également l'utiliser pour montrer son point de vue sur l'actualité de son secteur. La curation profite considérablement aux petites structures.

Contexte

La curation n'est pas un simple transfert d'information. Sa valeur ajoutée réside d'une part dans le choix de l'information mais également dans l'analyse qu'en fait le curateur.

Plusieurs outils existent pour faire de la curation de contenu. Twitterfeed permet de transformer des flux RSS en tweets. Cela permet d'animer en flux de contenu permanent un compte Twitter, mais sans avoir de visibilité sur ce qu'on publie. La sélection des sources est primordiale.

Scoop.it a été créé fin 2011. Le principe est différent. Scoop.it fait une sélection de contenu autour d'une thématique. On décide ensuite ce qu'on publie (et sur quel réseau) et ce qu'on supprime.

Comment l'utiliser ?

Étapes

Marc Rougier est le créateur de la plateforme de curation Scoop.it. Il décrit la curation en trois étapes :

- Sélection du contenu : veille, tri, organisation.
- Édition : publication des contenus avec citation de l'auteur et ajout d'une valeur ajoutée par le curateur.
- Diffusion : partage des contenus sur les réseaux sociaux.

Scoop.it permet de relayer les informations sur plusieurs réseaux sociaux en un seul clic : Twitter (limité à un compte en mode gratuit), LinkedIn, Facebook, Tumblr...

La curation peut être le premier pas d'une démarche de content marketing.

Méthodologie et conseils

La curation s'inscrit dans le content marketing (outil 12). Elle intervient après avoir déterminé au préalable une ligne éditoriale.

Scoop.it permet de créer plusieurs thématiques (*topics*). On dispose de statistiques sur son lectorat. Il existe une communauté Google+ des « scoopiters » francophones.

Avantages

- La curation permet de diffuser du contenu quand on n'a ni équipe pour le faire, ni budget.
- Scoop.it présélectionne des informations pertinentes, ce qui évite de perdre du temps à aller les chercher.
- Scoop.it propose des offres gratuites.

Précautions à prendre

- S'assurer en permanence de rester pertinent et de ne pas risquer de dégrader l'image de l'entreprise.
- Attention à la reprise et au partage d'informations non vérifiées. Bien penser à toujours citer la source d'origine et à ne pas essayer de s'approprier le contenu d'un tiers.
- Scoop.it ne permet pas directement d'envoyer de message en différé. On risque donc de surcharger son compte Twitter à un instant donné de la journée au lieu d'une animation continue.

SUITE OUTIL 15 →

La curation de contenu : Scoop.it

Comment être plus efficace ?

Conseils pour la curation

› **Faire de la curation, c'est rendre service,** faire le tri dans l'énorme masse d'information présente et émise chaque jour sur Internet pour en dégager ce qui est pertinent et le mettre (gratuitement) à disposition des autres. La quantité d'informations disponible sur le web doublerait tous les 3 jours, selon plusieurs experts. La curation est un acte de communication/marketing, pas du bénévolat. C'est cette valeur que l'on vient chercher chez un curateur. La curation peut être un concept éditorial à part entière, ou une partie de la communication, un levier complémentaire pour toucher de nouvelles cibles.

› **Faire de la curation n'est pas qu'un tri d'information,** c'est aussi une valorisation (notamment par la personnalisation). L'un des objectifs est de passer de suiveur à leader, de devenir leader d'opinion ou référence dans son domaine.

› **La curation est une forme de stratégie éditoriale.** Commencez par définir non pas votre ton mais vos thèmes. Assurez-vous qu'ils sont pertinents avec votre offre, qu'ils vont aider ou apporter de la valeur à votre audience et que vous y avez suffisamment d'expertise. Évitez d'être trop pointu, vous n'aurez pas d'audience, ou trop large et vous aurez du mal à intéresser. Si quelqu'un occupe déjà votre positionnement, soyez sûr de ne pas avoir un train de retard.

› **Recherchez les individus et les marques qui publient déjà dans votre domaine** et suivez-les pour rester d'actualité dans votre secteur.

› **La curation ne repose pas sur une ou deux sources.** Dans ce cas, tout le monde peut le faire et vous n'apportez rien. La valeur de la curation est d'identifier ce qui est pertinent dans une multitude de sources. Soyez sélectif et ne partagez que ce qu'il y a de meilleur. Pensez aussi à de la curation visuelle (*via* Pinterest par exemple). La curation ne se limite pas à des textes. Le compte Pinterest de l'auteur propose par exemple des dizaines d'infographies autour des réseaux sociaux et du marketing digital.

› **Ne vous contentez pas de faire suivre,** c'est de l'agrégation. La curation va plus loin en expliquant pourquoi l'information est importante.

› **Modifiez les titres et ne reprenez pas les titres existants de la source originale.** Dans ce cas, vous seriez en lutte avec l'auteur pour le référencement. Personnaliser le titre, c'est aussi ajouter votre touche personnelle et choisir vos mots-clés, qui ne sont pas ceux qui intéressent l'auteur.

› **Si vous avez un blog,** ajoutez de la curation à vos articles. Créez des posts qui apportent votre œil expert sur le contenu d'origine.

› **Citez la source d'origine** mais ne dupliquez pas et insérez un lien vers son article.

› **Pour profiter au maximum de la caisse de résonance des réseaux sociaux,** encouragez au partage.

› **Faites de la curation dans votre démarche d'e-mail marketing.** Utilisez votre newsletter pour partager non seulement votre contenu mais aussi des articles pertinents d'autres experts.

Scoop.it peut être utilisé en marque blanche pour être intégré à un site Internet.

CAS Veille et curation, quelques outils et astuces pour survivre à l'infobésité

INFORMATIONS VS. DONNÉES

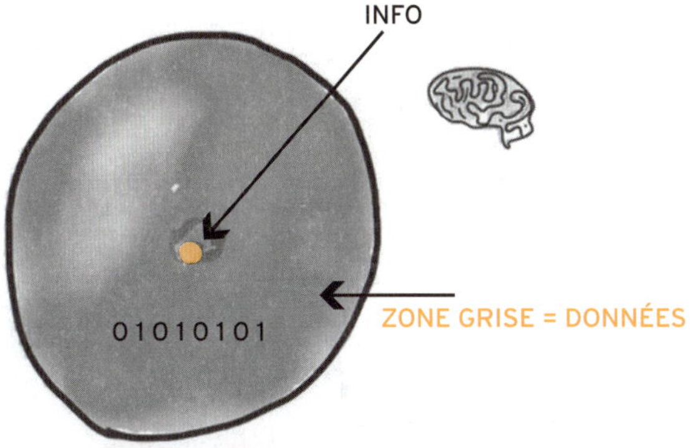

Légende : entre données et information, il y a gouffre trop souvent ignoré (dessin antimseum.com)

Yann Gourvennec, Visionarymarketing.com, @ygourven

Le principal enjeu de la veille informationnelle, en ces temps de big data, est non seulement de trouver une île d'information au milieu d'un océan de données, mais aussi et surtout de la filtrer et de la trier. Quelques outils et astuces pour y arriver :

› Stumbleupon : faites confiance au hasard

Si vous êtes noyé par les données et ne savez plus où regarder, faites confiance au hasard. Stumbleupon est une loterie du Web qui propose des sites par mots-clés et fait découvrir des nouveautés insoupçonnées.

› Triez vos newsletters

Les newsletters sont souvent un moyen de découvrir de nouvelles sources d'information. Soyez impitoyable et limitez-vous à 4 ou 5. Moins elles sont nombreuses, mieux vous les lirez.

› Twitter, Flipboard, Hootsuite

Adepte de Twitter, j'utilise Hootsuite pour y accéder. Il permet d'ordonner, planifier et rendre lisible ce flux ininterrompu d'échanges. Pour éviter d'être trop pris par Twitter, je lui réserve quelques plages dans la journée où je lis les tweets des utilisateurs auxquels je suis abonné. Flipboard est un puissant agrégateur de contenus internationaux issus de la presse et des médias sociaux.

› Scoop.it et Evernote clipper

Pour trier et ranger mes liens, je stocke mes trouvailles dans mon carnet en ligne sur Evernote web clipper PRO. Scoop.it me permet de lier et trier par thèmes mes découvertes pour ensuite les partager.

L'endroit privilégié où je stocke mes notes, mon outil de veille permanente et d'archivage, c'est mon blog http://visionarymarketing.com/blog. Je partage le résultat de ce travail avec mes contacts afin de servir d'échange. C'est le meilleur outil de veille qui soit : l'échange qui permet, au cours d'une discussion, de découvrir une pépite, sans avoir besoin de la chercher ni de la filtrer ou trier.

Pour poursuivre votre lecture, voir la présentation complète sur Slideshare : http://bit.ly/1fobesite ■

Les outils de diffusion de contenu

EXEMPLES DE PARAMÉTRAGES DE SOCIALLYMAP

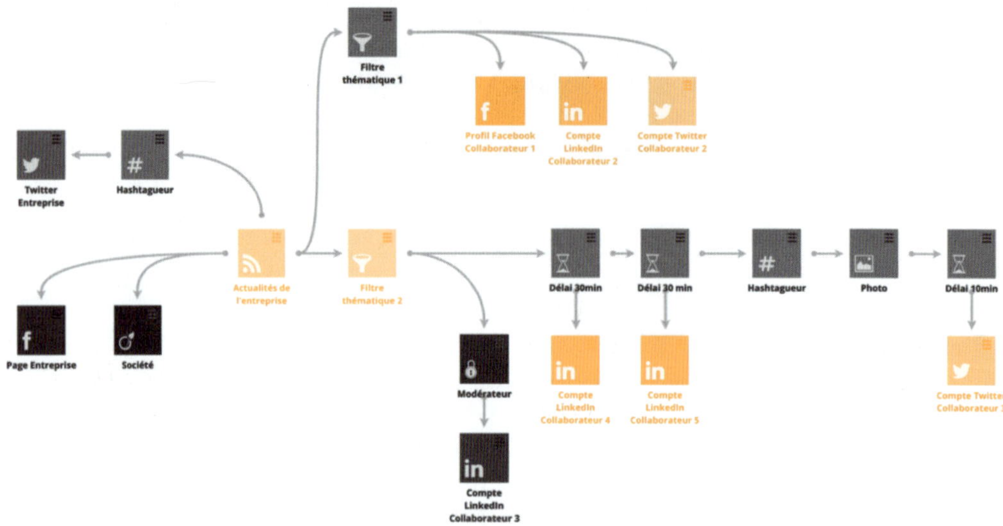

Source : Sociallymap.

En résumé

Une fois la stratégie de contenu définie et le contenu produit, se pose la question de sa diffusion. C'est une tâche assez fastidieuse et peu génératrice de valeur. Sans compter que dans certains cas (équipe, réseau de distribution...) il peut être nécessaire de publier le même contenu sur différents profils de différentes personnes, voire de différentes entités. Une fois le contenu diffusé, il faut alors gérer les conversations qui vont se développer. Trois plateformes (françaises), gratuites ou payantes, permettent de gérer ces tâches (publications, réponses, analyse...) en quelques clics, voire en mode automatique.

Insight

Once defined the content strategy and the content produced, question is distribution. This is a fairly burdensome task that does not generate value. Besides in some cases (team, distribution network...) it may be necessary to publish the same content on different profiles of different people or different entities. Once content broadcasted, you must then manage the conversations that will develop. Three platforms (French), free or paid allow to manage these tasks (publications, answers, analysis...) with a few clicks or even in automatic mode.

Pourquoi l'utiliser ?

Objectifs

L'objectif principal est d'éviter de perdre du temps pour pouvoir se concentrer sur les tâches à valeur ajoutée.

Un autre objectif est la recherche d'efficacité : en relayant un même contenu sur plusieurs profils, chacun ayant sa propre communauté, l'effet démultiplicateur peut être exponentiel.

Développer la diffusion sur les réseaux sociaux permet de développer son trafic, d'améliorer son référencement naturel, de créer un lectorat différent.

Contexte

Tout le monde n'est pas concerné. Ces solutions intéressent ceux qui ont plusieurs profils à gérer :

› Un manager commercial dont les commerciaux ont des profils actifs.

› Une équipe de communicants ou de responsables marketing.

› Un responsable de réseau de distribution dont chaque établissement a un profil sur au moins un réseau.

› Une société dont plusieurs collaborateurs ont accepté de faire partie des ambassadeurs.

› Un expert qui a plusieurs profils actifs sur plusieurs plateformes.

Comment l'utiliser ?

Étapes

Quel que soit l'outil utilisé, la mise en place est longue car il faut y connecter tous les profils concernés voire pour Social Dynamite ou pour Sociallymap les scénarios d'engagement. Il est donc essentiel d'avoir une stratégie claire et d'avoir bien anticipé les profils à intégrer le processus et les risques potentiels.

Méthodologie et conseils

› Over-Graph est une plateforme (pour le moment gratuite) de suivi et d'analyse de conversations. Over-Graph permet d'envoyer le même post sur plusieurs réseaux. C'est surtout un outil de veille et de post : on rédige une fois pour publier sur plusieurs profils. Les conversations à traiter sont concentrées sur une page.

› Social Dynamite est un outil de diffusion scénarisée vers les réseaux sociaux : publication planifiée, diffusions sociales planifiées, distribution e-mail. Social Dynamite ne permet pas d'automatisation et propose un outil statistique. Les scénarios connectent des ambassadeurs internes ou externes. Au-delà de l'outil, Social Dynamite propose une méthodologie d'accompagnement : positionnement, stratégie éditoriale, paramétrage, coaching...

› Sociallymap est une plateforme pour automatiser l'alimentation en contenu de différents profils sociaux. Sociallymap permet également d'automatiser la curation de contenu avec des flux RSS externes. On a cependant le choix entre l'automatisation et l'interaction manuelle. ■

If content is King, distribution is Queen.

Avantages

- L'interface Sociallymap fonctionne simplement, en « drag and drop ». On visualise rapidement le schéma de diffusion pour pouvoir l'ajuster.
- Ces équipes sont françaises donc francophones. Une fois la mise en place effectuée, ces outils ne demandent pas beaucoup de temps pour être gérés.
- Avec Social Dynamite, on peut facilement programmer une nouvelle diffusion de contenu à une ou deux reprises pour optimiser les chances d'être découvert.

Précautions à prendre

- Prévoir des options de modération : tout le monde ne peut pas relayer tout le contenu de l'entreprise.
- LinkedIn n'aime pas les outils de publication automatique. Il faut prévoir de s'y reconnecter tous les deux mois

OUTIL 17

L'inbound marketing

COMMENT LES ACHETEURS BTOB S'INFORMENT-ILS SUR LE WEB ?

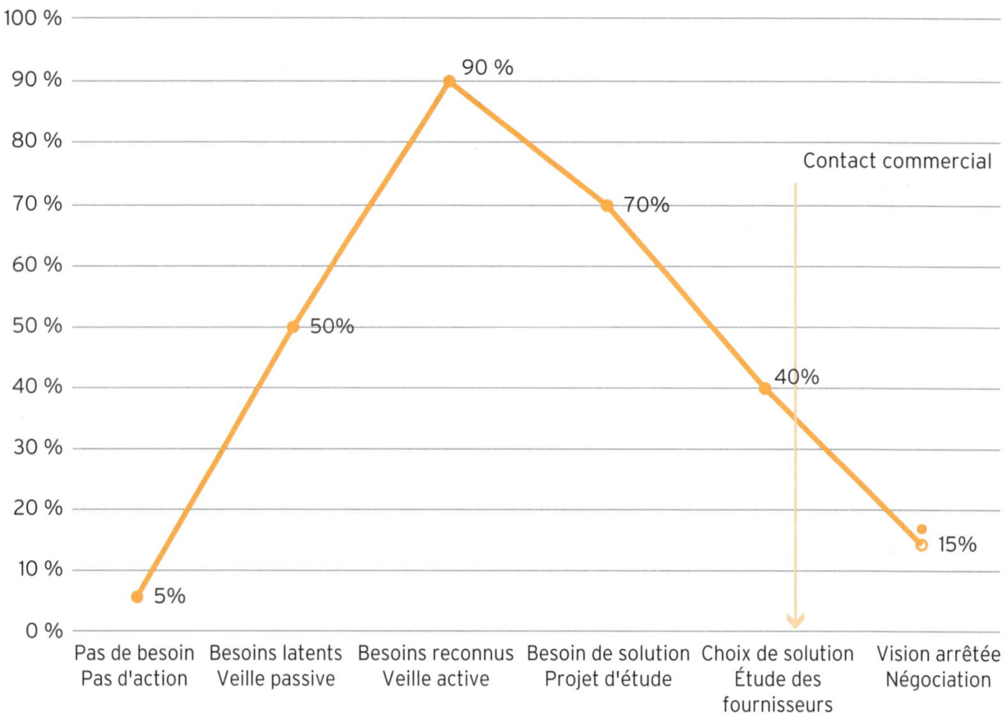

Source : IKO-system

En résumé

Avec Internet, le consommateur (ou l'acheteur professionnel) a de nouveaux pouvoirs : il décide de l'heure, du support, du lieu, du contenu ; il peut éviter la publicité télévisée avec les box ; il peut réagir ; il a une voix. L'acheteur professionnel retarde au maximum le contact avec un commercial. Quand il le fait, il a déjà accompli plus de 50 % de son processus d'achat. Autant de nouveaux challenges auxquels répondre avec l'inbound marketing.

L'inbound marketing consiste à gagner l'intérêt des gens plutôt qu'à l'acheter ; à faire en sorte que ceux qui ne vous connaissent pas vous trouvent.

Insight

With the Internet, the consumer (or the professional buyer) has new powers: he decides the time, the media, the place, the content. He can avoid TV ads. He can react. He has a voice. Professional buyers delay contacts with sales people. When they do, they have already complete more than 50 % of their buying process. Many new challenges to be met with inbound marketing.

Inbound marketing is to gain the interest of people rather buying it, to ensure you are found by those who do not know you.

Pourquoi l'utiliser ?

Objectifs

› Utiliser tous les outils à disposition : blogs, images, vidéos, réseaux sociaux... pour être présent là où des clients potentiels peuvent aller chercher de l'information sur vos produits ou services.

› Établir un échange au lieu d'une communication unidirectionnelle, afin d'attirer les clients plutôt que d'aller les chercher, d'apporter de la valeur par le marketing et d'éduquer. Il s'agit d'attirer l'attention par un contenu pertinent pour une audience plutôt que de payer pour se faire connaître. L'inbound marketing, c'est l'art et la manière d'être trouvé par ceux qui ne nous connaissent pas.

Contexte

Le taux de conversion de la prospection téléphonique est de 1 %. Les décideurs n'acceptent plus de rendez-vous que de leurs réseaux ou de ceux qui leur sont recommandés. Les acheteurs n'appellent plus pour s'informer. Ils cherchent l'information en ligne et repoussent le contact commercial.

Les plus jeunes acheteurs (moins de 40 ans et davantage encore les moins de 30 ans) ont de plus en plus recours aux réseaux sociaux dans leurs démarches de sourcing. Les acheteurs ont de moins en moins confiance dans les commerciaux et veulent se former et s'informer par eux-mêmes.

Comment l'utiliser ?

Étapes

La démarche d'inbound marketing repose sur cinq étapes :

› Faites en sorte qu'on vous trouve en ligne. Pour cela, donner aux clients le contenu qu'ils cherchent : livres blancs, calculateurs en ligne, FAQ, vidéos, tutoriels, infographies, blogs, posts sur les réseaux sociaux.

› Intégrez une démarche généreuse : il faut donner pour recevoir.

› Choisissez bien vos mots-clés car ce n'est qu'à partir de mots et d'expressions qu'on peut être trouvé en ligne.

› Convertissez les visiteurs en prospects : le contenu évite d'être trop auto-promotionnel, mais renvoie vers des pages dédiées sur le site. L'action à mener sur ces pages doit être très claire : cliquer, télécharger, appeler, saisir un formulaire... Étant donné les efforts nécessaires pour attirer du trafic, il faut mettre en place un dispositif pour capter les coordonnées des visiteurs.

› Analysez pour améliorer : si cela ne marche pas ou ne rapporte rien, il faut changer.

« L'inbound se concentre sur ceux déjà intéressés par notre type de produit ou de service. » (Seth Godin)

Méthodologie et conseils

L'inbound marketing s'applique principalement au marketing BtoB. Il est accessible à tous, à partir du moment où il existe du contenu à diffuser. Le succès ne se mesure pas directement sur les ventes, mais sur le trafic, sur le flux de prospects et sur l'audience globale. Le bouche à oreille fonctionne très bien et peut être très efficace pour les plus petites structures.

Avantages

- Selon Hubspot, le coût d'acquisition de prospect est moins élevé qu'avec des méthodes plus traditionnelles.
- La relation commerciale est souvent plus simple quand le vendeur n'est pas le demandeur.
- L'inbound marketing permet d'avoir un flux permanent de nouvelles demandes de prospects ou clients...

Précautions à prendre

- On sème, mais on ne sait pas toujours ce qu'on va récolter.
- Les prospects qui réagissent ne sont pas nécessairement ceux que l'on souhaite.
- Un prospect peut « consommer » du contenu pendant des mois sans jamais devenir client : l'inbound marketing est long à mettre en place.
- Sans base d'e-mails, ces stratégies ne donnent pas de résultat.

SUITE OUTIL 17 →

L'inbound marketing

Comment être plus efficace ?

Dans une démarche commerciale classique, un prospect est un acheteur potentiel. Il peut être mal ou peu informé des tendances, des usages et des intervenants d'un métier. De son côté, un vendeur va chercher à entrer en contact avec des prospects. La difficulté de la relation commerciale commence par faire en sorte que les deux puissent se rencontrer. Dans un contexte où la prospection « classique » (téléphone, mailing, e-mailing...) donne de moins bons résultats, il peut être nécessaire de s'adapter et d'utiliser d'autres types d'approches.

Dans le cadre de ses recherches, un acheteur utilise des sources d'informations très variées : catalogues, salons, presse professionnelle, forums, blogs, sites, réseaux sociaux... Il commence à faire ses premiers choix à partir des informations qu'il trouve. Le risque, quand un commercial l'appelle, est que le choix et les critères de choix soient déjà établis et qu'ils ne l'arrangent pas. Il peut être très difficile à ce stade d'influencer la décision de l'acheteur. D'où l'intérêt de cette approche qui cherche à se positionner en amont de la démarche puis à accompagner tout au long du processus d'achat. C'est un point important : le contenu proposé et mis en ligne doit à la fois intéresser les différentes parties prenantes (un financier n'a pas les mêmes attentes qu'un commercial) et correspondre aux différentes phases du processus d'achat.

L'inbound marketing, c'est un changement d'outils. Les outils dits classiques (publicité, affiches, mails, courriers, télémarketing...) sont dits interruptifs car ils interrompent un consommateur ou un acheteur pour lui imposer un message publicitaire qu'il n'a jamais demandé et qui ne le concerne peut-être pas. L'inbound marketing utilise des techniques dites de « permission marketing » (référencement, blogs, réseaux sociaux, emails opt in, vidéo...). D'une part ces outils ne s'imposent pas : c'est l'internaute qui fait la démarche d'aller les chercher. D'autre part ils sont plus rentables puisqu'on investit que pour toucher ceux qui ont montré un intérêt préalable pour ce qu'on propose.

Ce n'est plus un message unilatéral, envoyé en masse dans l'espoir d'intéresser l'un ou l'autre ; mais une communication à double sens. On cherche à attirer des clients en apportant de la valeur.

Une approche *inbound marketing* aide à se rendre visible, mais avec de l'inbound marketing, il est difficile de toucher des audiences spécifiques (les dirigeants ne passent pas leurs journées sur les blogs ou les réseaux sociaux). Et une démarche inbound reste assez passive, dans la mesure où on attend que le consommateur soit prêt pour agir. Il est parfois nécessaire de le pousser pour qu'il le fasse.

D'après Hubspot, l'intervenant de référence en inbound marketing, les tactiques d'inbound marketing les plus efficaces sont le blog d'entreprise, puis la présence sur LinkedIn, sur Facebook et enfin sur Twitter.

CAS La démarche inbound d'1min30 : 1 prospect qualifié par jour

Gabriel Dabi-Schwebel, fondateur de l'agence Web, marketing, communication 1min30, @1min30

Faire venir le client à soi plutôt que d'aller le chercher et l'interrompre. Séduisant, non ? Le principe est simple et la méthode redoutable pour toucher des prospects, les transformer en clients et les fidéliser.

Adaptez-vous : les consommateurs sont de plus en plus sollicités et de moins en moins réceptifs aux messages publicitaires.

Mixant blogs, réseaux sociaux et référencement, l'inbound marketing repose sur une approche souple et en trois étapes.

› **Étape 1 :** se faire trouver directement par ses clients :

- Articles de blog de qualité (trafic et référencement).
- Optimiser les mots-clés pour les moteurs de recherche (balises HTML, densité).
- Réseaux sociaux pour promouvoir site et contenus tout en constituant une communauté d'intérêt.
- Relations presse et publication d'articles sur l'entreprise : les actualités permettent de se faire connaître et de sensibiliser le public.

› **Étape 2 :** convertir ses prospects en clients :

- Inciter à l'action. Les sites négligent l'engagement et offrent peu de possibilités au visiteur de laisser une trace au-delà d'un formulaire de contact.
- Création de pages d'accueil dédiées pour déclencher une action ou une transaction. Proposer des contenus premium pour identifier les visiteurs intéressés.
- Culture des contacts. Une fois identifié, un prospect est accompagné dans la découverte de l'offre par un programme dédié (mail ou téléphone).
- Automatiser les actions interactives avec plusieurs scénarios de relance.

› **Étape 3 :** analyser le processus pour améliorer l'offre :

- L'inbound est un processus itératif.

› **ROI**

- 1min30 a été lancé fin mars 2012 : site, RP, livres blancs... en quelques mois, l'agence est devenue une référence sur son marché. Il y a un coût, mais la courbe des revenus est en nette hausse (80 000 visiteurs par mois et 4 briefs par jour). ■

LES 3 ÉTAPES DE LA DÉMARCHE INBOUND MARKETING

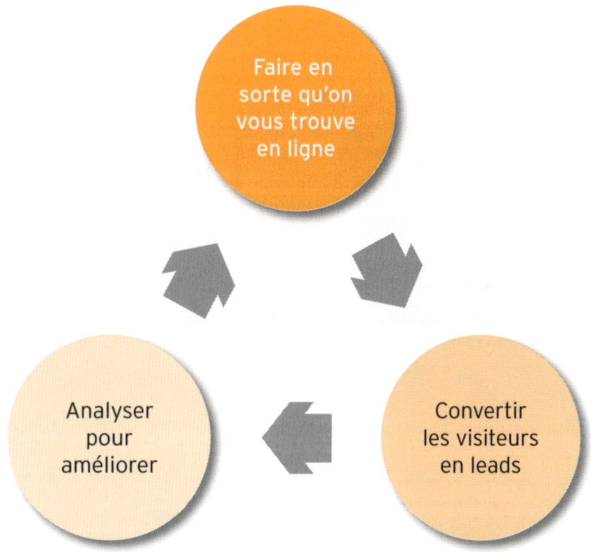

L'inbound marketing

OUTIL 18

Le marketing automation

PROCESSUS DU MARKETING AUTOMATION

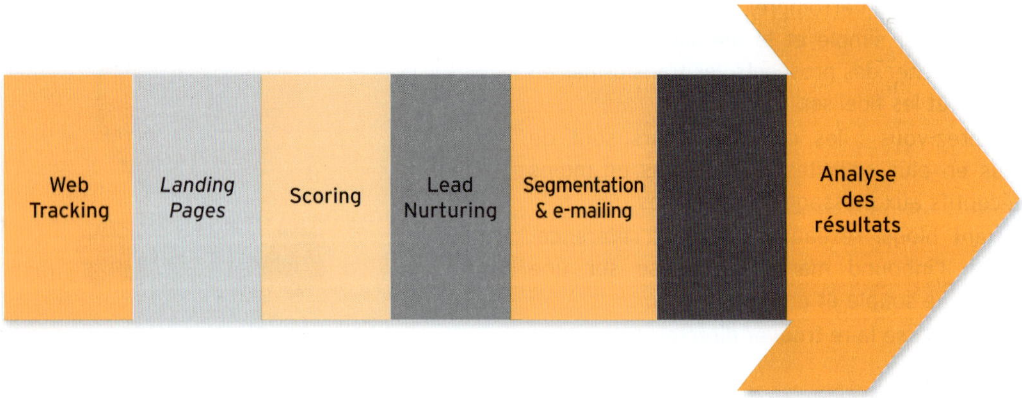

En résumé

Le marketing automation consiste à utiliser des solutions logicielles pour exécuter et automatiser un certain nombre de tâches marketing en fonction du comportement du visiteur d'un site Internet. Le marketing automation repose sur des scénarios d'actions pré-établis en fonction des actions pouvant être menées sur un site : mots-clés utilisés, pages vues, temps passé, informations demandées, réactions aux e-mails. Plus précisément, il recouvre 5 actions : web tracking, formulaires, lead nurturing, scoring et contact. Au préalable, un ciblage pertinent est nécessaire ainsi que la création de landing pages dédiées.

Insight

Marketing automation is the use of software solutions to run and automate a number of marketing tasks based on the behavior of visitors to a website. Marketing automation is based on pre-set action scenarios based on the actions that can be undertaken on a site : keywords used, page views, time spent, information requested, responses to emails. Specifically, it covers five actions: web tracking, forms, lead nurturing, scoring and contact. Beforehand, relevant targeting is necessary as well as creating dedicated landing pages.

Pourquoi l'utiliser ?

Objectif

L'efficacité de la prospection commerciale est en chute. Les acheteurs sont passés à l'auto-formation. Quand ils entrent en contact avec des commerciaux, ils ont établi leurs critères de choix et ont souvent fait une pré-liste de partenaires potentiels. Il y a donc un risque fort de décalage entre les attentes des clients et les offres proposées. À ce stade, il est difficile d'influencer une décision déjà prise.

Pour arriver plus tôt dans le processus, on peut compter sur le hasard ou une excellente présence web. Le marketing automation est une meilleure solution car il permet d'entrer en contact plus en amont avec les décideurs et de les accompagner.

Contexte

Les solutions de marketing automation sont généralement payantes. Elles sont surtout intéressantes pour les grands comptes et les grosses PME. Pour des raisons techniques et légales, ces solutions ne sont pas pertinentes pour ceux qui adressent une clientèle de TPE. En effet les TPE n'ont généralement pas de serveur dédié et ont des abonnements Internet chez les grands opérateurs mobiles. La législation française interdit l'identification de ces visiteurs car ce sont souvent des particuliers. Donc des visiteurs venant de TPE ne seront pas identifiables par ces solutions. Plusieurs solutions existent pour générer du trafic vers son site. Le marketing automation permet de savoir qui sont ces visiteurs (au moins une partie) et d'exploiter cette information.

Comment l'utiliser ?

Étapes

- Le marketing automation commence par du contenu. Il faut s'assurer que le contenu est bien fait et qu'il répond à une vraie problématique des prospects ciblés. Étape d'autant plus importante que personne ne vous a attendu et que d'autres professionnels ont aussi des choses à dire.
- Établir des scénarios sans nécessairement prévoir tous les cas possibles pour que cela ne devienne pas ingérable.
- S'assurer d'avoir une base de données de qualité.
- Le scoring indiquera à quel moment les commerciaux peuvent prendre contact avec le prospect.

En 2015, les annonceurs ont dépensé plus de 14 milliards de dollars en publicité display où l'engagement est inférieur à 1 % (Oracle).

Méthodologie et conseils

- Le paramétrage est complexe. Il ne peut être fait que localement. C'est-à-dire qu'il ne peut être géré par une équipe marketing centrale éloignée du territoire d'application.
- Le contenu produit doit être extrêmement personnalisé pour correspondre au rôle de chacun chez les prospects.
- Anticiper en créant des landing pages. Les landing pages sont les pages vers lesquelles on dirige le trafic. Elles sont optimisées et ciblées.
- Définir les critères de scoring, les scénarios de nurturing et les critères de segmentation pour l'emailing. ■

Avantages

- Le marketing automation aide à cibler des prospects en leur adressant le bon message au bon moment. Le marketing automation adresse l'information dont le prospect a besoin tandis qu'il évolue dans son processus d'achat.

Précautions à prendre

- Le marketing automation demande du temps pour être mis en place et nécessite un budget.
- Ces projets demandent du temps, de l'énergie et des ressources.

OUTIL 19

Le partage de documents : Slideshare

COMPTE SLIDESHARE

En résumé

Slideshare est une plateforme de partage de présentations (PowerPoint, PDF, infographies). Au départ la plateforme a été créée pour permettre à des chercheurs, des universitaires, des professeurs de diffuser leurs expertises et pour favoriser le partage de documents entre employés. Le contenu étant qualitatif, les documents mis en ligne sur Slideshare sont rapidement indexés par Google.

Vous pouvez télécharger vos documents pour les rendre visibles et éventuellement téléchargeables au plus grand nombre.

On peut créer ses favoris et permettre aux utilisateurs d'intégrer facilement une présentation dans son site ou sur son blog.

Insight

Slideshare is a platform for sharing presentations (PowerPoint, PDF, infographics). Initially the platform was created to allow researchers, scholars, teachers to share their expertise and to promote the sharing of documents between employees. The content is qualitative so documents posted on Slideshare are quickly indexed by Google.

You can upload your documents to make them visible, and possibly widely downloaded.

You can create favorites and allow users to easily integrate a presentation on their website or blog.

Pourquoi l'utiliser ?

Objectifs

› Partager ses documents : supports de présentations, CV, plaquettes commerciales, modes d'emploi... pour les rendre plus visibles.

› Développer sa e-réputation en diffusant son expertise ou des livres blancs.

› Améliorer le travail collaboratif en interne.

› Trouver des clients dans un univers BtoB.

Contexte

Le marché de masse se fragmente en dizaines de niches. Le consommateur ou le décideur ont accès à des centaines de sources d'informations qu'ils peuvent utiliser et qui influencent leurs choix.

Les commerçants les plus efficaces ne se reposent plus uniquement sur les supports traditionnels pour prospecter et développer des partenariats ou trouver des fournisseurs. Ils sont en permanence à la recherche de nouveaux canaux de communication et d'interactions.

La philosophie de Slideshare est de donner à chacun la possibilité de partager et découvrir du contenu écrit sur le web et sur mobile. Tout le monde peut télécharger et transformer tout document Word, PDF, PowerPoint en document web et le diffuser largement sur tous les réseaux sociaux et des millions d'appareils mobiles. Slideshare a une orientation plus professionnelle que Scribd, autre plateforme de partage de contenu.

En 2012, Slideshare a été racheté par LinkedIn ce qui permet d'intégrer facilement et rapidement une présentation sur un profil. Depuis 2014, Slideshare est gratuit.

Comment l'utiliser ?

Étapes

› N'imaginez pas être visible sur Slideshare sans avoir un support qui sorte réellement du lot. Pensez au titre et aux images d'illustration, en particulier sur la couverture.

› Mettez votre marque sur chaque page. Le choix de vos titres, description, catégorie et mots-clés (20) est essentiel pour le référencement.

› Autorisez le téléchargement de vos présentations.

Méthodologie et conseils

› On peut facilement intégrer des vidéos YouTube dans ses présentations.

› Mettez des liens cliquables ou utilisez des QR codes que les lecteurs pourront taguer. Vous pouvez également insérer un formulaire pour proposer d'en savoir plus.

› Veillez particulièrement au choix des mots-clés de votre compte et de vos présentations. ■

Slideshare ce sont 60 millions d'utilisateurs mensuels, 215 millions de pages vues par mois et 15 millions de présentations. (Slideshare blog)

Avantages

- Mettre un document sur ce site permet de se positionner comme expert d'un domaine.
- Plus de 500 000 visiteurs mensuels en France.
- De l'avis de nombreux responsables marketing, Slideshare reste encore sous-utilisé en France compte tenu de la valeur ajoutée qu'il apporte.

Précautions à prendre

- S'assurer que les informations contenues dans les documents partagés ne contiennent aucune information confidentielle ou protégée.
- Ne pas oublier de sélectionner la langue de la présentation. Par défaut, c'est l'anglais.

OUTIL 20

Les communautés d'experts : Quora et Open2leads

QUORA PROPOSE DE GAGNER DES « CRÉDITS » EN RÉPONDANT AUX QUESTIONS

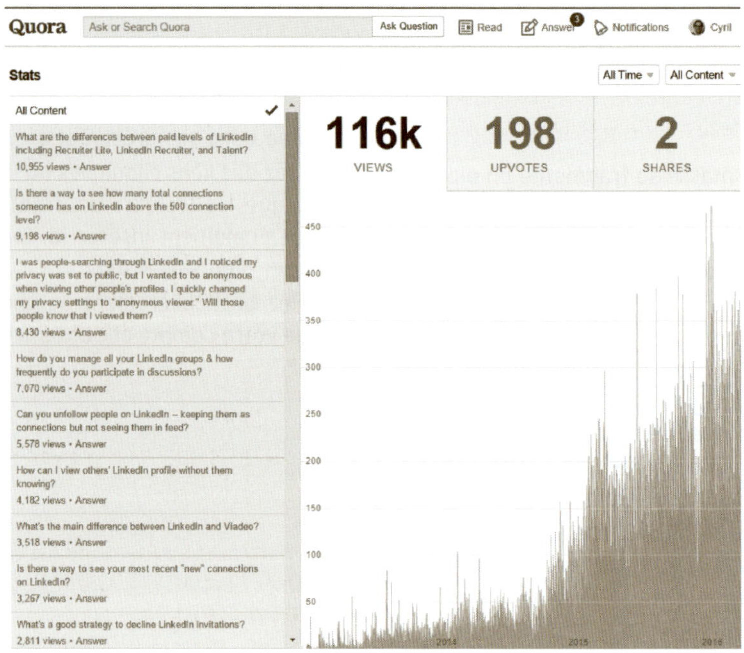

En résumé

Quora est un site sur lequel les membres viennent poser des questions et y répondre. Les questions sont regroupées par thèmes. La palette de thèmes couverte est très large. Ce n'est pas qu'un outil à usage professionnel. Néanmoins, ce sont de vrais experts qui répondent et le contenu est qualitatif. Quora est en anglais.

Open2leads a dans le fond une approche assez semblable à celle de Quora, mais avec son propre format. Contrairement à Quora qui est assez généraliste, Open2leads est consacré au marketing BtoB. Open2leads est en français.

Insight

Quora is a site where members come to ask questions and answer them. The questions are grouped by topics. The range of topics covered is very broad. It is not a tool only for professional use. However, they are real experts who answer and the content is quality. Quora is in English.

Open2leads basically has a fairly similar to Quora approach, but with its own format. Unlike Quora which is quite general, Open2leads is dedicated to BtoB marketing. Open2leads is in French.

Pourquoi l'utiliser ?

Objectifs

Que ce soit Quora ou Open2leads, il y a deux approches possibles. Soit on vient en tant que demandeur pour trouver des réponses à ses questions. Soit on vient en tant qu'expert pour répondre aux questions des autres. Certains le font dans une démarche de partage de connaissance, sans en attendre de retour commercial. D'autres y vont dans une démarche plus personnelle de recherche de notoriété voire de clients.

Sur Quora, plusieurs membres peuvent apporter leur réponse, mais il n'y a pas de dialogue entre eux, contrairement à Open2leads où on peut engager une vraie discussion.

Contexte

Ces deux sites fonctionnent comme des forums de discussion. Toutefois par rapport à de nombreux forums grand public peu qualitatifs, la qualité des échanges est un point qui leur est commun. Il n'y a pas de spammeur ni de troll sur ces plateformes. Open2Leads est une sorte de Quora consacré au marketing BtoB.

Comment l'utiliser ?

Étapes

› Sur l'un ou l'autre, donnez toutes les informations sur votre profil.

› Sur Quora, tapez votre question (en anglais dans la barre de recherche en haut de la page). Une liste de questions similaires vous sera proposée. Si vous ne trouvez pas votre question ou de réponse qui vous convienne, vous pouvez la poser à la communauté. Sans réponse, vous pouvez pousser votre question auprès de quelques experts avec des crédits.

› Sur Open2Leads, suivez en quelques clics les sujets et les membres qui vous intéressent. Faites-vous connaître en répondant ou en dialoguant. Créez une page entreprise (gratuit) avec vos supports : images, vidéos, documents texte. Recevez des alertes mail sur les sujets que vous voulez suivre.

Méthodologie et conseils

› Sur Quora, on peut gagner des crédits en répondant à des questions posées avec des crédits ou quand nos réponses reçoivent des votes. On peut ensuite utiliser ces crédits pour interroger des experts particuliers. Ces experts sont proposés par Quora en fonction des bonnes réponses qu'ils ont déjà apportées. Chaque membre de Quora fixe un nombre de crédits pour répondre aux questions ciblées.

› Si vous suivez quelqu'un sur Quora et qu'il vous suit en retour, plus besoin de crédit pour l'interroger directement.

Vous pouvez poser des questions de manière anonyme.

› Sur Open2Leads, vos apports peuvent être recommandés (uniquement en positif) par les autres membres. Vous pouvez facilement proposer un sondage avec votre question. Les experts de la plateforme sont regroupés par thème pour pouvoir les suivre plus facilement. Sur Open2Leads, n'hésitez pas à proposer des ressources (livres blancs) qui seront mises à disposition des autres membres.

Quora, c'est 1,5 millions de visiteurs uniques mensuels. Open2Leads, ce sont 2 000 professionnels du marketing en 6 mois.

Avantages

- S'inscrire et poser une question est simple, rapide et gratuit.
- On ne gagne de points que grâce à la qualité de ses réponses notés par les autres membres. En fonction du nombre de points sur Open2Leads, ou du nombre de crédits nécessaires pour interroger un expert sur Quora, on a une idée rapide de la qualité des réponses que l'on peut attendre.

Précautions à prendre

- Quora ne fonctionne qu'en anglais.

SUITE OUTIL 20 →

Les communautés d'experts : Quora et Open2leads

Comment être plus efficace ?

Mieux utiliser les communautés

Quora et Open2Leads, sont surtout utiles pour asseoir son autorité. Il suffit pour cela de répondre aux questions. Il n'est pas nécessaire d'être un expert de pointe sur un sujet. Les thèmes abordés peuvent porter sur des marques ou sur des types de produit ou de service. Suivez toutes les questions qui se rattachent à votre univers pour pouvoir être présent. Sans spammer, mettez ponctuellement des liens externes vers votre contenu, c'est techniquement facile. Il faut toutefois être vigilant sur Quora car c'est une plateforme d'échange plus qu'un outil commercial.

Open2Leads affiche ouvertement une dimension plus commerciale. Plus qu'une plateforme communautaire d'experts, Open2Leads est là pour générer des leads. Le ton et les réponses qu'on y apporte sont donc plus libres que sur Quora. Cependant, c'est la qualité du contenu et la valeur apportée qui font les recommandations et les votes, et non l'auto-promotion commerciale.

Sur Quora, vous pouvez éditer et modifier votre biographie pour chaque thème que vous suivez. Pour faciliter l'accès à la plateforme et votre visibilité, il existe une rubrique « Questions sans réponse » sur Quora. Vous savez également qui pose des questions, qui contribue et qui suit les questions posées (Quora). Autant de contacts voire de leads potentiels.

Ces deux plateformes peuvent être d'excellents vecteurs de trafic si vos réponses sont pertinentes et notées par les autres membres. Sur Quora, les principaux contributeurs enregistrent jusqu'à 1 million de visites (source : Quora). Pour optimiser votre visibilité, partagez vos réponses sur les autres réseaux sociaux sur lesquels vous êtes présent.

Utilisez ces services pour faire une étude de marché. Sur Quora, profitez de l'anonymat pour sonder vos produits ou ceux de vos concurrents. Sur Open2Leads, vous avez accès à tous les contenus. L'accès n'est pas limité aux discussions des groupes auxquels vous appartenez comme sur les réseaux sociaux professionnels.

Sur Quora, si quelqu'un fait un lien vers votre site ou votre blog depuis une réponse ou un commentaire, c'est un lien pris en compte par les moteurs de recherche comme Google.

Si vous avez un blog, regardez quelles sont les questions posées pour avoir des idées d'articles à publier. Répondez sur Quora ou Open2Leads en ajoutant un lien vers votre réponse.

Pensez comme un expert, pas comme un responsable marketing ou un commercial. N'essayez pas de vendre à tout prix. Privilégiez l'apport de valeur, l'influence, les connexions.

Repérez les questions posées dans votre domaine d'expertise pour y apporter des réponses sur des supports que vous maîtrisez (blog...). Si une question est posée et populaire sur Quora ou Open2leads, il est très probable que d'autres se la posent en dehors. Les deux outils sont des réseaux sociaux, vous pouvez enrichir la relation en la poursuivant IRL (*In Real Life*).

CAS Développer un business de PME avec Open2leads

Mohamed Khodja, co-fondateur, Open2leads, @mkhodja1

› Un réseau social dédié au développement commercial des PME

Open2leads est le réseau social du marketing BtoB. Il permet aux professionnels d'échanger et de partager leurs retours d'expérience sur des thématiques auxquelles toute PME est aujourd'hui confrontée dans son développement. Après quelques mois, le site comptait plus de 2 000 membres actifs. Il propose, grâce à son contenu riche et varié, des centaines de réponses d'experts du marketing et de la vente.

› Un fonctionnement simple, efficace et rapide

Open2leads doit son succès à son principe de fonctionnement très simple qui permet aux experts de promouvoir leur savoir-faire (et celui de leur entreprise) et aux dirigeants et managers de trouver des réponses à leurs besoins.

Open2leads se distingue des réseaux sociaux classiques par un fonctionnement qui n'est pas basé sur des groupes ou des communautés. Après une inscription rapide, on choisit jusqu'à trois thèmes (par exemple : relation client, achat/vente et génération de leads). À chaque connexion, seuls les sujets les plus commentés (selon nos thèmes) et donc les plus populaires, remontent sur notre profil. Ce qui permet d'interagir de manière ludique avec des professionnels qui partagent nos centres d'intérêts et de ne pas être pollué par de l'information non sollicitée.

› Un réseau qui s'adapte aux besoins des professionnels

Depuis sa mise en ligne de nombreuses nouvelles fonctionnalités ont vu le jour : téléchargement de livres blancs, possibilité de soumettre directement sa question à des experts, etc.

PROFIL OPEN2LEADS

Pour développer les mises en relation, Open2leads organise des soirées d'échanges thématiques avec ses experts.

Le réseau capitalise sur son ergonomie et sa qualité de contenu diffusé gratuitement aux professionnels pour devenir un des acteurs incontournables dans la communication marketing digitale. ■

OUTIL 21

Le social selling

PRATIQUES DES COMMERCIAUX SUR LES RÉSEAUX SOCIAUX PROFESSIONNELS

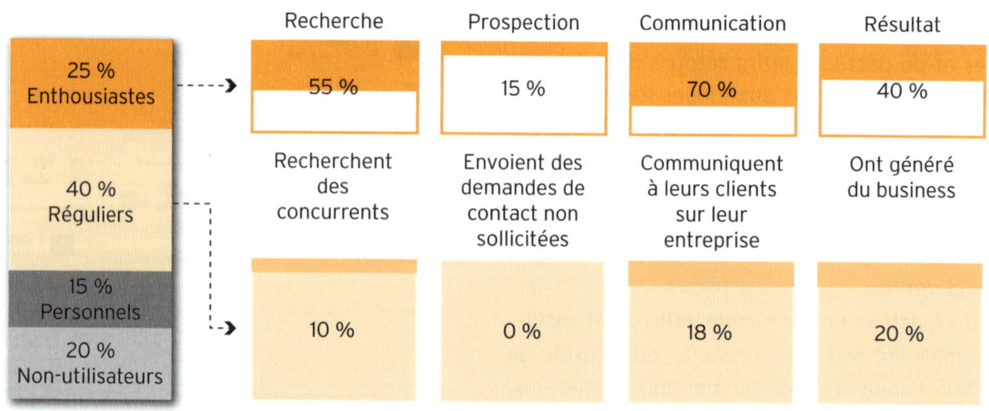

Source : Steve W. Martin
HBR.ORG

En résumé

« La dimension sociale est indissociable de la vente » (Salesforce). Les acheteurs ont toujours demandé des conseils à leurs amis ou leurs relations. Le social selling consiste à aller au-delà d'une utilisation marketing ou communication des réseaux sociaux. C'est mettre à profit les informations et les échanges des réseaux sociaux pour prospecter, trouver des leads, les engager et vendre. Cet usage des réseaux sociaux est relativement récent. Les processus d'achat changent très rapidement et les organisations commerciales ne suivent pas (OgilvyOne).

Insight

As Salesforce says, "the social dimension is inseparable from the sale". Buyers have always sought advice from their friends and relations. Social selling is going beyond a marketing or communication use of social networks. This is to take advantage of information and exchange of social networks to explore, find leads, engage and sell. The use of social networks is relatively recent. The buying process is changing very rapidly and sales organizations do not follow (OgilvyOne).

http://goo.gl/aSx89L

Entretien sur le social selling (Décideurs TV).

Pourquoi l'utiliser ?

Objectifs

› D'une manière générale avec SmartPanda, les professionnels vont utiliser l'annuaire pour réseauter et prospecter. Les auto-entrepreneurs ou TPE peuvent créer un site et l'administrer sans connaissance particulière. Les commerciaux vont y montrer leurs produits, récolter l'avis de leurs prospects. Les petites structures vont y développer leur activité avec des demandes de devis ou la réponse à des devis qui leur sont envoyés. Experts comptables et architectes vont partager leurs fichiers en toute confidentialité et sans limite de poids. Les agences de communication vont créer des sites rapidement pour leurs clients.

› Salezeo fonctionne sur la base d'échange de cartes de visite. Trouver le bon contact est une tâche complexe pour les commerciaux. Salezeo aide les commerciaux dans leurs démarches de prospection pour trouver le bon interlocuteur. Avec Salezeo, on peut cibler des prospects, obtenir leurs coordonnées et des informations sur leur société.

Contexte

› SmartPanda est accessible aux entreprises, auto-entrepreneurs, professions libérales ou artisans. La création de compte y est gratuite, mais SmartPanda devient payant à partir de 5 collaborateurs.

› Salezeo a été créé par des commerciaux et n'est destiné qu'aux commerciaux. L'objectif de la plateforme est de leur permettre de trouver plus facilement des contacts. Salezeo met à jour régulièrement sa base. C'est un service totalement collaboratif, chacun participe à la création et à la mise à jour d'une base de données de décideurs.

Comment l'utiliser ?

Étapes

› SmartPanda fonctionne sur la base de la raison sociale, du nom du dirigeant, de la ville, du département ou de mots-clés. Il faut donc être particulièrement vigilant sur la saisie de ses données et le choix de ses mots-clés.

› Sur Salezeo, créez votre compte et saisissez des contacts. Chaque fois que vous en créez un, vous pouvez obtenir les coordonnées d'un contact qui vous intéresse. Une entreprise peut prendre des abonnements payants pour que ses commerciaux aient accès à la base sans avoir à échanger de contacts.

Début 2016, Salezeo lance Visiblee, qui identifie et analyse le comportement des visiteurs d'un site en temps réel.

Méthodologie et conseils

Contrairement aux autres réseaux sociaux tournés vers le dialogue et l'échange et où il faut éviter d'avoir une approche commerciale trop marquée, il y a davantage de liberté de ton sur Salezeo et SmartPanda.

Salezeo repose sur un système de crédits, plus on ajoute de contacts, plus on a de crédits et donc de possibilité d'accès à des prospects. ■

Avantages

- SmartPanda facilite aussi le partage de documents en interne.
- Salezeo fait gagner du temps aux commerciaux en leur donnant les coordonnées directes de leurs prospects au lieu de perdre du temps à les trouver.
- L'accès à la base de données collaborative de Salezeo est entièrement gratuit.

Précautions à prendre

- SmartPanda est orienté client : il n'y a pas de place de marché de recherche de devis pour se positionner comme prestataire.

Viadeo pour développer son business

PAGE ENTREPRISE SUR VIADEO

En résumé

Viadeo est dans une situation délicate : départ du fondateur, échec en Inde, fermeture du bureau en Chine (25 millions de comptes), effondrement du cours de bourse (- 90 % 18 mois après son introduction), menace de redressement fiscal. Néanmoins, Viadeo compte encore 3 à 4 millions de visiteurs uniques en France et a semble-t-il une assez forte assise dans les TPE/PME. En effet, la grande majorité des inscrits français sont dans des structures de moins de 50, voire 100 salariés. En revanche, contrairement à ce que beaucoup imaginent, Viadeo est très parisien (environ 40 % des inscrits sont en Île-de-France).

Insight

Viadeo is in a delicate situation : departure of the founder, failure in India, closure of the Chinese office (25 million members), collapse of the stock price (- 90 % 18 months after its IPO), threat of tax adjustement. Nevertheless, Viadeo still have 3 to 4 million unique monthly visitors in France and, does it seem, a rather strong position in SOHO and SME's. Indeed, the majority of its French users work in companies of less than 50 or 100 employees. However, contrary to what many think, Viadeo is very Parisian as 40 % of registered users are based in Ile-de-France.

Pourquoi l'utiliser ?

Objectifs

› Se rendre plus visible pour développer son activité.

› Identifier et entrer en contact avec des prospects.

› Trouver et interroger des experts.

› Créer des communautés clients (service client, utilisateurs...).

› Trouver des contacts pour exporter. La dimension internationale le permet, mais ce n'est pas encore entré dans les usages.

Contexte

Viadeo est un très bon outil en BtoB. Il y a en France 10 millions de professionnels, inscrits (mais moins de la moitié y vient tous les mois). L'abonnement reste très accessible (moins de 10 € par mois) et il est vite amorti.

Viadeo est particulièrement adapté aux PME, que ce soit pour être visible ou pour trouver des clients, mais aussi pour développer son business auprès des PME.

Depuis juillet 2012, il est possible de créer une page entreprise sur Viadeo.

Viadeo a signé un partenariat avec les CCI pour accroître leur visibilité sur le réseau et former les entrepreneurs aux outils web.

Comment l'utiliser ?

Étapes

› Soyez présent sur Viadeo à double titre. Créez d'une part un profil personnel et d'autre part une page entreprise. La page entreprise est rattachée à un profil. Elle est gratuite pour des fonctionnalités basiques (présenter l'activité, partager du contenu, afficher un plan, mettre des liens vers un compte Twitter et vers le site de l'entreprise). En revanche, les autres options (carrières ou onglet libre) sont toutes payantes.

› Connectez vos collaborateurs à votre page entreprise pour la rendre plus visible.

› Les écoles peuvent elles aussi créer une page entreprise pour y présenter leurs formations.

70 % des entreprises françaises sont présentes sur Viadeo avec au moins un salarié. (Source : Viadeo)

Méthodologie et conseils

Utilisez une page entreprise et non un profil pour créer la présence de votre entreprise sur Viadeo. Ce n'est pas interdit, mais ce n'est pas adapté.

En plus de votre page entreprise, vous pouvez créer un groupe de discussion que vous administrerez. Les groupes peuvent être fermés ce qui vous permet d'en limiter et d'en contrôler l'accès.

Ne soyez pas trop commercial. Pensez à aider avant de vouloir vendre rapidement à tout prix.

Quand vous envoyez une demande de connexion à quelqu'un que vous ne connaissez pas, ne vous contentez pas de cliquer sur « Ajouter à mes contacts », mais personnalisez votre demande. C'est très rare sur Viadeo donc c'est un moyen de se différencier des autres. Expliquez ce que vous faites et pourquoi vous voulez entrer en relation.

Avantages

- Avoir accès à une base de données relativement fiable et mise à jour.
- Avec l'abonnement payant, on a accès à l'historique de tous ceux qui sont venus sur son profil et à une liste des « top visiteurs », c'est-à-dire ceux qui sont le plus venus voir notre profil et combien de fois.

Précautions à prendre

- Il est quasiment indispensable de prendre un abonnement payant si on veut être visible sur Viadeo et pouvoir l'utiliser efficacement.
- Il n'y a pas de page dédiée à la présentation des produits ou des services d'une entreprise.

SUITE OUTIL 23 →

OUTIL 23

Viadeo pour développer son business

Comment être plus efficace ?

Mieux utiliser Viadeo

› **Optimisez votre profil personnel et votre page entreprise.** Que ce soit pour votre profil personnel ou pour votre page d'entreprise, sélectionnez soigneusement les mots-clés qui vont vous décrire. Ce sont ces mots qui vous rendront visibles auprès de ceux qui peuvent avoir besoin de vos services. Pensez à comment être trouvé avant de penser à comment vous présenter. Si on ne vous trouve pas, votre présentation est inutile. Décrivez-vous en fonction de la valeur que vous apportez ou de la manière dont on vous cherchera et non par votre poste. Sur Viadeo, on trouve des profils, pas des CV. Des descriptifs tels que « consultant », « PDG », « directeur commercial » sont trop génériques donc inefficaces. Il est maintenant possible de préciser son offre en haut de son profil. Sur Viadeo, pas de mise en forme possible (couleur, italique, gras...). La seule possibilité est d'aérer votre contenu. Vous avez 4 000 caractères. Faites des paragraphes et insérez des lignes pour faciliter la lecture. Un internaute lira plus facilement 3 fois 4 lignes qu'une fois 10 lignes. N'abordez qu'une idée par paragraphe. L'internaute commence à lire un paragraphe et passe au suivant sans le terminer si les premiers mots ne lui conviennent pas. Utilisez la possibilité laissée par Viadeo d'insérer des liens cliquables dans votre présentation.

› **Développez votre réseau.** Connectez Viadeo et le carnet d'adresses de votre boîte mail pour y retrouver rapidement vos contacts. Sur les réseaux sociaux, vous ne vous connectez pas qu'à une autre personne. Vous vous connectez aussi à son réseau. Ce n'est pas parce que vous connaissez bien vos amis que vous connaissez leurs réseaux. Connectez-vous également à votre famille et à vos proches.

› **Rendez vous visible.** Il y a plus de 30 000 groupes en France, et des milliers d'autres à l'international. Vous pouvez créer votre groupe, mais il faudra ensuite chercher des membres, les faire participer, modérer leurs propos... Vous pouvez vous rendre dans un groupe avec beaucoup de membres en ayant accès à une audience plus large et espérer vous faire voir du plus grand nombre. Encore faut-il que votre contenu soit pertinent, attractif et posté au bon moment pour être visible (visible n'est pas vu). Vous pouvez rejoindre un groupe délaissé ou avec moins de membres et proposer à l'administrateur de le relancer. Vous y serez potentiellement plus visible mais auprès d'une audience plus restreinte. Allez visiter des profils cibles pour apparaître dans la liste des dernières visites et ainsi espérer que celui dont vous avez visité le profil aura cliqué pour en savoir plus sur votre activité.

› **Social selling.** Si vous vous êtes assuré que les contacts qui vous intéressent y sont présents, Viadeo est opportun pour vous et intégrez Viadeo à votre démarche de « social selling » (outil 21). Bien utilisé (voir cas ci-contre), Viadeo peut être très efficace, que ce soit pour détecter des prospects, entrer en contact avec eux, obtenir des rendez-vous, les informer, les éduquer et leur vendre.

http://goo.gl/GSrYTn

L'interview de Stéphane Malherbe en vidéo (ActuEntreprise)

CAS Développer son business avec Viadeo

PROFIL VIADEO

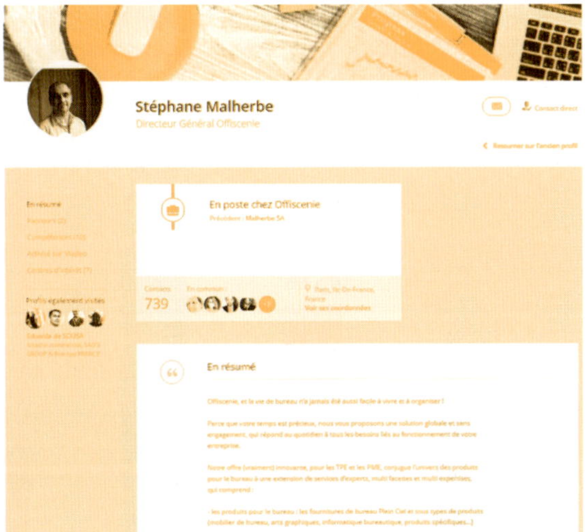

Stéphane Malherbe, directeur général, Offiscenie

Offiscenie (3M€) propose des solutions innovantes pour l'environnement de travail des TPE/PME.

J'ai décidé il y a 5 ans d'axer notre prospection commerciale *via* les réseaux sociaux et en 3 étapes. Au-delà d'identifier des contacts, s'est posée la question de structurer une démarche pour mon équipe commerciale et d'identifier et traiter des milliers de contacts potentiels.

› Identification et sourcing

- Quels prospects contacter : cela conditionne le ROI. Dans mon secteur, la fonction induit la taille d'entreprise. J'ai listé toutes les fonctions susceptibles, pour un même message, de générer un CA plus important.
- Déterminer le potentiel de ma zone : combien de responsables des services généraux à Paris-RP sont sur Viadeo ?

› Relance

Une fois les prospects identifiés, j'ai été confronté à la réalité des réseaux sociaux : comment traiter des milliers de contacts sur plusieurs fonctions ? Quel message adresser à un DAF ou à un directeur commercial ? Est-il identique ? Quel outil déployer pour gérer nos prospects ?

- Messages ciblés selon l'interlocuteur : réduire les coûts pour un DAF, gain de temps pour une assistante.
- Répartition du fichier de prospects entre les commerciaux (tous ont un compte Viadeo Premium et LinkedIn).
- Envoi de messages personnalisés, courts, pour susciter l'intérêt. Cela nous a obligé à rédiger notre pitch et à clarifier notre offre.
- Organisation de séances de phoning (à jour fixe) huit jours après les envois de mails, obligatoire pour optimiser sa campagne de prospection.
- CRM interfacé avec les réseaux, indispensable pour traiter la volumétrie et augmenter les performances de mon équipe.

› ROI

Grâce à un positionnement en rupture et à une approche *via* les réseaux sociaux (gain de temps, prospects identifiés…), notre taux de retour sur contacts aboutis est compris entre 40 et 60 %. ■

LinkedIn pour développer son business (pages entreprises)

OÙ LES COMMERCIAUX TROUVENT-ILS L'INFORMATION SUR LEURS PROSPECTS ?

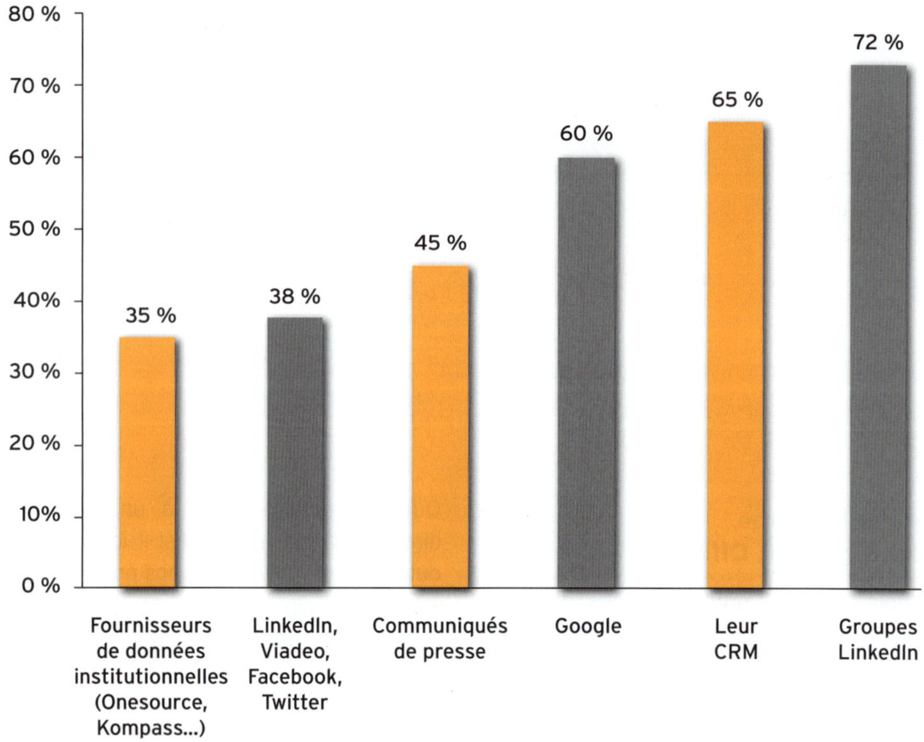

Source : Wayne Breitbarth, consultant et auteur de livres sur LinkedIn

En résumé

LinkedIn est bien plus qu'un site de carrière. 85 % des visiteurs utilisent d'autres produits que les offres d'emploi. Plus de 50 % des inscrits utilisent LinkedIn pour rester informés et suivre les tendances.

Il y a 3 raisons pour aller sur LinkedIn : bâtir son réseau et développer son influence ; être visible et promouvoir son image ; renforcer et partager son expertise.

Il y a 3 leviers pour développer son activité. D'une part, faire en sorte qu'on vous trouve avec votre profil personnel ou une page entreprise ; d'autre part, vous faire repérer en contribuant ; enfin, développer votre réseau par l'approche directe.

Insight

LinkedIn is more than a career site. 85 % of visitors use other products than the job ads. More than 50 % of registered members use LinkedIn to stay informed and follow the trends.

There are 3 reasons to go on LinkedIn : build your network and expand your influence, be visible and promote your image, enhance and share your expertise.

There are three levers to develop your business. First, make sure to be found with your personal profile or a company page. Second, be identified through contributions. And finally, expand your network by direct approach.

Pourquoi l'utiliser ?

Objectifs

› Développer son réseau, sa notoriété, sa visibilité ; LinkedIn a une ouverture internationale et est présent chez les grands comptes.

› Prospecter, trouver des clients pour développer son activité.

› Identifier les bons contacts dans les entreprises cibles et découvrir comment y accéder.

› Présenter son offre de produits et services dans les pages d'entreprises (gratuit).

› Faire du social selling.

› Diffuser et partager du contenu.

Contexte

Toutes les études montrent que LinkedIn est la plateforme de référence, incontournable dans une démarche BtoB sur les réseaux sociaux. Si le profil personnel et la page entreprise (même un indépendant peut créer la sienne) sont à la base d'une présence professionnelle sur LinkedIn, des offres payantes (publicité, bannières, messages personnalisés, statuts sponsorisés...) permettent d'optimiser sa présence.

Comment l'utiliser ?

Étapes

› Le profil personnel est la base de la présence. Il doit être utilisé pour présenter une personne et non une entreprise. Un profil n'est pas adapté pour cela.

› Transformez votre profil en plaquette commerciale : bannière, pitch dans le résumé, plaquettes et vidéos en pièces jointes (tout ceci est pour le moment gratuit).

› Créez ensuite votre page entreprise, il suffit de quelques clics. Optimisez la page de présentation, pensez notamment à la bannière d'accueil.

› Sur l'onglet « produits et services », présenter votre offre. Vous pouvez mettre un lien vers une vidéo YouTube qui sera consultable depuis LinkedIn.

› Suivez vos statistiques.

Méthodologie et conseils

› Créez votre profil en pensant aux mots-clés qui pourront être utilisés pour trouver vos compétences.

› LinkedIn permet de mettre des pièces jointes sur son profil personnel. Ce sont soit des liens vers des pages du web, soit des pièces jointes issues de votre ordinateur.

› Ajoutez des plaquettes, photos, supports de présentation, infographies...

› Ne créez pas par défaut votre profil uniquement en anglais. Un Français fera ses recherches en français et vous risqueriez de restreindre ainsi votre visibilité.

› Utilisez les Sales Solutions payantes pour être plus efficace. ■

Sur LinkedIn, la taille du réseau et la quantité de contenu sur un profil sont des éléments qui comptent.

Avantages

- Le business model de LinkedIn reposant essentiellement sur les solutions pour entreprises (recrutement, publicité...), la plupart des fonctionnalités sont disponibles gratuitement. Les informations des profils sont en général réelles (on n'est pas sur LinkedIn avec un pseudo) et à jour.
- Quand vous êtes sur le profil d'un autre professionnel, vous savez immédiatement par quel cheminement vous pouvez le contacter et quels sont les contacts communs.

Précautions à prendre

- LinkedIn est un réseau professionnel, les thèmes liés à votre vie privée n'y ont pas leur place (en dehors de vos centres d'intérêts dans la rubrique *ad hoc*). Ne faites pas sur LinkedIn ce que vous ne feriez pas dans la vie de tous les jours. Protégez l'accès à vos relations, surtout si vous avez un réseau limité, pour éviter que tous vos contacts aient trop facilement accès les uns aux autres (clients et partenaires).

OUTIL 25

LinkedIn Pulse

PUBLICATION D'ARTICLE SUR LINKEDIN

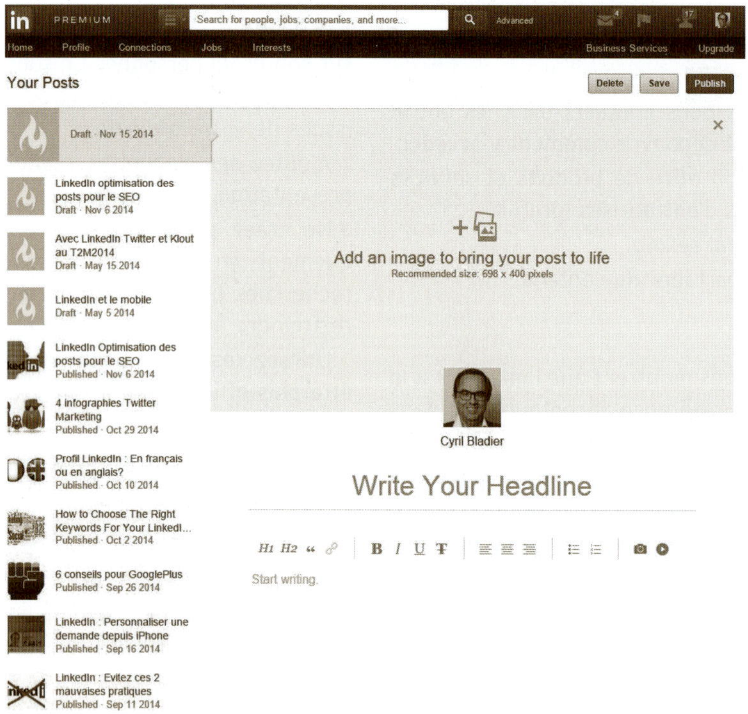

En résumé

Après avoir lancé LinkedIn Influencer, qui proposait à des personnalités reconnues de publier et d'être suivies (B. Obama, R. Branson, B. Gates, C. Ghosn...), LinkedIn a ouvert aux autres profils la possibilité de contribuer et d'être suivi via LinkedIn Pulse. Les premiers y ont eu accès en 2014, puis le service a été ouvert à tout le monde fin 2015.

Avec ce service, chacun peut publier gratuitement un article comme sur un blog. Chacun peut donc devenir un média, avoir des lecteurs, des abonnés et des ambassadeurs.

Les posts que l'on publie s'affichent sur le profil, entre la photo et le résumé. Publier sur Pulse, ce n'est pas faire partie de LinkedIn Influencer.

Insight

After launching LinkedIn Influencer, which proposed to recognized personalities to publish and be followed (B. Obama, R. Branson, B. Gates, C Ghosn...), LinkedIn opened this opportunity to contribute and be followed by other profiles on LinkedIn Pulse. First profiles had access in 2014 and the service was opened to everyone end 2015.

With this service, anyone can freely publish an article as it would on a blog. Everyone can become a media, have readers, subscribers and ambassadors.

Posts that are published are displayed on the profile, between the photo and the summary.

Publishing on Pulse is not being part of LinkedIn Influencer.

Pourquoi l'utiliser ?

Objectif

LinkedIn Pulse, c'est la possibilité d'avoir un blog sur son profil LinkedIn en bénéficiant dès le départ d'une audience facilement accessible puisque les contacts directs sont abonnés et ne peuvent se désabonner. C'est à la fois la possibilité de renforcer sa visibilité auprès de son réseau, bénéficier de la viralité acquise auprès de nouveaux contacts grâce aux partages et aux commentaires et une visibilité accrue sur Google, puisque les articles sont indexés par le moteur de recherche leader.

Contexte

Les articles sont accessibles directement sur le profil (par les images qui les illustrent et leurs titres) et renvoient vers une seconde page qui reprend l'intégralité des contributions. Les articles peuvent être commentés et partagés. Un partage ou commentaire rapporte à l'auteur de ce livre en moyenne 50 lecteurs supplémentaires en dehors de son réseau direct et donc la possibilité d'être découvert par des profils qui ne le connaissaient pas encore.

Comment l'utiliser ?

Étapes

› L'accès à la publication se fait depuis la page d'accueil avec l'option «publier un post».

› LinkedIn propose tous les outils d'édition : mise forme, mise en page, insertion de liens, d'images ou de vidéos.

› Chaque article soit être accompagné d'une illustration au format 700*400 qui, au-delà du titre, doit elle aussi attirer l'attention.

› Publiez votre post en choisissant un titre d'une quarantaine de caractères, sinon il sera trop long et ne s'affichera pas pleinement sur votre profil.

› Publiez en partageant sur votre compte Twitter.

› Répondez aux commentaires le cas échéant.

› Sur LinkedIn, vous n'êtes pas chez vous : utilisez Pulse davantage comme une mise en avant des articles de votre blog que comme votre hub central.

En publiant 20 fois par mois, vous touchez environ 60 % de votre audience.

Méthodologie et conseils

› Répondez aux questions que se posent vos cibles et que vos clients vous posent.

› Choisissez bien votre image d'illustration, puisque c'est elle qui s'affichera sur votre profil.

› Choisissez un titre qui attire l'attention.

› Rédigez 300 à 600 mots de contenu. Mettez des images, en plus de l'image d'illustration.

› Testez pour connaître vos meilleurs jours et horaires de publication.

› Commencez par publier une fois par semaine.

› Suivez vos statistiques et l'engagement obtenu pour savoir quelles sont les thématiques qui intéressent.

› Évitez de vendre. Vous publiez pour montrer votre expertise, pour donner envie de venir voir votre profil et d'en savoir plus sur vous, pas pour expliquer que vous êtes le meilleur ou quels sont vos produits ou services.

Avantages

- Les posts sont automatiquement partagés aux contacts et aux abonnés.
- On peut être suivi par des profils qui ne sont pas des contacts.
- Les posts sont indexés sur LinkedIn et en dehors. On peut donc y accéder via Google.

Précautions à prendre

- Attention au contenu dupliqué : vous prenez un risque en publiant sur LinkedIn un article déjà publié sur votre blog.
- Ne vous rendez pas trop dépendant d'une plateforme tierce dont vous ne maîtrisez pas tous les éléments. Ce qui est possible aujourd'hui peut ne plus être possible demain ou l'être différemment.

SUITE OUTIL 25 →

LinkedIn Pulse

Comment être plus efficace ?

S'engager sur LinkedIn

Il y a plusieurs formes d'engagement sur LinkedIn : les interactions (partager, commenter, aimer) ; les contributions (dans les groupes) et la publication d'article (LinkedIn Pulse).

Les interactions se font sur les articles de son réseau que l'on reçoit sur sa page d'accueil. On y reçoit les publications de ses contacts directs, les «J'aime» et autres commentaires de son réseau et les publications des pages entreprises, médias, influenceurs, profils et groupes que l'on suit ou dans lesquels on est inscrit. C'est un système de flux, une actualité chasse la précédente. Plus on a réseau développé, plus il est difficile de capter un message.

Les contributions se font dans les groupes. LinkedIn a remonté sa limite et on peut maintenant rejoindre 100 groupes. Tous les groupes sont fermés : ils ne sont accessibles que sur demande ou sur invitation. Comme il y a près de 2 millions de groupes dont 70 000 en français (y compris zones francophones), il est très difficile de trouver les groupes à rejoindre. Le plus efficace est probablement de se rendre sur les profils de ceux dont on veut être vus, de regarder dans quels groupes ils sont présents et de s'y inscrire. Les groupes sont des lieux d'échanges et de discussions où l'on vient partager et faire valoir son expertise. Ce ne sont pas des espaces où faire son auto promotion ou la promotion de ses articles.

Les publications sont des contenus rédactionnels, qui peuvent être plus commerciaux (en veillant tout de même à davantage se concentrer sur les problématiques de ses lecteurs plutôt que sur son offre de produits ou de services).

Ces publications restent accessibles sur les profils, même plusieurs mois après leur publication. Si besoin, on peut les supprimer.

Rythme

Il faut éviter de faire ce que font de nombreux profils en mal de reconnaissance en passant ses journées à commenter ou Liker tout et n'importe quoi simplement pour se rendre visible. LinkedIn est une plateforme professionnelle. Il vaut mieux ne partager que ce qui est pertinent pour soi et surtout pour son audience ; avoir un minimum de ligne éditoriale et éviter de partager ce que des dizaines d'autres profils ont déjà partagé avant ou de diffuser le jeu, la citation ou le dessin qui vous a échappé il y a 3 ans mais que tout le monde a déjà vu. Les réputations se défont plus rapidement qu'elles ne se font. Il est d'ailleurs possible sur LinkedIn de signaler un compte qui a un comportement ou abusif ou de masquer tout le contenu d'un profil qu'on juge trop envahissant.

Il en va de même dans les groupes. Leur accès est désormais filtré par ceux qui les administrent et il est dommage de se faire exclure d'un groupe pour avoir trop abusé de l'auto promotion.

La fréquence de publication est spécifique à chacun. Les meilleurs jours et horaires sont également spécifiques. Dans la même industrie, certains auront de meilleurs échos en semaine et d'autres le week-end.

Accroche

Il faut penser « efficacité » et adopter la stratégie de la presse people : les titres et les images sont clés.

CAS Des articles qui amènent des clients

APPLICATION MOBILE LINKEDIN PULSE

Source : LinkedIn.

Cyril Bladier, Président-fondateur, Business-on-Line, Agence digitale en réseau, @businesson_line

À plusieurs reprises, la publication d'un article sur LinkedIn a été l'occasion de créer de nouvelles relations qui se sont ensuite transformées en contacts commerciaux. Sur LinkedIn, je suis un média. Parmi mes contacts, il y a des clients, des partenaires, des anciens de mes différentes écoles, des ex-collègues, des professionnels croisés lors de conférences et beaucoup de gens que je ne connais pas. Un contact LinkedIn, même si je ne le connais pas, est aussi un lecteur de mes contenus (je publie un article une fois par semaine). Mon contenu peut donc être lu mais surtout partagé par mes contacts. Ils deviennent alors mes ambassadeurs auprès de leurs réseaux respectifs. Ils vont ainsi me permettre d'être découvert par les contacts, que je ne connaissais pas et ne me connaissaient pas non plus. Parmi eux, des dirigeants marketing, commerciaux, RH, voire des DG qui, après avoir vu le relais fait sur un de mes articles, vont aller ensuite le lire, puis consulter mon profil. Régulièrement, certains d'entre eux me contactent ensuite par téléphone, mail (mes coordonnées professionnelles sont dans mon résumé) ou messagerie LinkedIn. Je peux ainsi rencontrer directement des dirigeants, des décideurs et gagner de nouveaux clients (PME et grands groupes) sans passer par des appels d'offres ou des consultations.

Je publie essentiellement des extraits des articles de mes blogs, quelques lignes avec les points principaux et un lien qui renvoie à l'article original sur mon blog. Cet article est publié sur LinkedIn en moyenne une semaine après l'avoir été sur mon blog. Le but étant d'une part d'éviter d'être pénalisé par Google pour contenu dupliqué et d'autre part d'éviter d'être trop dépendant de LinkedIn dont le business model de monétisation peut évoluer. ■

Facebook pour développer son business

QUEL EST LE MEILLEUR MOMENT POUR PUBLIER SUR FACEBOOK ?

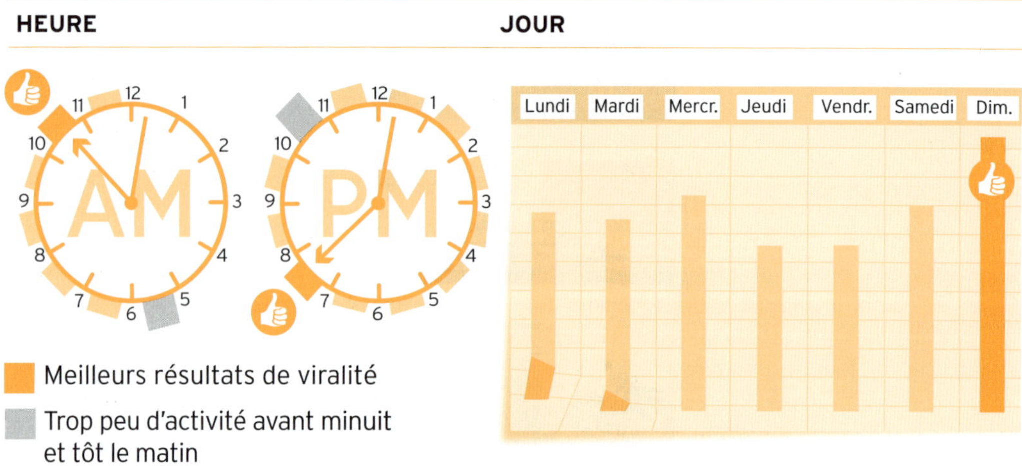

En résumé

Une présence d'entreprise sur Facebook se fait *via* une page qui présente une photo de couverture, sur laquelle les messages trop commerciaux sont interdits. À droite de cette image, Facebook propose la timeline, une opportunité de storytelling pour raconter l'histoire de la marque notamment à travers des images. Facebook propose également des statistiques très détaillées. Il est possible d'ajouter des applications tierces (formulaires, vidéos, jeux...) et de faire de la publicité. Facebook peut être utile en BtoC comme en BtoB mais doit répondre à un choix stratégique et non à un effet de mode.

Plus qu'un outil de communication, Facebook est la plateforme qui permet de récupérer le plus de données sur les profils de ses communautés.

Insight

A business presence on Facebook is via a page with a cover picture, on which commercial messages are prohibited. To the right of this picture, Facebook offers timeline, an opportunity for storytelling (to tell the story of the brand especially through images). Facebook also offers very detailed statistics. You can add third-party applications (forms, videos, games...) and also advertise. Facebook can be useful in B2C as in B2B but must meet a strategic choice, not a fad.

More than a communication tool, Facebook is the platform to retrieve more data on the profiles of its communities.

Pourquoi l'utiliser ?

Objectifs

› Toucher une très large audience, Facebook étant le plus grand réseau social au monde.

› Être en prise directe et interagir avec ses clients ou futurs clients.

› Créer une communauté d'ambassadeurs.

› Faire de la publicité.

› Gérer une partie de son service client.

› Faire venir des clients en magasin.

› Alimenter la base de données de son outil de CRM.

Contexte

En BtoC, les plus grandes marques sont en train de passer d'une stratégie de présence et d'animation de communautés, à une approche plus « business » de leur présence sur Facebook. Les équipes marketing cherchent de plus en plus à rentabiliser leurs actions et à essayer d'y vendre. L'OM a par exemple enrichi sa base de données grâce à une application (voir cas page 93) et Orange Sport a mis en place une animation de sa page dédiée au football (le12emehomme) pour pousser ses ventes d'application mobile Ligue 1 (cas page 21).

En BtoB, Facebook est utilisé pour diffuser des vidéos (Cisco), partager les actualités du secteur, récupérer des e-mails avec des livres blancs à télécharger, promouvoir ses experts (GE), gérer le service client, toucher la génération Y ou faire du brand content (Amadeus).

Comment l'utiliser ?

Étapes

› Définissez votre cible, votre stratégie et vos critères de mesure et créez vos contenus. Facebook doit être un choix. Créez une page directement, sans passer par un profil et avec une adresse mail qui vous appartient. Personnalisez l'URL (*via* https://www.facebook.com/username). Mettez un widget Facebook sur votre site et/ou votre blog pour montrer que vous avec une page. Préférez ceux qui affichent des photos de vos fans.

› Si vous préférez un espace de dialogue, une communauté d'experts ou de clients VIP, optez pour un groupe plutôt que pour une page.

Méthodologie et conseils

Mettez de grandes images dans toutes vos publications. Même si vous partagez des articles de votre blog, ce sont davantage les illustrations que les titres qui vont faire réagir.

Publiez fréquemment, surtout en BtoC et privilégiez l'après-midi.

Facebook propose une nouvelle interface très détaillée pour vos statistiques d'interactions et d'engagement.

Soyez bref et concis. Pensez à vos fans, mais surtout à vos ambassadeurs les plus influents.

Proposez du contenu et des opérations exclusifs. Jouez le jeu et partagez aussi le contenu de vos fans. ■

Un utilisateur de Facebook est concerné par 1500 publications par jour en moyenne.

Avantages

- Il y a plus d'audience sur Facebook que sur votre site. Facebook reste le réseau leader.
- Le type d'applications que vous pouvez proposer est quasiment sans limite. Tant que vous ne faites pas de publicité, Facebook est gratuit.

Précautions à prendre

- Sur Facebook, vous n'êtes pas chez vous mais chez Facebook ; c'est Facebook qui dicte les règles. Ne devenez pas dépendant de Facebook.
- Utilisez l'outil de modération pour indiquer les mots à bloquer sur votre page.
- Même si Facebook est gratuit, il faut affecter des ressources (temps, financières ou humaines) pour animer et modérer votre page.

OUTIL 27

La MasterApp ®

STRUCTURE D'UNE MASTERAPP

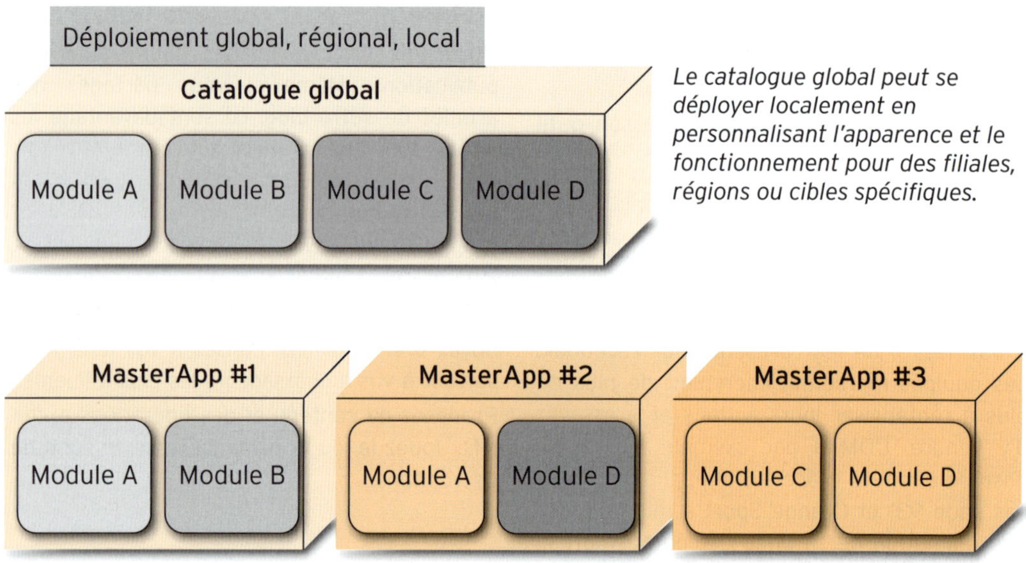

Le catalogue global peut se déployer localement en personnalisant l'apparence et le fonctionnement pour des filiales, régions ou cibles spécifiques.

http://www.so-buzz.fr

En résumé

La MasterApp est un concept exclusif développé par la start-up marseillaise So-Buzz. La MasterApp est un développement sur mesure, spécifique à chacun. C'est un socle permanent d'applications qui permet à une marque d'être en relation constante avec son public. Ainsi, toute l'année, les clients et fans peuvent être fidélisés avec une expérience complète sur les réseaux sociaux, sur Internet et sur mobile. Contenus, activations, jeux, concours, coupons, programmes de fidélité sont développés sur mesure, à l'image de la marque et permettent de récolter et de centraliser des données qui peuvent ensuite être intégrées dans un CRM.

Insight

The MasterApp is a unique concept developped by So-Buzz, a French start-up. It is a custom development, specific to each. It is a permanent base of applications that allows a brand to be in constant contact with its audience. Thus, throughout the year, brands can develop customers' and fans' loyalty with a complete experience on social networks, Internet and mobile. Content, activations, games, contests, coupons, loyalty programs are developped "sur mesure", in the respect of the brand's image and allow to collect and centralize data that can be integrated into a CRM.

Pourquoi l'utiliser ?

Objectif

La MasterApp est une plateforme développée sur mesure qui permet de diffuser des contenus, d'activer jeux et concours, de déployer coupons et bons plans. C'est une approche multi-réseaux sociaux (Facebook, Twitter, Instagram...) et omnicanale qui fait converger toutes les données dans une base unique. Les communautés ont ainsi une expérience cohérente sur tous les réseaux et tous les canaux.

Contexte

Un login permanent évite de multiplier les barrières à l'entrée (les fans n'ont pas à se reconnecter à chaque nouvelle opération). Le SingleLogin associe le login de l'application, celui du site e-commerce, l'adresse mail, la carte de fidélité « physique », les connecteurs des réseaux sociaux (Facebook, Twitter...).

Pour la marque, la collecte d'informations sur ses fans est progressive et continue.

Les données CRM, cartes de fidélité, e-commerce sont rapprochées et centralisées.

Pour les commerces et réseaux de distribution, So-Buzz est partenaire de Symag (solutions d'encaissement de BNP Paribas) et d'IBM Cloud et va pouvoir se connecter à IBM Watson pour évoluer vers des solutions de marketing prédictif.

Comment l'utiliser ?

Étapes

› Le développement se fait directement auprès de la société développeuse ou via un de ses partenaires. Le déploiement se fait sur une ou plusieurs pages Facebook, par un code iframe à intégrer sur une page web. Chaque application dispose d'une URL générique pour pouvoir définir des URL spécifiques. Les applications mobiles sont téléchargeables sur Android et iOS.

› Tout type d'opération ou de mécanique est imaginable.

› Penser dès le départ aux données que l'on veut récolter. Elles sont toutes opt-in (les fans ont donné leur accord) et on peut aller beaucoup plus loin que les simples mails.

L'OM a gagné 45 000 fans en 18 jours. Le Crédit Agricole 13 000 contacts en 2 jours. Hyundai : 16 000 en 7 jours.

Méthodologie et conseils

› Avec la MasterApp, on valorise l'engagement dans le temps. Un fan ne se déconnecte pas réellement de sa relation à la marque. Son implication est valorisée opération après opération. Les compteurs de points ne sont pas remis à zéro à chaque opération.

› Pour ne pas repousser les nouveaux fans, ne pas récompenser seulement les plus actifs (certains sont très impliqués notamment avec les marques très affinitaires) et penser à intégrer des tirages au sort.

› Intégrer des boutons « je le veux maintenant » pour faciliter la transformation vers un site e-commerce ou un coupon.

› Prévoir des règlements qui écartent les concouristes, ceux qui viennent pour gagner des lots mais ne sont pas intéressés par les produits et services de la marque. Le cas échéant, des contrats types peuvent être proposés en option.

Avantages

- Une fois les données récoltées et rapprochées, la performance des opérations ne peut que s'améliorer : Mails, SMS, contenus sont beaucoup plus ciblés.
- Pour les clients, cela simplifie les processus et valorise l'engagement dans le temps.
- Pour bénéficier pleinement de l'effet de la MasterApp, il faut avoir une vision long terme (idéalement annuelle) de son plan d'animation social média en capitalisant notamment sur les marronniers et des événements de la marque.

La MasterApp ®

SUITE OUTIL 27 →

La MasterApp ®

Comment être plus efficace ?

Via sa plateforme sur-mesure, la MasterApp permet de diffuser des contenus (même sur plusieurs pages tierces en étant combinée à une solution comme Sociallymap) ; d'activer jeux et concours et de déployer coupons et bons plans, tout en étant multiréseaux, multicanale et en faisant converger les données des fans dans une base de données unique.

Le socle de l'application est déployé pour rester actif en permanence. Il centralise les données et permet de gérer les accès administrateurs et collaborateurs. Un module gère les modules d'accueil. Un module profil utilisateur permet de gérer les profils et de centraliser les données. Enfin, le module de contenu permet de diffuser les informations sur la marque. Un module SAV est également disponible pour canaliser les interactions liées au service client dans un seul espace et éviter de polluer les espaces de communication et d'animation. Les clients ont un espace dédié pour suivre leurs demandes jusqu'à leur résolution et le responsable du SAV dispose d'une interface de gestion centrale.

Les utilisateurs connectés via Facebook ou Twitter doivent autoriser la MasterApp à utiliser leurs identifiants, ce qui permet ensuite de mettre en place des campagnes de notification directe (attention au spam cependant).

Le principe de la MasterApp est de se caler sur des programmes annuels d'animation sur les réseaux sociaux. L'un des avantages de la solution est que le fan peut jouer avec son mail, son compte Facebook, son compte Twitter... L'avantage pour la marque est qu'elle peut faire un rapprochement entre ces différentes identités. Il faut donc dès le départ, imaginer son plan d'animation en fonction de ses objectifs animer, communiquer, engager, vendre, récolter des données, générer du trafic en point de vente, distribuer des coupons, créer une carte de fidélité digitale, centraliser dans un seul espace toutes les pages des points de vente d'un réseau de distribution, permettre à des revendeurs de créer leurs pages et les aider à les animer... Les possibilités sont quasiment illimitées.

Les équipes de So-Buzz ont remarqué que **les meilleurs ambassadeurs sont les fans existants.** Faire gagner des coupons de réduction à ses fans fonctionne bien. Permettre à ses fans d'offrir des coupons à leurs amis fonctionne encore mieux. Il est nécessaire de bien intégrer cette dimension de viralité dans les mécaniques mises en place.

De nombreuses applications types existent déjà, avec plusieurs cas clients pour les illustrer ; tant sur Facebook : le juste prix, quiz ou tests de personnalité, instants gagnants, concours photo, concours de parrainage, tirage au sort, compte à rebours, reveal (images qui se dépixélisent en fonction des interactions), mot mystère, bataille de photos, loto, sondage, concours de citation, casting, personnalisation de profil, quiz musical, inventer une suite, où est Charlie, wishlist, Paf le truc qu'on lance, space invader, flappy bird, tir au but, jeu de vitesse... que sur Twitter : concours de RT, concours de tweets créatifs, tirage au sort sur RT, instant gagnant, hashtag battle, tweetomètre, coupon de réduction sur Tweet, ambassadeur, quiz, reveal, texte à trous... **Chaque entreprise dans chaque secteur peut donc trouver une mécanique qui lui correspond** et qui pourra être mise au service de ses objectifs.

Les données récupérées sont celles liées aux modules d'animation et celles qu'on peut récupérer via les réseaux sociaux.

CAS So-Buzz MasterApp Olympique de Marseille

A. Durain, président So-Buzz, @So_Buzz

› OM Fada, programme de fidélité inédit

Printemps 2015, INTERSPORT annonce qu'il sera le sponsor principal de l'Olympique de Marseille pour une 4e année consécutive. Le leader mondial de la distribution d'articles de sport souhaite alors fêter cette nouvelle année de partenariat avec une opération inédite sur Facebook.

INTERSPORT, c'est plus de 600 magasins en France, réalisant un CA de 1,5 milliard €. Comment faire le pont entre Facebook et points de vente ?

› Stratégie

En collaboration avec l'agence **Sportlab**, INTERSPORT propose alors un programme de fidélité permettant d'offrir aux fans des lots et privilèges via un système de points : places VIP au stade Vélodrome, maillots dédicacés...

Plus les fans s'engagent sur Facebook dans le programme via des jeux et des interactions avec la Page, plus ils cumulent des points. Les achats en magasin permettent également de gagner des points.

› Dispositif

Développée par **So-Buzz**, la Master'App® **OM Fada** est installée sur la page Facebook Intersport pour servir de fil rouge à la communication, tout au long de l'année.

Elle est composée de 3 espaces : le concept, les jeux et les dotations.

Côté jeux, 3 mécaniques sont proposées.

1. le **Quiz** permet de gagner des points, de défier ses amis Facebook avec des questions sur l'histoire du club.
2. Le **Tir de Fada** est un jeu addictif où le joueur doit frapper le ballon pour aller le plus loin possible.
3. L'instant gagnant « **Où est ma place** » permet au joueur pour tenter de remporter 2 places de match chaque jour.

Avant chaque match, le participant mise ses points accumulés aux jeux pour tenter de gagner des dotations par tirage au sort. Il doit alors disposer d'une carte de fidélité Intersport. Les nouveaux participants peuvent demander leur carte de fidélité via la Master'App®.

OUTIL 28

Twitter pour développer son business

3 ACTIONS POUR DÉVELOPPER SON BUSINESS SUR TWITTER

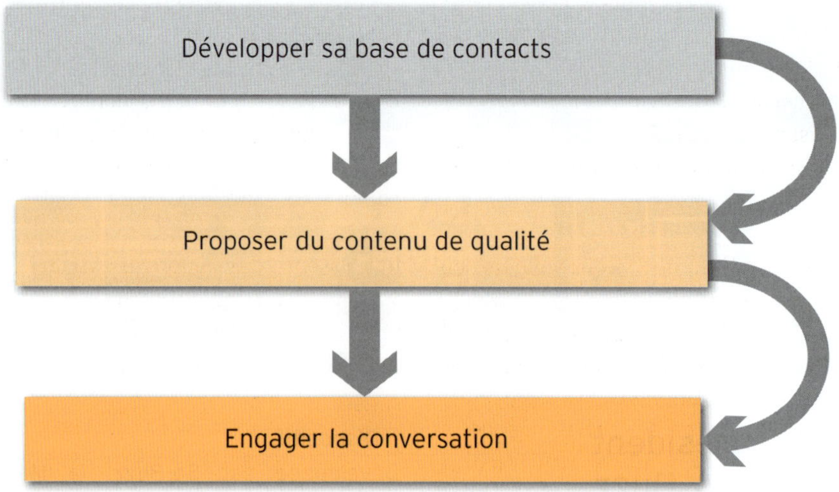

En résumé

Twitter est davantage un média et un outil d'information en temps réel qu'un réseau social. Le principal apport de Twitter aux professionnels est de les aider à être plus visible, à partager du contenu, à se tenir informé et à suivre des événements. Au départ très BtoB, Twitter s'est beaucoup démocratisé et est très utilisé en BtoC.

Twitter est un outil marketing (personnel ou marque) : notoriété, interactions, écoute, veille, buzz, événementiel, SAV, RP, *booster* d'audience.

Twitter sert aux commerciaux, pour diffuser des offres spéciales ou détecter des leads.

Il faut s'engager et dialoguer pour en tirer de la valeur. Twitter est beaucoup plus efficace avec des outils externes.

Insight

Twitter is more a media and a real time information tool than a social network. The main contribution of Twitter for professionals is to help them to be more visible, to share content, to stay informed and to follow events. Initially very B2B, Twitter is much more democratic and is widely used in B2C.

Twitter is a marketing tool (personal or brand): awareness, events, interactions, listening, BI, buzz, customer service, PR, audience booster.

Twitter is for sales: special offers, detect leads.

We must engage and interact to get value. Twitter is much more effective with external tools.

Pourquoi l'utiliser ?

Objectifs

› Entrer en contact et développer son audience : clients, prospects, blogueurs, experts, journalistes.

› Attirer du trafic vers un site.

› Présenter son offre, promouvoir ou relayer un événement.

› Fidéliser ses clients.

› Faire une veille ou un audit concurrentiel.

› Gérer un service client.

› Devenir une référence dans son domaine.

Contexte

Twitt ou tweet ; twitteur et twitteuse ; twitter ou tweeter ont fait leur entrée au Larousse 2013.

Choisissez qui vous suivez. D'autres vous suivent et peuvent voir vos tweets. Twitter est gratuit et ne nécessite aucune connaissance informatique particulière en dehors de ses règles d'usage.

Twitter n'est pas réservé aux grands comptes et est très accessible aux TPE, PME, consultants... De plus en plus d'entrepreneurs et de dirigeants de PME y ont de meilleurs retours que via des communiqués de presse.

Si les objectifs sont définis par les dirigeants, la gestion quotidienne peut être laissée à un junior ou externalisée.

Comment l'utiliser ?

Étapes

› Préparez, définissez une stratégie et un mode de présence.

› Fixez des règles : types de messages, fréquence, modes de réponse...

› Insérez vos mots-clés dans votre bio et un lien cliquable qui renvoie vers un site, vers une page dédiée aux visiteurs venant de Twitter avec une amorce de gestion de leads.

› Suivez des comptes dans votre domaine en comptant sur un suivi en retour. Suivez des comptes leaders. Ne suivez pas automatiquement tous vos nouveaux abonnés. Tous ne sont pas pertinents.

› Alimentez fréquemment votre compte en apportant de la valeur.

Méthodologie et conseils

› Ne pas parler que de soi et publier sur d'autres intervenants du secteur.

› Trouvez le bon rythme. Le niveau d'exigence est spécifique à chaque business, mais il faut publier tous les jours en évitant d'inonder ses abonnés.

› On peut mélanger tweets en français et en anglais, mais idéalement il vaut mieux un compte par langue voire par pays.

› Les analytics Twitter, accessibles gratuitement, fournissent des informations précises non seulement sur la performance des publications mais aussi sur l'audience de followers.

Le mouvement @Tweetbosses lancé par TBWA a vocation à pousser les dirigeants français à twitter.

Avantages

- Twitter est international et permet d'obtenir une audience à l'étranger et par exemple de commencer à se faire connaître avant d'exporter.
- Être en prise directe avec ses clients, son marché, ses prospects. Il n'y a plus de filtre entre une marque et sa cible.

Précautions à prendre

- Attention au piratage en ouvrant trop rapidement un message. Dans ce cas, changer de mot de passe.
- Automatiser allège les tâches fastidieuses, mais il faut surveiller son compte et répondre aux questions, remercier pour les mentions et les RT.
- Être sur Twitter, c'est s'exposer. Préparez-vous aux critiques, aux attaques ou à des clients mécontents qui s'expriment. Vos concurrents ont accès à ce que vous publiez et à vos réponses.
- Twitter peut s'avérer très prenant. Dosez votre effort et mettez en place des outils d'alerte et de veille automatiques. Il est possible de recevoir automatiquement un mail dès qu'un terme précis apparaît.

SUITE OUTIL 28 →

Twitter pour développer son business

Comment être plus efficace ?

Twitter pour son business

› **Efficacité.** Dans une stratégie de visibilité professionnelle, vous devez penser efficace. Faites des tweets accrocheurs pour donner envie de cliquer. Ne dépassez pas 120 caractères pour laisser de la place aux mentions et retweets. Créez des pages destinées aux flux Twitter et insérez des liens vers cette page dans vos tweets. Un follower n'est pas *a priori* disponible pour tester un produit ou un service, mais il peut vouloir en savoir plus. Reliez votre compte à votre blog : les flux du blog alimentent le compte Twitter et vos articles sont des réponses à des problématiques diverses. Utilisez les outils de recherche de Twitter pour savoir quelles sont les tendances et les préoccupations dans un secteur. Contactez des prospects potentiels à partir de leurs questions. Ne les dirigez pas vers une offre ou un formulaire de contact (c'est trop tôt) mais vers du contenu utile (FAQ, blog...). Des outils automatisent une partie des tâches : publication de tweets à partir de flux RSS (Twitterfeed), Social Dynamite, Scoop it, Sociallymap.

› **Construisez votre réseau.** Trouver des abonnements est l'une des clés et l'une des tâches les plus chronophages. Un compte a une ligne éditoriale directrice et les abonnements doivent en refléter la thématique. Twitter propose une rubrique suggestions, basée entre autres sur vos derniers abonnements. Le site http://search.twitter.com propose un moteur de recherche avancé pour trouver des comptes qui publient sur un thème donné ou dans une ville ou une région particulières.

› On peut suivre les comptes que ses abonnés suivent. Attention à ne pas suivre plus de 1 000 nouveaux comptes chaque jour. Il faut un délai pour être suivi en retour. Créez des listes. Une liste permet de regrouper les comptes que l'on suit autour d'un thème (20 maximum).

› **Optimisez le contenu.** Sur Twitter, le principe de base du web 2.0 reste valide : le contenu est clé. Pour être suivi, il faut être pertinent, apporter de la valeur et ne pas se comporter uniquement en consommateur. C'est un outil de partage : mentionnez d'autres comptes et retweetez. Créez des hashtags (#). Le # précède le mot-clé que l'on veut mettre en avant. Un tweet peut contenir plusieurs hashtags.

› **Influence.** Les utilisateurs quotidiens de Twitter et ceux qui suivent des marques sont en moyenne trois fois plus enclins à développer l'influence de celles-ci que les membres de Facebook. Ils ont des blogs, commentent et postent davantage de vidéos que les autres. Les followers sont les profils les plus influents en ligne. Ce qui se passe sur Twitter ne reste pas sur Twitter. Plus influents et plus technophiles, ils attendent des informations ou des offres exclusives. Pour apporter de la valeur, tweetez vos nouveaux articles, proposez votre expertise ou votre aide. Plus on participe, plus on a de retour. Google Analytics mesure l'apport de trafic *via* Twitter. Trouvez ce qui intéresse vos followers ou ce dont ils ont besoin et que vous pouvez apporter régulièrement, quitte à leur demander directement. La régularité est contraignante mais importante. C'est nécessaire pour être reconnu, bâtir sa communauté et l'engager. Twitter est un lieu d'interaction avec clients et prospects. On peut y dédier une équipe ou considérer que chacun dans l'entreprise peut avoir un compte professionnel destiné à développer l'activité.

CAS Exemple Twitter, un outil astucieux pour votre business

STATISTIQUES SUR LES HASHTAGS

- ☑ Les hashtags (#) sont des mots-clés qui aident à mieux trouver son audience.
- ☑ Les tweets avec hashtags reçoivent **2 fois plus** d'engagement.
- ☑ **21 %** d'engagement avec 2 hashtags.
- ☑ 17 % d'engagement en moins avec **plus de 2** hashtags.
- ☑ Seulement **24 %** des tweets ont un hashtag.

Source : Social Caffeine

Aurélie Durand, @A_Durand14, entrepreneure, co-fondatrice @Welink_Agency et @MakersExp

Nous le savons, Twitter est en crise. Et pourtant... Ce réseau social professionnel est un outil indispensable pour accompagner la force de vente d'une entreprise dans le développement d'opportunités business.

Twitter a toujours axé son activité autour du partage d'actualités. Il est surtout un espace d'interaction performant permettant de supprimer les "barrières hiérarchiques naturelles" entre les utilisateurs.

Il apporte des métriques clés (hashtag dans les descriptions de profil et timing de publication), suffisantes pour un ciblage précis et un effort commercial optimal : 140 caractères pour créer un call-to-action efficace.

Chez We Link et Experience, nous utilisons Twitter au quotidien (c'est même pour certains une véritable passion !). Le réseau social nous permet de développer la communauté de l'entreprise et la création d'opportunités de visibilité, de business et de mentoring.

En un peu plus d'un an, nous avons pu échanger, rencontrer des personnalités telles que Ronan Le Moal (PDG - Crédit Mutuel Arkea), Raphaël Krivine (Directeur Clientèle Directe - AXA Banque), Catherine Moal (Rédactrice en chef - Alliancy)... Et ce, via une interpellation en 1 tweet (chose difficilement imaginable sans Twitter) !

Des relations qui ont contribué, via des opportunités business, de l'acquis de compétences et de la mise en relation, à ce qu'est aujourd'hui notre entreprise. Twitter qui reste pour nous un accélérateur d'expérience/de business et un réflexe que nous ne souhaiterions pas perdre. ■

OUTIL 29

Xing

QUELQUES CHIFFRES SUR XING

41 % de femmes
30 % des abonnements premium
62 500€ de revenu moyen

59 % d'hommes
70 % des abonnements premium
82 500 € de revenu moyen

Source : Xing
Pictos : ©raven

En résumé

Xing est un réseau social d'origine allemande. Il s'est peu développé hors de ses frontières d'origine, hormis en Espagne suite à des rachats de réseaux locaux et en Turquie. Xing compte 15 millions de profils dont plus de 50 % sont basés dans des pays germanophones.

Xing est le troisième réseau social professionnel après LinkedIn et Viadeo. En France, selon une étude d'Oasys de 2011, c'est le second réseau préféré des chasseurs de tête après LinkedIn.

Xing est une plateforme pour l'emploi, pour le développement de partenariats et de son activité. Plus de 50 000 groupes y existent. Hors d'Allemagne, de nombreux événements sont organisés par les membres locaux.

Insight

Xing is a German social network. Xing has little developed beyond its original boundaries, except in Spain due to taking over local networks and in Turkey. Xing has 15 million profiles. More than 50 % based in German-speaking countries.

Xing is the third largest professional social network after LinkedIn and Viadeo. In France, according to a study by Oasys, it is the second favorite network for headhunters after LinkedIn.

Xing is a platform for employment, development of partnerships and business. There are over than 50,000 groups. Outside Germany many events are organized by local members.

Pourquoi l'utiliser ?

Objectifs

Xing donne accès à plus de 7 millions de membres dans les pays germanophones. C'est le réseau social professionnel leader en Allemagne.

Recrutement, réseau de relations ou business, Xing est un réseau indispensable si vous êtes en relation professionnelle avec l'Allemagne ou si vous voulez l'être. Xing est pertinent dans une démarche d'export sur ces marchés ou de présence professionnelle en France pour des entreprises qui en viennent.

Contexte

Les relations commerciales fortes entre France et Allemagne expliquent que Xing soit le deuxième réseau social le plus utilisé par les chasseurs de tête pour le sourcing, après LinkedIn et avant Viadeo. Si vous êtes sur Xing, un Allemand supposera que vous parlez sa langue et vous contactera spontanément dans celle-ci.

Les fonctionnalités proposées par Xing sont davantage orientées Rh que business.

Comment l'utiliser ?

Étapes

› Rédigez votre profil en allemand : contrairement à ce qui est le cas sur LinkedIn ou Viadeo, on ne peut avoir de profil que dans une seule langue.

› Indiquez vos coordonnées principales (téléphone, fax, mobile, mail, adresse). Les renseigner vous rendra plus facilement joignable ; quitte à les supprimer quand votre présence redevient moins active.

› Renseignez les rubriques « Je recherche » et « Je propose ». Ce sont les deux rubriques les plus mises en avant. Restez précis, clair et synthétique.

› Détaillez vos profils et variez les expressions pour décrire votre parcours.

› Regroupez vos contacts par catégories.

› Rejoignez des groupes, sans accumuler les présences sans participation. Ciblez des groupes où il n'y a pas d'article écrit tous les jours pour être plus visible.

Avec 4 fois moins de membres que Viadeo, Xing fait plus de 4 fois plus de chiffre d'affaires.

Méthodologie et conseils

› Le cas échéant, n'hésitez pas à indiquer dans votre profil que vous êtes ouverts à de nouvelles opportunités.

› Les fonctionnalités principales de Xing sont les mêmes que celles de Viadeo ou LinkedIn. La spécificité de Xing est davantage géographique que fonctionnelle.

› Pour accéder aux fonctions avancées : savoir qui a consulté son profil ou contacter quelqu'un qui n'est pas dans son réseau, il faut souscrire à un abonnement premium (6,35 € par mois pour 12 mois). Un abonnement d'essai est possible, pour 3 mois.

› Les entreprises sont également présentes soit au travers de communautés publiques ou privées, soit par des profils d'entreprises.

L'onglet « Mon réseau » permet d'accéder directement aux mises à jour et à l'actualité de ses relations. ■

Avantages

- Un profil Xing est moins bien indexé par Google qu'un profil Viadeo ou LinkedIn, mais c'est un élément de plus pour afficher votre présence sur Internet avec un contenu que vous maîtrisez.
- L'interface Xing est multilingue.

Précautions à prendre

- Comme avec les autres réseaux professionnels, prendre le temps de régler ses paramètres de confidentialité.
- La plupart des membres allemands de Xing considèreront par défaut que si vous y êtes présent, c'est que vous maîtrisez la langue.

Réseaux sociaux pour TPE/PME

QUELS LEVIERS DE DÉVELOPPEMENT POUR LES TPE/PME ?

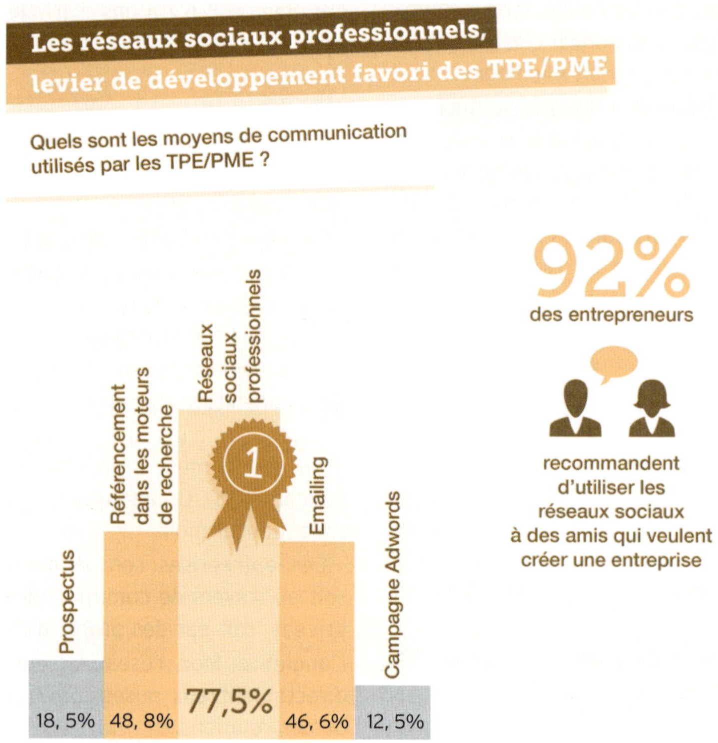

Source : Viadeo

En résumé

Moins de la moitié des TPE françaises sont sur Internet, mais leurs patrons sont convaincus que le web et les réseaux sociaux sont des opportunités de développement. Les entrepreneurs ne sont pas réticents vis-à-vis de ces outils. Ils les connaissent mal, ils ont peur de faire des erreurs et surtout ils n'ont en général pas les ressources (humaines et/ou financières) pour y gérer leur présence.

Les réseaux sociaux peuvent apporter une exposition gratuite auprès d'audiences réceptives puisque de plus en plus d'acheteurs vont y chercher des informations. En BtoB, ou en BtoC, Facebook reste la plateforme leader, ne serait-ce que parce que les patrons de ces entreprises y ont un profil personnel.

Insight

Less than half of French "TPE" are on the Internet, but their bosses are convinced that the web and social networks are development opportunities. Entrepreneurs are not reluctant to these tools. They are not familiar to them, they are afraid to make mistakes and they especially do not always have the resources (human and/or financial) to manage their presence there.

Social networking can bring some free exposure with receptive audiences as more and more buyers are looking for information there. B2B or B2C, Facebook remains the leading platform, just because the owners of these companies have a personal profile.

Pourquoi l'utiliser ?

Objectifs

- Être là où sont ses clients et ses prospects. Les acheteurs attendent de leurs partenaires qu'ils soient présents sur le Net.
- Être plus proche. Sur les réseaux sociaux, on est en prise directe avec ses clients.
- Développer son entreprise grâce au networking ou au social selling.
- Tester des marchés à l'export et y trouver des partenaires.
- Générer des leads pour son activité.

Contexte

Les Français, notamment les plus jeunes, qui sont vos futurs consommateurs, souhaitent davantage de dialogue avec les entreprises. Chez les professionnels, les usages sont liés à l'âge. Plus vos contacts sont jeunes, plus ils sont susceptibles d'utiliser ces outils. Si vous n'y êtes pas, le risque est de ne pas exister à leurs yeux.

Les réseaux sociaux vont vous aider à être plus proche, à mieux répondre aux attentes, à vous faire connaître, à faire revenir vos clients, à humaniser votre communication et à gérer économiquement et efficacement une partie de votre service client.

Un réseau social est également un outil de prospection qui va vous aider à identifier et à entrer en contact avec des prospects dans des entreprises cibles. Ces méthodes de prospection sont, pour le client, moins intrusives qu'un appel téléphonique.

Comment l'utiliser ?

Étapes

- Formez-vous et préparez-vous. Plusieurs entrepreneurs ont commis des erreurs irréversibles pour avoir voulu économiser quelques dizaines d'euros. Les CCI, les associations d'anciens élèves... proposent des formations. À défaut, assistez à des conférences lors de salons professionnels.
- N'improvisez pas. Ayez une stratégie : objectifs, cibles, moyens.
- Regardez ce que font vos concurrents et ce qui intéresse vos prospects.
- Créez et personnalisez vos profils sur les principaux réseaux en choisissant bien les termes que vous utilisez.

1/3 des TPE mettent à jour quotidiennement leur présence sur au moins un réseau social. (Fiducial)

Méthodologie et conseils

- Commencez par donner pour recevoir. Vous ne récolterez qu'en semant.
- Même si les attentes ne sont pas les mêmes que pour les marques internationales, on attend de vous sincérité et réactivité.
- Business on Line a été développé en France et à l'étranger uniquement grâce à ces outils (en plus d'une approche réseau « classique »). Lors de la création, aucun budget n'a été investi pour le faire, mais beaucoup de temps y a été consacré. Les résultats ne viennent pas immédiatement, mais contrairement à une communication classique par campagnes, les articles, les photos, les profils restent. Ils sont là et accessibles 24 heures/24 et 365 jours par an.

Avantages

- L'avantage majeur des réseaux sociaux dans une démarche entrepreunariale est leur accessibilité économique, par opposition aux médias classiques. Pas besoin non plus de connaître des journalistes pour y être présent.

Précautions à prendre

- Ne dépendez pas d'une seule plateforme. Sur de nombreux sites, vos profils ne vous appartiennent pas. Un profil ne remplace pas un site Internet.

SUITE OUTIL 30 →

Réseaux sociaux pour TPE/PME

Comment être plus efficace ?

Conseils à une TPE/PME pour mieux utiliser les réseaux sociaux

› **Les réseaux préférés des TPE/PME** sont LinkedIn, Facebook et Google+ (sources : eMarketer et Fiducial). Le blog les attire beaucoup sur le principe mais les contraintes de publication hebdomadaire ou quotidienne restent un obstacle. YouTube est très peu utilisé, mais c'est l'un des réseaux les plus prometteurs puisque plus de 70 % des entrepreneurs ont envie de s'y rendre présents.

› **Si vous dirigez une petite structure,** n'attendez pas de résultat immédiat. Il n'y a aucun effet magique. La démarche est un véritable marathon, mais elle a l'avantage d'être pérenne. Les réseaux sociaux sont essentiellement des vecteurs de notoriété et de trafic sur le site.

› **Ne confondez pas site et profil sur un réseau social.** Votre site vous appartient. Vous maîtrisez les contenus. Sur les réseaux sociaux, vous n'êtes pas chez vous. Si votre profil est fermé ou piraté, si les règles changent, vous risquez d'y perdre beaucoup.

› **Les réseaux sociaux ont 4 apports pour les professionnels :**

- Réduire les distances. Selon Karinthy et Milgram, chaque humain est lié à toute autre personne par une chaîne de 6 relations (théorie des 6 degrés de séparation). Plusieurs études ont montré que sur les réseaux sociaux, cette distance moyenne se situe entre 3 et 4.
- Capitaliser sur la force des liens faibles (les relations de nos relations) pour étendre notre influence. Notre réseau de liens forts n'est pas dans notre métier, ne connaît pas notre secteur. En revanche, nos liens forts ont des contacts à même de nous aider.
- Booster la communication. L'un des principaux apports de ces outils est la viralité. Il suffit d'un clic pour partager des informations à des milliers de personnes.
- Tiers de confiance. Les communautés que nous créons sont autant d'ambassadeurs et de recommandations potentiels.

› **Comment choisir ?** Peu importe l'outil. Partez de ce que vous avez à dire. Définissez vos cibles, regardez où les trouver. Ce sont elles qui décideront des réseaux où vous devrez être présent, pas vous. Ayez une stratégie de contenu : démonstrations, cas clients, livres blancs, articles, vidéos... Misez sur la pertinence et sur la valeur apportée. Définissez quels sont vos critères de mesure pour évaluer la pertinence de vos choix et de vos investissements.

› **Dans votre approche, prenez en compte la géolocalisation.** Les réseaux sociaux personnalisent leurs résultats et l'évolution de leur fonctionnement se fait en faveur des implantations locales. Encouragez vos clients à interagir et à vous recommander. Vous serez plus visible par leur intermédiaire.

› **N'oubliez pas que les réseaux sociaux ne trouveront pas de clients à votre place.** Ils nécessitent du temps et de l'animation (les profils seuls ne suffisent pas). Le retour sur investissement c'est que vous existerez encore dans 5 ans : si vos futurs clients ont pris leurs habitudes sur les réseaux sociaux et que vous n'y êtes pas, votre offre aura du mal à trouver une demande.

> Les réseaux sociaux ne sont qu'un moyen. Ils ne sont en aucun cas une fin en soi. C'était un avantage concurrentiel d'y être, cela devient un handicap de ne pas y être.

CAS Comment profiter des réseaux sociaux dans sa stratégie BtoB lorsque l'on est une PME ?

MEILLEURES PRATIQUES DE PROSPECTION SUR LINKEDIN

Source : LinkedIn

Hervé Gonay, fondateur et CEO, Getplus, *fr.linkedin.com/in/hervegonay*, @Hervegonay

Face aux réseaux sociaux, les dirigeants des PME se posent toujours ces trois questions : 1) qu'est-ce que je risque, sachant que je n'aurai pas le temps de tout contrôler ? 2) qu'est-ce que je peux y gagner, étant donné que les réseaux sociaux semblent plutôt faits pour discuter que pour vendre ? 3) combien ça va me coûter, en ayant à l'esprit que mes ressources sont limitées ? Une seule réponse aux trois questions : les réseaux sociaux sont comme les réseaux d'affaires, mais avec l'avantage du web. Comme dans un réseau d'affaires, faute de pouvoir tout contrôler, il faut parler haut et fort. Comme dans un réseau d'affaires, le but n'est pas de vendre de suite, mais de susciter les opportunités. Comme dans un réseau d'affaires, il faut y passer un peu de temps... Un investissement qui se révélera profitable, à condition de mettre en place une stratégie en trois étapes.

1. Je crée des articles et des vidéos qui apportent de la connaissance sur ma thématique. Je publie ces contenus sur mon blog et je les diffuse sur les médias sociaux adaptés.
2. Je crée un profil personnel et entreprise dans LinkedIn. Je sélectionne mes cibles et je cherche à entrer en contact avec elles en les incitant à découvrir mes contenus.
3. Je relance les cibles les plus chaudes, grâce à une solution de web tracking et de retargeting (telle que Getplus) qui identifie les entreprises visiteuses de mon site et livre la liste des décideurs à relancer en priorité, par téléphone ou email.

Ainsi, grâce aux réseaux sociaux, j'ai le bon contact, au bon moment, avec le bon discours. ■

DOSSIER

4 RH, CARRIÈRES ET RECRUTEMENT

Les réseaux sociaux dans la vie professionnelle ne se limitent pas au marketing et à la communication – afin de prospecter, se faire connaître et développer son chiffre d'affaires. Les ressources humaines, dans leur sens le plus large, sont très influencées par ces nouveaux outils. Ce ne sont pas tant les outils et leur prise en main qui touchent les organisations mais tous les nouveaux usages qui en découlent.

SUPPORTS DE RECRUTEMENT UTILISÉS PAR LES ENTREPRISES

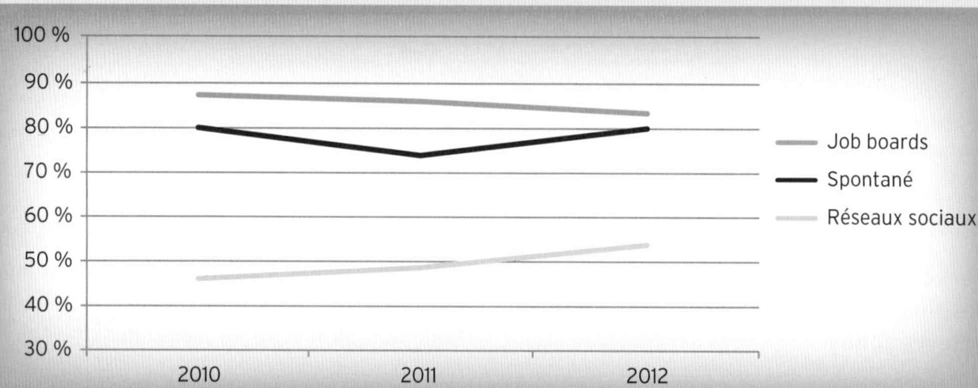

TYPES DE PROFILS RECHERCHÉS SUR LES RÉSEAUX SOCIAUX

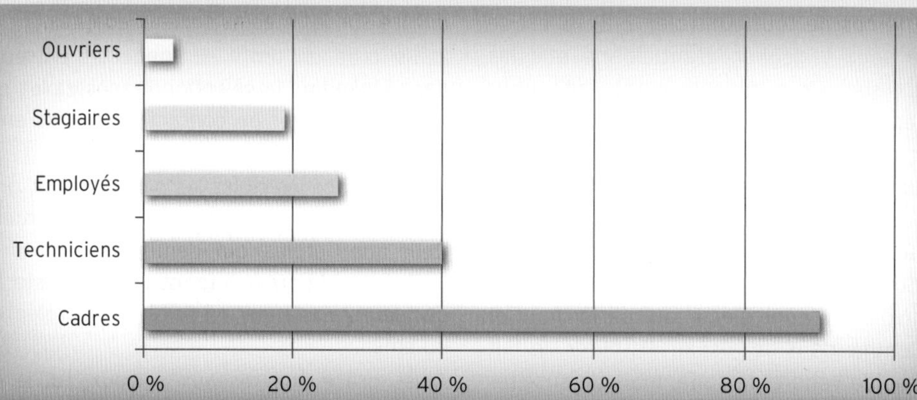

Source : www.regionsjob.com

En interne :

› les collaborateurs et ex-collaborateurs s'y expriment (parfois anonymement) ;

› les plus jeunes, habitués au travail collaboratif, ne font pas nécessairement la part des choses entre ce qui est confidentiel et ne l'est pas et veulent retrouver dans l'entreprise les usages qu'ils ont sur les réseaux sociaux ;

› les collaborateurs ont davantage accès à l'information et cherchent à devenir acteurs de leur développement personnel et professionnel.

On parle de plus en plus de salariés ambassadeurs, c'est-à-dire que les employés sont le premier réseau d'influenceurs sur lequel se reposer. Il y a des risques de crise et de fuite, qu'il faut prévenir : sanctionner ne répare pas. Les réseaux sociaux internes et les chartes de bonne conduite se développent pour répondre à ces nouveaux enjeux.

En externe :

› malgré les tensions économiques, certains profils sont rares. Les entreprises doivent donc travailler leur « marque employeur » et au-delà mettre en place un « marketing RH » voire une *employee value proposition* pour donner envie aux meilleurs profils de la rejoindre. On commence à voir dans les grands groupes des professionnels du marketing intégrer les DRH ;

› le mobile a fait son apparition dans le recrutement ;

› les réseaux sociaux sur lesquels recruter se multiplient.

Les candidats eux aussi sont touchés par ces changements. S'ils veulent être visibles, ils doivent travailler leur e-réputation et mettre en place une démarche de personal branding, voire de professional branding. Même les cadres confirmés et les dirigeants sont concernés. En période de transition, une démarche d'outplacement ne peut se faire sans s'appuyer sur ces nouveaux outils.

Les étudiants sont une nouvelle cible. Des réseaux dédiés leur sont consacrés, mais les réseaux sociaux professionnels commencent aussi à développer des services pour les attirer et les habituer au plus tôt à les utiliser.

Les MOOC sont des cours en ligne massifs, ouverts à tous et gratuits, développés par les plus grandes universités américaines ; ces nouvelles plateformes ont besoin de financement pour produire leurs cours et les diffuser. Les MOOC sont une piste intéressante dans une démarche de marketing RH, surtout dans un contexte international. Les professionnels du recrutement ont longtemps cru (à tort) que ces plateformes étaient des concurrentes. Ce sont au contraire de fantastiques alliés, qui constituent d'une part de gigantesques bases de données de profils et d'autre part des visions à 360° des candidats qu'ils peuvent rencontrer.

LES OUTILS

OUTIL 31

Personal branding et e-réputation

LES 3 PILIERS DU PERSONAL BRANDING (PB)

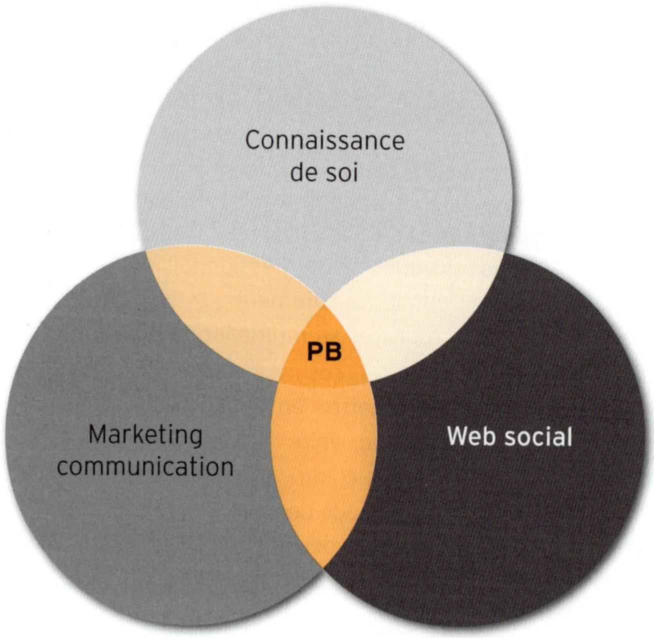

En résumé

L'e-réputation est l'image qu'on se fait d'un individu ou d'une organisation à partir des traces qui le ou la concernent sur Internet. Il y a deux composantes : d'une part l'identité, c'est-à-dire l'image qu'on va bâtir, les compétences mises en avant, les points de différenciation; d'autre part, la réputation, qui est ce qu'on dit de nous. Il faut la surveiller et éviter que d'autres ne la salissent. Deux risques existent : que votre identité virtuelle ne soit pas représentative ou que votre réputation soit négative. En être conscient est essentiel car les emplois sont pourvus par networking et la prospection téléphonique fonctionne de moins en moins.

Insight

E-reputation is the image we have of an individual or an organization from his traces on the Internet. There are two components. On the one hand, identity (the image you build, your highlighted skills, what differentiates you). It must be monitored to ensure that others don't damage it. On the other hand, reputation is what people say about you. There are two risks, that it doesn't match you or that it is negative. This is an essential approach because jobs are filled through networking and cold calling does not work anymore.

Pourquoi l'utiliser ?

Objectif

Sont concernés tous ceux qui veulent affirmer leur particularité dans leurs vies professionnelle et personnelle. Il ne s'agit pas d'être célèbre, mais de travailler sa réputation pour obtenir des recommandations, vecteurs de business ou utiles pour sa carrière. C'est aussi se rendre plus visible et faire en sorte que ceux qui ne vous connaissent pas puissent vous trouver en recherchant vos expertises.

Au-delà du personal branding, on parle de plus en plus de professional branding, c'est-à-dire s'assurer que l'information qui nous concerne soit visible et pertinente par rapport à notre carrière et à notre prochaine étape professionnelle.

Contexte

« Votre marque n'est plus ce que vous en dites mais ce que Google en dit. » (Chris Anderson, *Wired*) ; vous êtes ce qu'on dit de vous.

Le personal branding, c'est l'art de se différencier et de promouvoir sa singularité en utilisant tous les outils de communication pour projeter un message et une image cohérents afin d'atteindre un objectif. C'est vivre et se promouvoir comme une marque, en se démarquant et en faisant la différence.

Le personal branding est un mix de connaissance de soi, de web social et de marketing-communication.

La visibilité professionnelle issue de ces démarches est liée à l'expertise et non au nom. Être visible ne signifie pas que quand quelqu'un cherche votre nom, il vous trouve. Cela signifie que quand quelqu'un cherche votre expertise, il vous trouve vous et non quelqu'un d'autre.

Comment l'utiliser ?

Étapes

› La réputation ne se maîtrise pas, elle se gère. Il ne s'agit pas d'inventer un personnage mais de renforcer et de communiquer ce qui nous rend unique. C'est une démarche en trois étapes : définir ce qui nous rend unique, l'exprimer avec un *pitch* et des outils et enfin le faire vivre à travers le réseau.

› Pensez à votre identité : vous, vos traces et celles des autres. Pensez à votre image : votre nom, votre activité, votre entreprise. Pensez à votre réputation, c'est-à-dire à la représentation de votre notoriété.

1/3 des professionnels du recrutement a éliminé au moins un candidat pour avoir découvert des informations négatives à son sujet.

Méthodologie et conseils

Évitez le cybersquatt, c'est-à-dire un homonyme, un concurrent ou une personne mal intentionnée, qui réserve un nom de domaine à votre nom (le vôtre ou celui de votre marque). Même si vous ne l'utilisez pas activement ou si vous ne souhaitez pas être présent sur les principaux réseaux, bloquer ces URL permet d'éviter que d'autres ne le fassent pour vous.

Avantages

- Si vous travaillez votre identité avec votre personal branding et votre e-réputation, vous occuperez plus facilement les premiers résultats des pages des moteurs de recherche et les éventuels liens négatifs auront plus de mal à émerger.

Précautions à prendre

- Sur Internet, rien ne s'efface et tout peut ressortir un jour…
- La réputation est volatile et impossible à contrôler.

SUITE OUTIL 31 →

Personal branding et e-réputation

Comment être plus efficace ?

Soigner sa e-réputation et son personal branding

Jean[1] est diplômé X-Mines et droit. Il est passé par différents ministères et le Conseil d'État. Il est avocat et a été conseiller et directeur de cabinet de ministre. Quand il était secrétaire général d'un grand groupe, un article lui a été consacré sur un blog satirique. Ce n'était pas une personnalité publique et rien ne l'y prédisposait.

Louis[2] est diplômé de Sciences Po Paris et y intervient en tant que professeur. C'est un haut fonctionnaire de la fonction publique territoriale. Il a été dirigeant d'une institution publique et d'un grand groupe. C'est un expert reconnu de son domaine. Quand on le recherche sur Internet, on retrouve dans les premiers résultats des articles de la presse régionale pour une affaire vieille de près de 10 ans.

Ces deux cas sont très proches. Ils montrent que quel que soit le parcours professionnel, qu'on soit une personnalité publique, ou non, notre réputation peut être attaquée, sans qu'on l'ait cherché, y compris pour des affaires anciennes. Ces deux dirigeants ont eu le même réflexe. Quand les articles négatifs les concernant sont apparus, mais assez loin de la première page de résultats des moteurs de recherche, ils ne se sont pas inquiétés. Au fil du temps, ces articles étant publiés sur des types de sites que les moteurs de recherche apprécient particulièrement (blogs et actualités), ces résultats sont remontés en seconde puis en première page, puis dans les trois premiers résultats les concernant. C'est à ce moment-là qu'ils s'en sont préoccupés. Les spécialistes ont pu les aider à faire redescendre ces résultats, mais l'opération a été plus longue et plus onéreuse que s'ils s'en étaient préoccupés plus tôt.

Quelles sont les 10 actions prioritaires ?

- Achetez votre nom de domaine : www.votre-nom.com et www.votre-nom.fr. Quelques euros par an suffisent.
- Créez votre profil sur tous les principaux réseaux : Facebook, Google+, LinkedIn, Viadeo, Xing, Pinterest, Twitter et éventuellement sur Vine, Instagram et Tumblr. Positif ou négatif, on ne sait d'où le contenu ou la demande peut venir.
- Séparez le public et le privé et faites attention aux homonymes.
- Soignez votre présentation : baseline, photo, compétences, coordonnées, groupes. Faites attention aux sigles.
- Soyez proactifs. Si vous voulez vous rendre visible, un profil inactif est insuffisant.
- Assumez. Ayez des valeurs et des convictions. Le personal branding, ce n'est pas être inodore, incolore et sans saveur.
- Soyez en veille : vous, votre métier, votre secteur, votre employeur.
- Protégez-vous du piratage et soignez vos mots de passe. Un mot de passe d'au moins 8 caractères qui mélange chiffres, lettres, majuscules et minuscules est la meilleure protection.
- Internet va très vite, ne confondez pas vitesse et précipitation.
- Restez calme, organisez-vous, ne vous laissez pas déborder. Mettez des alertes et n'oubliez pas de sortir et les événements IRL (*in real life*).

---

1 Les prénoms ont été changés.
2 Les prénoms ont été changés.

EXEMPLE Le personal branding vu par Alizée English, @dettacheedepresse

SITE DETTACHEEDEPRESSE

Né véritablement avec le web et les réseaux, le Personal Branding prend de plus en plus d'importance dans l'environnement numérique. Concrètement, c'est l'art de créer, maintenir et améliorer sa réputation, grâce à son style, ses communications et ses actions. Le Personal Branding permet de mieux se faire connaître. Cela permet, autour de votre propre personne, de votre histoire, de vos réalisations de faire émerger votre personnalité. À partir de cette « marque personnelle » que vous possédez, vous pourrez légitimer votre expertise autour d'un ensemble de prestations totalement uniques car réalisées par vous.

À l'heure du tout digital, quelques réseaux participent à vous rendre plus légitime sur la toile. LinkedIn constitue le meilleur exemple de l'effet levier du web 2.0 sur la gestion de son identité professionnelle. La photo que vous allez utiliser sur vos réseaux, le titre et le résumé que vous allez proposer relèvent d'une grande importance. Notez, que vos propos peuvent être légitimés par des recommandations tierces qui appuieront votre réputation.

Sur vos réseaux, bannissez les détails pittoresques de votre quotidien, les photos de vacances sur les réseaux professionnels ou vos anecdotes de soirées. Privilégiez les événements qui auront occasionné en vous un changement « substantiel », c'est-à-dire, qui vous auront fait évoluer, ou des articles de fond que vous jugez pertinent. N'ayez pas peur de citer vos échecs s'ils font sens dans votre parcours. Ils font partie intégrante de votre success story car vous avez appris d'eux.

Votre marque personnelle tend donc à évoluer à la même vitesse que vous. Vos valeurs évoluent avec le temps tout comme vos besoins, vos motivations. Il sera donc nécessaire de faire des ajustements sur les composantes de votre marque. ■

OUTIL 32

Marque employeur et marketing RH

QUELS BÉNÉFICES POUR L'ENTREPRISE ?

En résumé

Travailler sa marque employeur est essentiel aujourd'hui pour attirer les meilleurs talents. Selon une étude de LinkedIn, c'est une priorité majeure pour plus de 7 entreprises sur 10 en France, quelle que soit leur taille.

Les réseaux sociaux jouent un rôle clé dans la promotion de la marque employeur. C'est d'autant plus important que les salariés parlent de leur entreprise sur les réseaux sociaux. Il faut donc à la fois la suivre et l'encadrer mais aussi s'appuyer dessus pour faire des salariés des ambassadeurs. Les salariés ignorent la législation et les éventuels risques. Plus ils sont formés, moins ils sont enclins à critiquer leur employeur.

Insight

Working on its employer brand is essential today to attract the best talents. According to a LinkedIn's study, it is a top priority for more than 7 out of 10 companies in France, whatever their size.

Social networks play a key role in promoting the employer brand. It is particularly important that employees talk about their business on social networks. It is therefore necessary to monitor it, follow it and to rely on it to get employees to become ambassadors. Employees do not know the legislation and the potential risks. The more they are trained, the less likely they are to criticize their employer.

Pourquoi l'utiliser ?

Objectifs

› Se positionner comme employeur de choix.

› Attirer les meilleurs candidats.

› Trouver des candidats passifs (candidats qui ne sont pas ouvertement en recherche d'un nouveau poste).

Contexte

Le marché du recrutement se déplace de plus en plus vers les réseaux sociaux. En France, plus de 50 % des entreprises les utilisent dans leur recrutement. Selon une étude de LinkedIn, travailler sur sa marque employeur n'est pas qu'une question d'image, il y a aussi des répercussions financières : baisse des coûts de recrutement de 50 % et du turn-over de 28 %.

La définition et la promotion de la marque employeur sur les réseaux sociaux sont un nouvel enjeu pour les DRH. Selon une étude Viadeo en France, le principal challenge lié au recrutement est la difficulté de trouver les compétences requises. D'où la nécessité de développer sa marque employeur pour les attirer. C'est devenu un tel enjeu, que des compétences marketing sont de plus en plus attendues des responsables RH, d'où la notion de « marketing RH ».

Selon une étude LinkedIn, la concurrence et la rémunération sont les deux obstacles majeurs à l'embauche des meilleurs.

Comment l'utiliser ?

Étapes

› Regardez ce qu'on trouve en cherchant le nom de votre entreprise sur Google. Que disent les salariés ou ex-salariés qui en parlent sur les forums ? Écoutez vos collaborateurs.

› Demandez-vous comment vous voulez que votre organisation soit perçue. Définissez votre « offre employeur » : valeur(s), éléments de différenciation (par rapport aux concurrents), salaires, formations internes, projets, mobilité, responsabilités, ambiance, services... LinkedIn propose des solutions payantes pour mesurer son attractivité par rapport à ses concurrents.

› Segmentez : ciblez les profils là où ils sont.

› Vérifiez si les messages véhiculés par des tiers sur Internet sont les bons.

› Fixez vos objectifs, par zones et selon les postes à pourvoir.

› Diffusez les bons messages sur les bons supports, selon la cible.

30 % des entreprises mesurent leur marque employeur. 13 % utilisent les données, pour les autres, c'est de l'image.

Méthodologie et conseils

Les salariés sont les premiers ambassadeurs de la marque employeur. Cela permet de capitaliser sur les réseaux individuels de tous les employés sur les réseaux sociaux.

Pour initier cette démarche et que ce soit un succès, la direction doit l'appuyer. Des données précises (internes et publiques) doivent renforcer les arguments et il doit y avoir une forte collaboration interne (RH, marketing, communication, SI).

Dans vos messages, ne vous limitez pas à l'emploi. Parlez de votre culture, utilisez les témoignages. Soyez viral, basez-vous sur des images. ■

Avantages

- On ne peut pas jouer que sur le niveau de rémunération. Dans un même secteur, toutes les entreprises n'ont pas les mêmes moyens et de nombreux candidats ne sont pas intéressés par le seul niveau de leur rémunération. Les responsabilités, les projets, la culture d'entreprise, l'accompagnement sont autant d'éléments pour faire la différence.

Précautions à prendre

- Responsabilisez vos collaborateurs avec des objectifs et des moyens clairs. Ciblez le plus possible vos messages.

OUTIL 33

Viadeo pour les recruteurs

LES SOLUTIONS RECRUTEMENT DE VIADEO

En résumé

Viadeo est un réseau social professionnel d'origine française présent à l'international. Viadeo se définit comme un réseau multi-local. La caractéristique principale de Viadeo est que près de la moitié de ses membres est présente dans des entreprises de moins de 10 personnes. Viadeo est utilisé en France par un peu plus de la moitié des cabinets de chasse de tête. Depuis juillet 2012, Viadeo propose des pages entreprises avec un onglet « Carrières et Jobs », payant, pour développer son image employeur permettant de publier photos, vidéos et podcasts.

Insight

Viadeo is a professional social network of French origin but it is now present on all continents. Viadeo is defined as a multi-local network. The main characteristic of Viadeo is that nearly half of its members are present in firms with fewer than 10 people. Viadeo is used in France by a little more than half of head hunting firms. Since July 2012, Viadeo offers business pages with a paying « Careers and Jobs » tab, for developing its employer brand, publish photos, videos and podcasts.

Pourquoi l'utiliser ?

Objectifs

› Être présent là où sont ses cibles : 40 millions de personnes dans le monde.

› Toucher des candidats passifs.

› Toucher des candidats qui ne sont pas sur le site RH de l'entreprise.

› Travailler sa communication RH et sa marque employeur.

› Être en prise directe avec les candidats en amont du processus de recrutement.

› Faire connaître ses métiers.

Contexte

Viadeo est l'un des deux principaux réseaux sociaux professionnels en France (10 millions de membres). Le service apporté est plus pertinent pour les TPE, PME. Les 25-44 ans représentent 75 % des membres. Les étudiants ne représentent que 4 % des profils. Viadeo est surtout masculin : 59 % d'hommes et 41 % de femmes.

Les fonctions direction, IT-Internet, ventes, production - technologie - ingénierie, audit et conseil sont les plus représentées. En termes de secteur d'activité, on retrouve essentiellement des professionnels du conseil et des services, de l'industrie et du high-tech.

En 2012, LinkedIn a dépassé Viadeo en France en termes de visiteurs uniques quotidiens et mensuels. Environ un membre de Viadeo sur deux s'y rend au moins une fois par mois.

Comment l'utiliser ?

Étapes

› À partir d'un profil professionnel dont vous maîtrisez l'accès, créez une page entreprise. Présentez votre entreprise, vos parcours, vos métiers et mettez des liens vers vos pages liées au recrutement.

› Créez un hub, lieu d'échanges et de discussion avec vos communautés de candidats ou candidats potentiels. Diffusez vos annonces grâce aux options de ciblage. Renforcez votre visibilité *via* vos implantations locales et une sémantique adaptée dans vos profils.

Méthodologie et conseils

Reposez-vous sur vos collaborateurs pour relayer vos messages.

Utilisez le moteur de recherche avancé.

Enregistrez et annotez les profils de candidats potentiels.

Les solutions payantes « Viadeo Recruiter » vous donnent la possibilité soit de publier des offres (fonctionnement par projet), soit de rechercher des talents.

Utilisez les événements pour annoncer vos forums, salons, portes ouvertes... ■

Viadeo a signé un partenariat avec Orange qui permet aux clients de l'opérateur d'accéder gratuitement pendant deux mois aux services premium.

Avantages

- On peut recruter sur Viadeo avec un simple abonnement, sans avoir recours aux solutions payantes.
- Viadeo dispose d'une application mobile qui permet d'appeler directement ses contacts.
- Viadeo peut être une bonne solution dans une perspective régionale.

Précautions à prendre

- Sur Viadeo, l'abonnement n'est pas obligatoire, mais fortement conseillé, tant les fonctionnalités sont limitées sans abonnement. L'abonnement payant est lié au profil personnel et n'intègre pas les fonctionnalités de recrutement.
- L'emploi n'est pas la priorité principale des membres de Viadeo.

OUTIL 34

Viadeo pour sa carrière

PRÉCISEZ CE QUE VOUS RECHERCHEZ SUR VIADEO

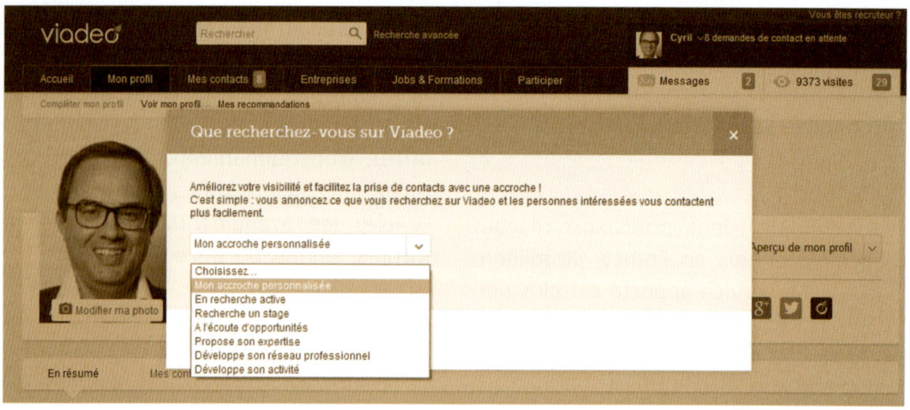

En résumé

Historiquement, Viadeo est une plateforme au service du développement du réseau professionnel, donc plutôt orientée business. Les profils étant bien renseignés, mis à jour et accessibles gratuitement contrairement aux *job boards*, ce sont les recruteurs, et notamment les cabinets de recrutement qui ont fait évoluer les usages.

Aujourd'hui, 57 % des cabinets et 85 % des entreprises reconnaissent l'utiliser dans leurs procédures de recrutement.

Les fonctionnalités gratuites de Viadeo ne donnent qu'un accès très limité au service. Dans une optique de changement d'emploi ou d'évolution de carrière, il vaut mieux opter pour un abonnement payant, ne serait-ce que le temps d'atteindre son objectif.

Insight

Historically, Viadeo is a platform for the development of professional network, so it is rather oriented business. The profiles are well-informed, updated and freely available unlike job boards. Recruiters, including recruiting firms have changed uses.

Today, 57 % of recruiting firms and 85 % of companies recognize its use in their recruitment procedures.

The free Viadeo features provide only limited access to the service. If you intend to change jobs or are planning a career change, it is better to opt for a paid subscription.

Pourquoi l'utiliser ?

Objectif

Dans un article des *Échos* (19/11/2012), on peut lire les déclarations suivantes de responsables RH :

› L'Oréal : « Ne pas être présent sur Viadeo ou LinkedIn vous place hors-jeu » ;

› Société Générale : « Ne pas y être, c'est attaquer sa valeur professionnelle » ;

› Deloitte : « Un profil non mis à jour est rédhibitoire ».

Viadeo est utile pour se rendre visible d'une entreprise qu'on veut rejoindre mais aussi pour sa visibilité au sein d'une organisation.

Viadeo est un réseau multilocal. Le recrutement est au centre de la stratégie de développement de Viadeo.

Contexte

Viadeo réalise 95 % de son chiffre d'affaires en France. Viadeo est le second réseau social professionnel en nombre d'inscrits en France et en termes de trafic (Comscore, Médiamétrie). Viadeo est une plateforme payante, dans la mesure où l'utilisateur qui ne paie pas est rapidement bloqué dans ses actions. D'ailleurs les abonnements représentent plus de 50 % du chiffre d'affaires de Viadeo. Le mobile représente 40 % du trafic connecté et ¼ des candidatures.

Comment l'utiliser ?

Étapes

› Créer un profil personnel reste gratuit, mais avec des fonctionnalités très limitées. Vous ne savez pas qui est venu visiter votre profil et les possibilités de prises de contact sont assez restreintes.

› Mettez une photo, c'est important. Choisissez-en une professionnelle. Ne prenez pas « la moins mauvaise », pensez à l'image qu'elle renvoie et au message que vous faites passer.

› Renseignez bien votre profil. Répétez les mots-clés principaux et travaillez la diversité sémantique.

› Développez votre réseau et connectez le carnet d'adresses de votre boîte mail.

42 % des contacts initiés par des RH sur Viadeo mènent à une embauche.

Méthodologie et conseils

Anticipez. Créer un profil optimisé et développer son réseau demande du temps. Ce n'est pas quand vous décidez de vous mettre à l'écoute du marché ou quand vous apprenez une restructuration qu'il faut vous occuper de votre profil et de votre réseau professionnel.

Aujourd'hui, compte tenu du nombre de profils existants, il est admis qu'un cadre ait un profil et un réseau. C'est même souvent bien vu, car un employeur peut espérer bénéficier du réseau de chacun.

De plus, sans anticiper le développement de votre présence, si un jour un collaborateur, un manager ou un collègue s'aperçoit que soudainement vous vous activez, personne n'aura de doute sur l'objet de votre démarche. ■

Avantages

- Viadeo est simple, économique, accessible et efficace dans un univers francophone.
- Son utilisation est à la portée de tous, à condition de prendre le temps de créer un profil complet.

Précautions à prendre

- Attention à vos mises en relation au sein de l'entreprise : vos contacts sont informés de votre activité et sont indirectement en lien avec votre réseau.
- Prenez le temps de régler vos paramètres de confidentialité (menu « Préférences ») et de définir parmi vos contacts qui sont ceux qui auront accès à la liste de vos contacts directs.

OUTIL 35

LinkedIn pour les recruteurs

LINKEDIN TALENT SOLUTIONS

En résumé

D'origine américaine, LinkedIn s'est développé hors de ses frontières et les Nord-Américains représentent moins de la moitié des profils. En dehors des profils personnels et des pages pour entreprises qui sont gratuits, LinkedIn propose plusieurs services payants pour recruteurs, que ce soit des entreprises ou des professionnels du recrutement. Ces solutions représentent plus de la moitié de son chiffre d'affaires. LinkedIn est désormais une alternative sérieuse aux *job boards*. Selon Oasys, LinkedIn est le réseau social préféré des chasseurs de tête en France.

Au-delà du parcours, LinkedIn permet aux recruteurs d'avoir accès aux compétences, langues parlées, certifications...

Insight

Of American origin, LinkedIn has grown beyond its borders and the North American account for less than half of the profiles. Apart from personal profiles and pages for businesses that are free, LinkedIn offers several paid services for recruiters, whether companies or recruitment professionals. These solutions represent more than half of its sales. LinkedIn has become a serious alternative to job boards. According to Oasys, LinkedIn is the preferred social network for head hunters in France.

Beyond the carrier, LinkedIn allows rectuiters to acess to skills, spoken languages, certifications...

Pourquoi l'utiliser ?

Objectif

› L'un des principaux avantages de LinkedIn est de pouvoir toucher des candidats passifs, c'est-à-dire qui ne sont pas ouvertement « sur le marché ».

› Développer sa marque employeur.

› Capitaliser sur les réseaux de ses collaborateurs.

› Échanger avec des candidats.

› Se constituer un réseau de profils.

› Rechercher et trouver des profils en fonction de leurs compétences.

Contexte

40 % des profils sont dans des entreprises de plus de 10 000 salariés et 70 % dans des entreprises de plus de 1 000 salariés. Le revenu annuel moyen est supérieur à 100 000 dollars. Les profils sont fiables. Les recommandations sont des gages de fiabilité. Les profils sont plus riches que les CV et les fonctionnalités multimédias permettent d'en savoir plus. Même sans prendre une solution payante pour le recrutement, le moteur de recherche avancé est puissant et efficace.

Les profils ne sont pas anonymes.

LinkedIn n'est pas qu'un outil de recrutement, mais aussi une plateforme au service du marketing RH.

Comment l'utiliser ?

Étapes

› Listez les sociétés où trouver des profils. Regardez dans votre réseau.

› Lancez une recherche par mots-clés autour de l'ancienneté, de l'industrie, du secteur. Utilisez les « profils similaires » (dans la même société ou le même rôle dans une autre).

› Sur les profils regardez l'évolution des responsabilités, regardez la qualité du réseau pour essayer de déterminer la capacité d'influence du candidat.

Méthodologie et conseils

› Ayez un réseau étendu, l'effet volume joue. L'efficacité est un mix de quantité et de qualité. Certains critères de recherche sont accessibles gratuitement : fonction, entreprise, accès à vos relations et à vos groupes, code postal, secteur, formation. D'autres sont payants : niveau d'expérience, nombre d'années d'expérience, appartenance au Fortune 1 000, taille de l'entreprise ou recherche de références.

Une entreprise a plus d'informations sur ses collaborateurs sur LinkedIn qu'en interne (Bruno Mettling, DRH DGA Groupe Orange).

› Passez d'une stratégie passive (profil optimisé, adhésion à des groupes de candidats potentiels, profil d'entreprise) à une stratégie active : publiez des mises à jour, partagez des informations, contribuez dans les groupes, publiez des offres.

› Utilisez la recherche avancée, plus précise que le moteur de recherche basique.

› Demandez-vous comment les profils que vous recherchez pourraient se décrire. Il y a toujours plusieurs manières d'expliquer la même chose.

Avantages

- Selon l'institut Florian Mantione, 75 % des CV seraient trompeurs. Selon une étude de l'université de Cornell, les profils en ligne sont moins mensongers que les CV.
- Les associations d'anciens élèves valident les diplômes, les logos apparaissent sur les profils, validant ainsi les formations.
- Vous pouvez personnaliser les informations de votre page entreprise en fonction des profils qui y viennent : un commercial et un ingénieur n'auront pas la même vision.

Précautions à prendre

- N'oubliez pas que LinkedIn est un espace public. Tout le monde a accès aux informations. Ce que vous mettez dans un groupe fermé, peut être partagé à l'extérieur par ses membres.

SUITE OUTIL 35 →

LinkedIn pour les recruteurs

Comment être plus efficace ?

Trouver les bons profils et gérer sa marque employeur

Selon une étude menée par LinkedIn auprès de professionnels français du recrutement ayant un profil, les tendances du recrutement en France sont les suivantes :

- l'environnement concurrentiel est un frein au recrutement des meilleurs. Les réseaux sociaux deviennent un enjeu stratégique notamment pour la gestion de viviers de talents ;
- la gestion du *pipeline* (alimentation d'un vivier de candidats) est une priorité pour 90 % de ces recruteurs ;
- l'accent est de plus en plus mis sur la qualité des embauches.

La gestion et la promotion de la marque employeur ont des impacts significatifs sur la capacité à recruter les meilleurs.

Les chiffres sont peu utilisés (c'est pourtant un facteur clé de succès). 1/3 seulement des professionnels interrogés mesurent leur marque employeur. 13 % utilisent ces données pour décider.

Si vous n'avez pas d'abonnement payant, vos recherches sont limitées à 100 résultats. En payant, vous pouvez en obtenir jusqu'à 700. Pour entrer en relation, la demande hors abonnement est limitée à 300 caractères. Les inMails, payants, n'ont pas cette limite. Votre efficacité sur LinkedIn dépend de votre capacité à bien utiliser les mots-clés lors de vos recherches et à bien comprendre le fonctionnement des membres. Par exemple, un contrôleur de gestion dans l'automobile considérera être dans le secteur industriel, tandis qu'un autre indiquera être dans le secteur financier. Pensez aussi que les profils peuvent utiliser différents termes pour le même type de poste : DAF, directeur financier, directeur administratif et financier. Pour les réseaux sociaux, ce sont trois intitulés différents.

Certains profils très sollicités ne répondent pas aux offres qu'ils reçoivent. Si le message envoyé reste sans retour, envoyez un mail ou téléphonez. De plus, même si de plus en plus de profils se connectent tous les mois, voire tous les jours, tous n'ont pas encore ce réflexe. Vos messages peuvent rester sans réponse parce qu'ils n'ont pas été lus. LinkedIn est plus un outil de sourcing qu'un outil de prise de contact.

Sur LinkedIn, comme sur Google, vous pouvez utiliser la recherche booléenne (à partir de variables) : AND, OR, NOT, « » pour des termes exacts.

Les solutions payantes sont regroupées dans trois catégories : LinkedIn Recruiter (trouver le candidat idéal), Jobs Network (cibler les bonnes personnes) et pages carrières (marque employeur). LinkedIn permet d'étendre ses recherches au-delà de son réseau, de contacter les candidats par inMail et de créer des dossiers de profils. Avec Jobs Network, vous affichez des annonces personnalisées auprès des profils que vous ciblez. Les pages carrières sont l'interface marque employeur de votre page entreprise. Le Talent Brand Index mesure votre attractivité par rapport à d'autres employeurs. Avec Work with us, vous pouvez utiliser les espaces publicitaires des profils de vos collaborateurs. LinkedIn vous propose également de savoir d'où viennent vos employés et où ils vont après être partis. Vous disposez ainsi d'un état des lieux précis en sachant si votre balance est positive ou négative avec vos concurrents.

CAS Ce qu'un chasseur regarde sur votre profil (en 5 secondes)

CE QU'UN CHASSEUR DE TÊTE REGARDE EN PRIORITÉ

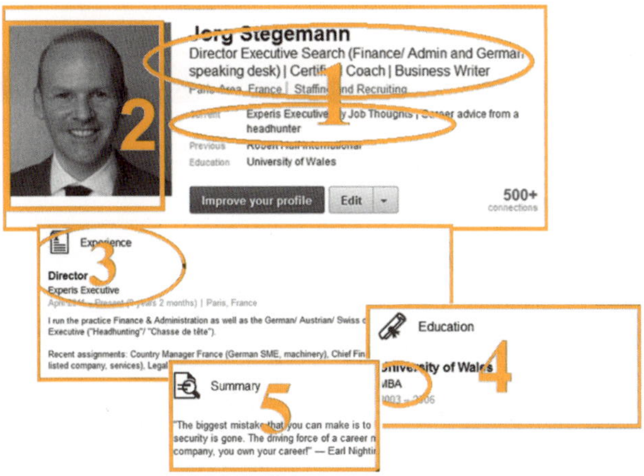

Jorg Stegemann, *DG Kennedy Executive Search & Consulting*, fr.linkedin.com/in/jorgstegemann/fr, @JorgStegemann

Ayant travaillé dans des cabinets de recrutement depuis 2001, j'ai appris ce métier sans les réseaux sociaux. LinkedIn, Viadeo et Facebook n'existaient pas. Aujourd'hui, mon secteur change radicalement comme beaucoup d'autres et LinkedIn en est une des raisons.

LinkedIn est aujourd'hui ce qui était la base de données internes hier et le « petit carnet noir » avant-hier.

Qu'est-ce que nous regardons en 5 secondes, avant de décider si votre profil nous intéresse ou pas ?

› **Titre (sous votre nom) :** le cœur de votre profil. Ne répétez pas votre titre (« CEO chez ABC »), utilisez les mots clés qui vous définissent (« CEO, trilingue, IT »), le slogan du produit « vous ». Si vous avez capté notre attention ici, nous serons curieux d'en savoir plus et vous avez réduit le « bounce rate » de manière significative.

› **Résumé :** c'est la place pour votre « elevator pitch », sans trop de détails et avec vos compétences clés (exemple : « durant les 20 ans de ma carrière, j'ai évolué de contrôleur de gestion à directeur financier dans différentes SSII internationales »).

› **Dernier poste :** parlez ici de votre fonction plus en détail. Ne confondez pas en revanche le profil LinkedIn et votre CV : il s'agit de votre plaquette commerciale qui a comme but de donner envie d'en savoir plus - pour vous contacter.

› **Formation :** une formation solide est et restera la meilleure assurance chômage. Si la vôtre n'est pas à la hauteur, mettez vos compétences à jour.

› **Updates :** votre profil est « le corps », les updates « le sang » qui le fait bouger. Les updates sont une fonction astucieuse de rappeler votre existence à votre réseau et de vous positionner en tant que quelqu'un qui a quelque chose à dire. La conclusion de la personne en face doit être « Update de Marie. Elle est maline, elle pourrait être la bonne candidate pour ce poste ». ■

OUTIL 36

LinkedIn pour sa carrière

PARTIE HAUTE DU PROFIL LINKEDIN

En résumé

Le profil **LinkedIn** est aujourd'hui la base de l'identité en ligne. C'est bien plus qu'un CV. Contrairement à ce que recommandent ceux qui ne connaissent pas réellement l'outil, le profil « teasing » (on en met le moins possible pour garder des choses à dire à l'entretien) ne fonctionne pas et n'a aucune chance de donner des résultats sur LinkedIn. Les recommandations de LinkedIn sont claires : plus un profil a de contenu, plus il a de chances d'être visible. Travailler la sémantique : synonymes, orthographes, masculin/féminin, singulier/pluriel, français/anglais est essentiel. Si un profil n'est pas vu, il ne sert à rien.

Insight

*À **LinkedIn** profile is now the basis of online identity. This is more than a CV. Contrray to what recommend those who do not really know the tool, the "teasing" profile (to put as little as possible to keep things to be said in the interview) does not work and has no chance of giving any results on LinkedIn. LinkedIn's recommendations are clear: more content means more likely to be visible. Work on semantics: synonyms, spellings, masculine/feminine, singular/plural, French/English is essential. If a profile is not seen, it is useless.*

Pourquoi l'utiliser ?

Objectif

LinkedIn est devenu un outil incontournable pour les départements des ressources humaines et pour les professionnels du recrutement. D'ailleurs, ce sont les solutions liées au recrutement qui contribuent le plus au chiffre d'affaires de l'entreprise (+ de 50 %).

Contexte

Contrairement à d'autres réseaux dont le business model repose en partie sur l'abonnement payant de ses membres, celui de LinkedIn est essentiellement basé sur les solutions pour entreprises.

Les étudiants, y compris les lycéens, peuvent également utiliser LinkedIn. Les pages Universités lancées en 2013 pourront les aider à choisir leurs études.

Comment l'utiliser ?

Étapes

› Le contenu de votre profil est important. Vous devez choisir les termes que vous utilisez et répéter les principaux. Présentez-vous en vous demandant comment ceux qui cherchent vos compétences vont vous rechercher.

› Décrivez vos postes successifs en adoptant toujours la même structure pour faciliter la lecture : champ d'action, taille des équipes, responsabilités/missions et résultats. Vous pouvez parler de vos résultats sans mettre de chiffre.

› Plus de contenu aura plus de chance de vous rendre visible mais ne diminuera pas la probabilité d'avoir un entretien. Au-delà des résultats, ce qui intéresse un recruteur ce sont les moyens utilisés, le style de management...

› Personnalisez l'URL de votre profil (sous votre photo). Choisissez une URL qui ne contienne que vos nom et prénom (sans accent). C'est plus professionnel et peut contribuer à améliorer l'indexation de votre profil par Google.

Méthodologie et conseils

L'approche d'un recruteur sur LinkedIn n'est pas la même que pour trier des CV. Un tri de CV se fait « en entonnoir » pour sélectionner les quelques CV les plus pertinents. Sur LinkedIn, un recruteur utilise 7 à 10 mots-clés pour trouver les 2 ou 3 profils les plus pertinents puis il élimine des critères pour élargir.

Relancez les chasseurs venus sur votre profil, sans être trop direct.

Allégez le contenu des expériences anciennes qui ne correspondent plus à votre projet professionnel.

Le principal intérêt de prendre un abonnement payant est d'avoir plus d'informations sur ceux qui ont consulté votre profil et plus de statistiques, et de pouvoir utiliser le moteur de recherche sans limites. Vous avez accès à la liste des 90 derniers jours au lieu des 5 derniers profils. Mettez des images, des présentations, des vidéos sur votre profil.

Connectez-vous aux « super-connecteurs » de votre secteur. Faites une recherche et classez les résultats par relations. Les profils ayant le plus de contacts seront en haut de la liste.

LinkedIn a permis à 42 % de ses membres de découvrir de nouvelles opportunités d'emploi.

Avantages

- Un profil donne plus d'informations et est plus personnalisable qu'un CV.
- Les profils sont très bien indexés par Google.

Précautions à prendre

- Ne pas confondre qualité et quantité. Certes le nombre de relations est important, mais votre visibilité est plus liée à la structure de votre réseau qu'à un simple nombre de contacts.

SUITE OUTIL 36 →

Comment être plus efficace ?

La taille de votre réseau

La taille de votre réseau importe, puisque LinkedIn prend en compte la distance entre celui qui fait une recherche et les résultats qui lui sont proposés. Si vous êtes un contact de niveau 3 (contact de contact de contact) d'un autre professionnel, il y a peu de chances qu'il vous trouve à partir d'une recherche basique (2-3 mots-clés). Cela ne signifie pas qu'il faille entrer en relation avec tout le monde, mais il faut une certaine ouverture : c'est un réseau social, pas un carnet d'adresses. 55 % des membres ont plus de 500 contacts directs.

Il est possible de supprimer de ses contacts une relation ayant un comportement inapproprié.

La personnalisation

Les résultats de recherche sont personnalisés. Deux membres qui font la même recherche auront le même nombre de résultats, mais présentés dans un ordre différent. À partir des mêmes critères de recherche, vous pouvez apparaître dans les premiers résultats d'un membre et ne pas être visible d'un autre. Faites en sorte d'être contact de niveau 2 (contact de contact) des recruteurs (et chargés de recherche) qui vous intéressent pour apparaître plus facilement dans leurs pages de résultats s'ils recherchent un profil comme le vôtre.

L'influence

Les recruteurs cherchent de plus en plus à évaluer la capacité d'influence d'un cadre ou d'un dirigeant. Cela va se mesurer au nombre de relations, à la structure du réseau et à l'activité sur le réseau : contributions dans des groupes, partages d'actualités ou d'articles.

Le poste actuel... hors poste

Dans les 6 mois qui suivent votre départ, le poste actuel peut être le dernier poste. Précisez néanmoins rapidement votre situation exacte en cas de contact avec un recruteur.

Au-delà de 6 mois, indiquez le poste que vous recherchez. Expliquez votre projet. Pour valider cette rubrique, il faut un nom d'entreprise. Indiquez par exemple le secteur dans lequel vous recherchez. Cela vous permet d'une part de valider cette zone essentielle. D'autre part, c'est transparent vis-à-vis des recruteurs : un nom de secteur d'activité en nom d'entreprise fait comprendre que vous êtes hors poste. Enfin, cela vous aide à renforcer votre visibilité sur le domaine en question.

Expert absolu

Les profils complets sont en général plus visibles. Pour cela, il vous faut : un secteur, un code postal, un poste actuel avec descriptif, deux postes précédents, une formation, cinq compétences, une photo, cinquante contacts et un résumé.

Les recommandations et *endorsements*

Les recommandations sont écrites par d'autres membres de LinkedIn que vous avez sollicités. Vous décidez de les afficher ou non. Les collectionner ne sert à rien (le record est de plus de 2 900). C'est le signataire qui en fait la valeur. Les *endorsements* sont des clics effectués par vos contacts directs sur vos compétences.

Vers la fin du CV

Je fais partie depuis longtemps de ceux qui pensent que les réseaux sociaux professionnels (à commencer par LinkedIn) remplaceront progressivement le CV. Jeune diplômé (1993), les lettres de motivation étaient obligatoires et impérativement manuscrites. Puis, il a fallu les faire avec un traitement de texte. Ensuite ce sont devenu des pièces jointes de mail. Aujourd'hui quelques mots d'accompagnement d'un CV envoyé par e-mail suffisent. De plus en plus de recruteurs acceptent l'envoi de profil plutôt que de CV.

CAS LinkedIn, un outil clé de votre carrière

COMBIEN DE PERSONNES ONT CONSULTÉ VOTRE PROFIL AU COURS DES 90 DERNIERS JOURS ?

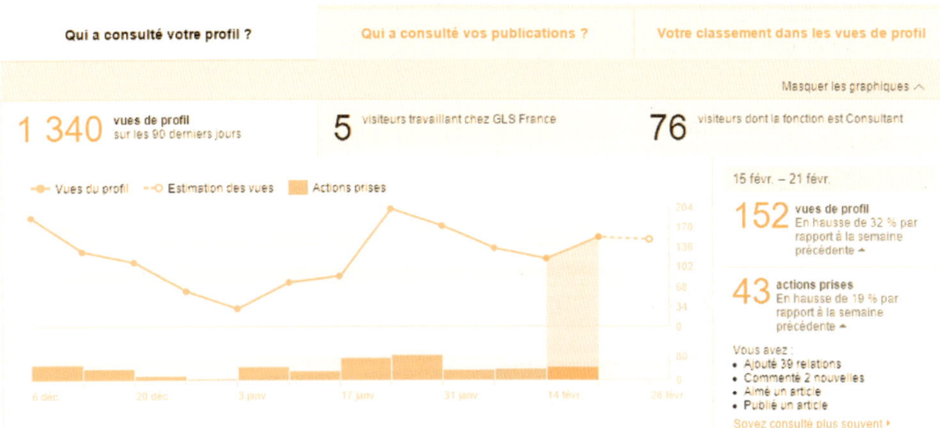

Hervé Bommelaer, consultant en outplacement, Enjeux & Dirigeants, auteur de *Booster sa carrière grâce au réseau*, Eyrolles, 2012 et *Trouver le bon job grâce au réseau*, Eyrolles, 2015

Aujourd'hui, il faut savoir piloter sa carrière car les parcours professionnels balisés « à la papa » ne concernent plus qu'une minorité de mammouths scotchés à de vétustes privilèges.

En d'autres termes, nous sommes tous des candidats à vie. Et dans cette lutte permanente pour obtenir et garder le bon job, les compétences ne suffisent plus. Il faut être visible et lisible.

En quelques années, LinkedIn a révolutionné le marché de l'emploi des cadres dans la mesure où il permet à chaque individu d'afficher ouvertement ses atouts professionnels auprès des recruteurs potentiels du monde entier.

En ce sens, LinkedIn remet en cause le business model classique du recrutement car les candidats sont maintenant visibles et lisibles par un grand nombre de décideurs et plus seulement par quelques *happy few* détenteurs de précieuses et onéreuses bases de données.

De même, le succès de cette plateforme commande à tout cadre responsable de reprendre enfin le volant de sa carrière plutôt que de le laisser à d'autres (chasseurs de têtes, DRH, patrons hiérarchiques, etc.).

Mais être présent sur LinkedIn n'est pas suffisant. Il faut aussi apprendre à utiliser ce vecteur pour activer le réseau en étant proactif : il ne faut pas seulement s'afficher pour que les recruteurs viennent à soi ; il est urgent d'identifier des contacts pertinents et de les approcher intelligemment pour démultiplier ses chances de réussite.

Conclusion : il est indispensable de se faire former à cet outil par des spécialistes pour en tirer le maximum. Cette plateforme est puissante et la plupart des utilisateurs n'exploitent que 10 % de son potentiel. Raison de plus pour y investir un peu de temps et beaucoup de professionnalisme. ■

Facebook pour les recruteurs

RÉACTION DES RECRUTEURS EN FONCTION DU CONTENU DES PAGES DES CANDIDATS

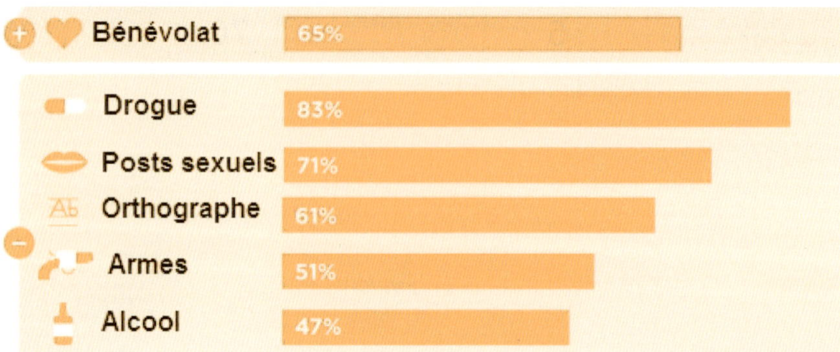

Source : Jobvite

En résumé

Avec plus d'un milliard et demi de comptes dans le monde, Facebook est un incontournable du recrutement. C'est le seul endroit au monde où l'on peut espérer toucher plus de 500 millions d'utilisateurs quotidiens.

Facebook est une plateforme de recrutement, de marque employeur, à la fois pour se rendre visible, mais également pour toucher des profils qui ne seront pas sur des réseaux plus classiques. Plusieurs entreprises ont créé des pages dédiées. Facebook seul n'est pas le plus efficace, il faut idéalement le compléter d'applications dédiées comme par exemple celles de Work4Labs, regionsjobs.com ou Be Known (Monster).

Insight

With over a billion and a half accounts worldwide, Facebook is a key recruiting solution. This is the only place in the world where you can hope to reach more than 500 million daily users.

Facebook is a platform for recruitment, employer branding, to make you visible, but also to touch profiles that will not be on more traditional networks. Several companies have created dedicated pages. Facebook alone is not the most effective, it must ideally be completed with dedicated applications e.g. Work4Labs regionsjobs.com or Be Known (Monster).

Pourquoi l'utiliser ?

Objectif

Sur Facebook, on peut trouver des profils atypiques, qui ne sont pas présents ailleurs ; près de 90 % de la génération Y est sur Facebook.

Facebook propose une segmentation précise permettant de mieux cibler, contrairement à une annonce, beaucoup moins sélective.

Une page Facebook pour le recrutement est aussi un lieu d'échange et de dialogue pour être en prise directe avec les candidats.

Contexte

Si vous avez une marque reconnue, améliorez l'efficacité de votre ciblage. Si ce n'est pas le cas, c'est à vous de créer votre trafic. Les applications tierces sont très accessibles tant techniquement que d'un point de vue économique, permettant aux TPE/PME de les utiliser.

Comment l'utiliser ?

Étapes

- Créez une page entreprise.
- Créez un contenu pour générer des interactions.
- Utilisez des publicités ciblées pour développer votre trafic.
- Misez surtout sur vos collaborateurs, ce sont eux qui doivent incarner vos valeurs. Ils doivent être réactifs et agir dès les premières heures.
- Préparez une banque d'images pour illustrer chaque post et chaque annonce.
- Ne parlez pas que de votre entreprise mais aussi de votre marché et de l'actualité de votre secteur.

Méthodologie et conseils

Petite entreprise, ayez le moins de pages possible. N'ayez qu'une page, et utilisez des applications de recrutement pour éviter de mélanger sur la même page les informations corporate, le service client et l'interface de recrutement.

Grande entreprise, ayez une page dédiée aux RH et au recrutement.

Soyez pratique et pragmatique, loin des grands discours, les candidats potentiels veulent savoir à quoi s'attendre s'ils rejoignaient vos équipes.

Enrichissez l'expérience des membres de Facebook avec des témoignages, des vidéos et autres informations sur votre culture.

Encouragez vos visiteurs à recommander vos contenus (Like) pour gagner en crédibilité.

Adaptez-vous à l'environnement, vous pouvez vous accorder davantage de souplesse.

Humanisez la relation en montrant qui intervient et répond aux candidats. ■

Facebook propose d'ajouter ses compétences professionnelles dans la section « Emploi et Scolarité » des profils.

Avantages

- L'audience est déjà là, inutile d'aller la chercher mais il faut l'attirer.
- Vous pouvez passer d'une communication globale à des échanges individuels via la discussion instantanée.
- La publicité sur Facebook est très ciblée, permettant de toucher des profils très précis.

Précautions à prendre

- Postez la semaine et le week-end. Si vous êtes en week-end, vos candidats potentiels peuvent être en train de vous rechercher.
- N'oubliez pas que personne ne vous attend et que personne ne se soucie de vous.
- Facebook n'est pas un espace de communication unidirectionnel. Y être présent, surtout dans une démarche RH implique ouverture et sincérité. Facebook est un écosystème particulier, ne dupliquez pas votre site corporate. Intégrez que c'est une démarche de long terme.

Facebook pour sa carrière

LAISSEZ-VOUS VOS COLLÈGUES VOIR CE QUE VOS AMIS PEUVENT VOIR SUR FACEBOOK ?

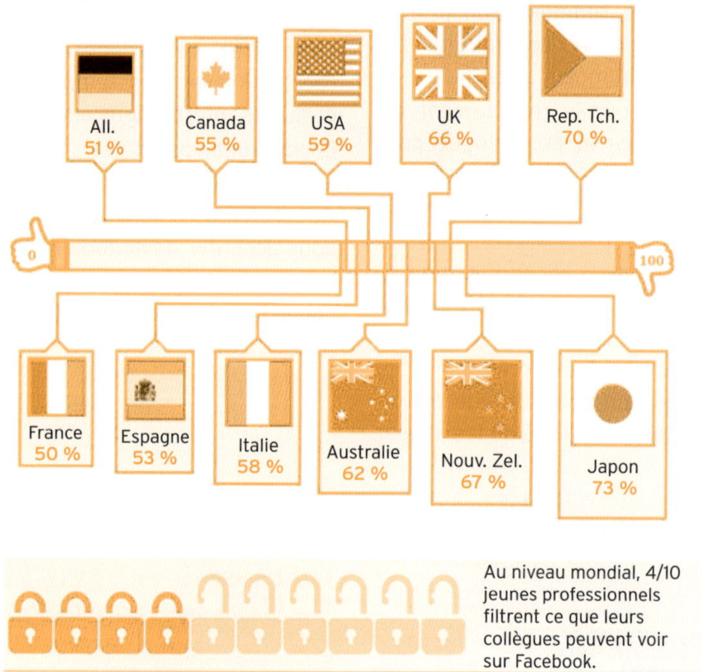

Source : AVG

En résumé

Facebook n'est pas un outil indispensable pour piloter sa carrière ou pour se faire repérer par des recruteurs. En revanche, dans certains métiers ou secteurs où Facebook est important (marketing et communication pour les produits de grande consommation), les recruteurs iront voir si les candidats sont présents sur Facebook. Dans ces cas, ne pas y être peut être un obstacle. Les recruteurs n'iront pas faire du sourcing sur Facebook mais essayer de récolter des informations avant un entretien pour en savoir plus ou après pour confirmer une impression.

On peut rentrer dans Facebook ses informations de parcours professionnel.

Insight

Facebook is not an essential tool for controlling your career or being spotted by recruiters. However, in certain jobs or sectors where Facebook is important (marketing and communications for consumer goods), recruiters go see if candidates are present on Facebook. In these cases, not being there, can be an obstacle. Recruiters do not go sourcing on Facebook but trying to gather information prior to interview to find out more or to confirm after a first impression.

It is possible to enter career informations on a Facebook profile.

Pourquoi l'utiliser ?

Objectifs

› Montrer qu'on est sur Facebook et qu'on sait utiliser la plateforme.

› Interagir sur les pages recrutement des entreprises.

› En savoir plus sur le recruteur s'il a un profil. Arriver en rendez-vous en en sachant plus sur le recruteur est un atout pour entamer la discussion. Environ un quart des chasseurs de tête reconnaît utiliser Facebook dans ses démarches de recrutement.

Contexte

En France, ce sont 30 millions d'utilisateurs actifs dont 18 millions y viennent tous les jours et 17 millions sur mobile. Facebook n'est plus une plateforme pour étudiants. Un quart des membres ont entre 18 et 24 ans et un autre quart entre 25 et 34 ans ; 16 % entre 34 et 44 ans. Les femmes sont proportionnellement plus nombreuses à utiliser Facebook pour rechercher un emploi.

Comment l'utiliser ?

Étapes

› Réglez vos paramètres de confidentialité mais laissez visibles des informations et centres d'intérêts qui renforceront votre image (métier, secteur, écoles, employeurs).

› Si vous voulez être très visible, mettez en place des alertes pour suivre ce qui se dit de vous et pouvoir réagir si besoin.

› Si vous intégrez Facebook dans une démarche de personal branding professionnel, gardez votre profil pour vos amis, votre famille, vos relations sociales et créez-vous une page.

› Renseignez vos compétences professionnelles dans la rubrique « à propos ».

Méthodologie et conseils

Si vous créez votre page, jouez le jeu : marketez votre timeline pour faire votre storytelling. Présentez-vous comme une marque. Expliquez votre parcours et ce que vous recherchez, mais partagez également vos réflexions et les articles, les vidéos, les images qui vous ont marqués. Votre profil n'est pas votre CV, adaptez-vous aux codes de communication de Facebook et illustrez.

Quand vous êtes en poste, utilisez Facebook pour développer votre notoriété et relayer les messages de votre employeur auprès de votre réseau. ■

Plus de 18 millions d'Américains disent devoir leur poste actuel à Facebook.

Avantages

- Montrer ses centres d'intérêts.
- Conforter son image.
- Se renseigner sur un recruteur.
- Interagir avec les professionnels présents sur les pages carrières des entreprises.
- Il peut arriver que certaines annonces pour des profils de postes très particuliers ne soient publiées que sur Facebook.
- Grâce aux applications, vous pouvez facilement faire suivre à votre réseau une offre susceptible d'intéresser vos relations.

Précautions à prendre

- N'oubliez pas que par défaut, tout est public. C'est à vous de régler vos paramètres de confidentialité pour décider qui peut voir quel contenu. Faites attention à ce que vous écrivez surtout si le contenu est professionnel et que vous visez un de vos collègues ou l'entreprise qui vous emploie.
- Surveillez ce qui se dit de vous, qui vous cite, sur quelles photos vous êtes tagué.

OUTIL 39

Twitter en recrutement

USAGES DES RECRUTEURS SUR TWITTER

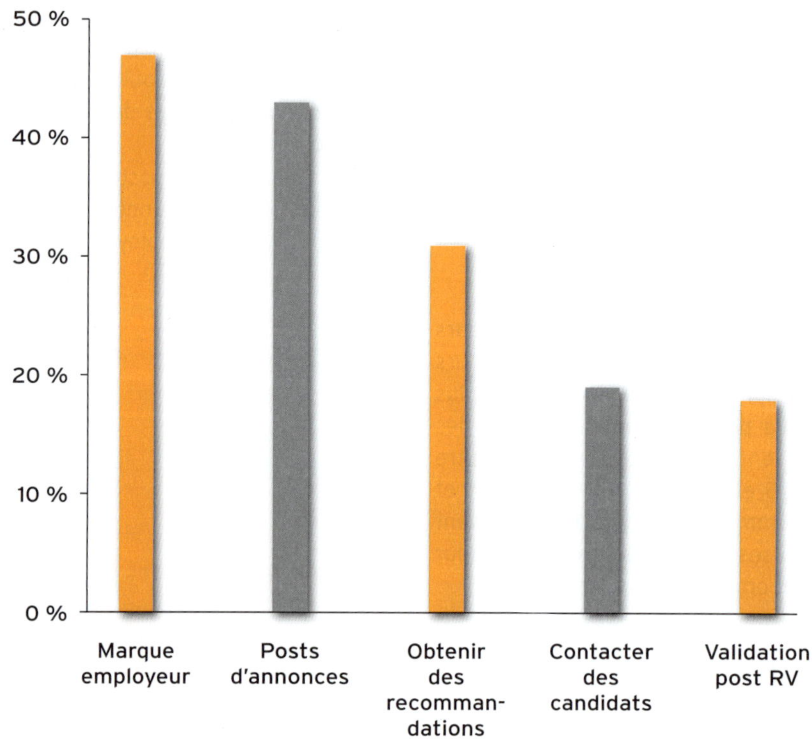

Source : Jobvite

En résumé

Twitter est plus un média qu'un réseau social. Environ 4 000 offres d'emplois circulent tous les jours sur Twitter en France. Twitter est utilisé par les recruteurs pour leur marketing RH (publication d'offres ou d'actualités, interactions candidats) ou pour essayer d'évaluer la capacité d'influence d'un candidat (ce qu'il dit, son audience, sa faculté à faire réagir).

Côté candidats, grâce aux hashtags, Twitter est un outil de veille et d'information sur une entreprise avant un rendez-vous, ou pour rechercher des annonces. Une fois en poste, Twitter peut être mis au service du professional branding.

Insight

Twitter is more a media than a social network. About 4 000 job ads run daily on Twitter in France. Twitter is used by recruiters for their HR marketing (publication of offers or news, candidate interactions) or to try to assess the candidates influence capacity (what he says, his audience, his ability to make others react).

On candidates' side, thanks to hashtags, Twitter is a tool for monitoring and learning about a company before an appointment, or search for ads. Once in job, Twitter can be used for professional branding.

Pourquoi l'utiliser ?

Objectifs

Pour son marketing RH :

› Toucher des technophiles, des influenceurs, qui aideront l'entreprise à se faire connaître.

› Publier des offres qui renvoient vers le site pour les détails. Pour en savoir plus sur les candidats.

Pour les candidats :

› Travailler leur e-réputation.

› Se faire repérer et se tenir informés.

› Trouver des offres.

Contexte

Twitter est utilisé en recrutement par les grands comptes, qui ont des structures pour le faire ou par les start-ups.

De plus en plus de dirigeants sont attirés par Twitter. Cela devient un instrument au service de leur leadership.

Comment l'utiliser ?

Étapes

› Soyez clair, précis et facilement identifiable sur votre compte : nom clair, photo, biographie. Insérez un lien qui renvoie vers un espace que vous maîtrisez permettant d'en savoir plus. Abonnez-vous à des profils de votre secteur.

› Personnalisez l'image de votre bannière.

› Twittez tous les jours en ayant une ligne éditoriale claire. Évitez de vous disperser sur trop de sujets.

› Créez votre Twesume (contraction de Twitter et de *resume*), soit une bio en 140 caractères avec le hashtag #twesume.

› Une entreprise aura intérêt, si elle le peut, à avoir un compte orienté marque employeur et un compte pour interagir.

Méthodologie et conseils

Avant un rendez-vous, consultez le compte Twitter de votre interlocuteur ou de l'entreprise. Souvent des informations sont publiées sur Twitter avant que les communiqués officiels ne soient envoyés. Un bon moyen pour arriver très informé.

Les entreprises doivent jouer le jeu et ne pas se contenter d'être suivies sans le faire en retour.

Candidat ou entreprise, ne parlez pas que de vous.

Indiquez clairement que c'est un compte RH pour éviter de gérer des questions sur les produits.

Ayez des objectifs clairs pour mesurer les résultats de votre présence.

Indiquez votre compte Twitter dans les coordonnées de votre profil LinkedIn. Connectez-le à votre page entreprise sur Viadeo. Inscrivez-le sur votre carte de visite et votre CV. ■

Recherchez le hashtag de l'entreprise avant tout entretien pour vous informer sur ses dernières actualités.

Avantages

- Twitter permet de travailler sa visibilité, c'est-à-dire son employabilité sur le marché et son évolution interne.
- Twitter facilite l'entrée en contact avec des dirigeants ou des experts.
- Twitter permet d'échanger en temps réel et d'être en prise directe. Twitter aide à identifier les candidats influents.

Précautions à prendre

- La notoriété et l'influence ne sont pas liées au niveau hiérarchique. Ce n'est pas nécessairement le dirigeant ou le manager le plus visible. Attention aux problèmes d'ego.
- Twitter est public, utilisez les messages directs si nécessaire.
- Le temps réel implique de la réactivité.
- Ne transformez par votre compte en outil de diffusion de vos RP.
- Ne limitez pas le contenu à une simple diffusion d'annonces.

OUTIL 40

Les réseaux sociaux pour étudiants

LES PAGES LINKEDIN POUR UNIVERSITÉS

En résumé

Les étudiants ne sont pas encore très présents sur les réseaux sociaux professionnels. Les étudiants d'écoles de commerce sont un peu plus connectés sur ces plateformes que les autres. La plupart commence à se poser la question de s'y inscrire en dernière année d'étude. Les réseaux professionnels tels que LinkedIn ou Viadeo ont été développés pour répondre aux enjeux des professionnels, pas à ceux des étudiants. En France, deux réseaux ont été créés pour les toucher (Yupeek et Wizbii), tandis que LinkedIn et Viadeo font évoluer leurs offres pour les accueillir.

Insight

Students are not very present in professional social networks. Business school students are a little more connected than others. Most begin to think about it in their final year of study. Professional networks such as LinkedIn and Viadeo have been developed to meet the challenges of professionals, not students ones. In France, two networks were created to touch them (Yupeek and Wizbii), while LinkedIn and Viadeo are changing their offerings to accommodate them.

Pourquoi l'utiliser ?

Objectifs

› Se créer un réseau dès le début de son parcours de formation pour qu'il soit plus opérationnel en arrivant sur le marché de l'emploi.

› Être présent sur un réseau social dédié aux étudiants avec une interface et des fonctionnalités adaptées.

Contexte

Yupeek (créé en 2011) se présente comme un réseau de mise en relation entre candidats et recruteurs pour les stages et premiers emplois. 100 000 étudiants, 2 500 recruteurs et 170 écoles s'y sont inscrits. Les recruteurs peuvent y déployer leur marque employeur auprès des étudiants. Son moteur de recherche prend en compte la dimension sociale des profils et propose des recommandations de candidats. L'inscription peut se faire *via* Viadeo, LinkedIn, Facebook ou Twitter.

Wizbii est un réseau social pour l'emploi et l'entrepreneuriat des étudiants et jeunes diplômés. Wizbii propose de créer des projets et d'y participer, de trouver un stage ou un emploi, de développer son réseau. L'inscription se fait *via* Facebook.

Les pages universités LinkedIn ont été créées pour permettre aux écoles et universités de se présenter pour aider les futurs étudiants à mieux choisir leurs cursus.

En avril 2016, LinkedIn a lancé « LinkedIn Students » aux États-Unis pour aider les futurs diplômés à réussir leur recherche d'emploi.

Comment l'utiliser ?

Étapes

› Créez votre profil avec les bons mots-clés et développez votre réseau.

› Intégrez ces outils au plus tôt dans votre formation pour pouvoir vous connecter avec tous les professionnels que vous rencontrerez et commencer à créer votre réseau.

Méthodologie et conseils

› Les projets sont au cœur de Wizbii. C'est l'une des forces de l'outil. Soyez clair et précis dans sa description et dans vos attentes. Sur sa page d'accueil, Wizbii met en avant les projets les plus supportés.

› Yupeek fonctionne davantage comme un réseau social de profils avec moteur de recherche. Les offres se présentent automatiquement en fonction des formations, des expériences et des souhaits. La sémantique utilisée est clé.

› LinkedIn a créé une interface dédiée à l'éducation. C'est aux établissements d'aller créer leur page, comme le font les entreprises.

› Le G16+ (association des services emploi-carrière de 23 grandes écoles) a créé l'application AppliCarrières pour aider et accompagner les jeunes diplômés vers leur premier emploi. ■

LinkedIn a baissé à 13 ans la limite d'âge minimum pour créer un compte.

Avantages

- Ces réseaux sont à la fois des outils de visibilité et de recherche pour les étudiants et des outils de chasse et de sourcing pour les entreprises.
- Ils pourront vous aider à décrocher un stage voire un premier emploi. Les pages universités LinkedIn sont une très bonne opportunité de visibilité internationale pour les écoles et universités moins connues.

Précautions à prendre

- Ces sites sont utiles pour les stages en début de carrière. Ils ne remplacent pas Viadeo, LinkedIn ou Xing pour développer son réseau professionnel.
- N'oubliez pas que vous êtes sur un réseau professionnel et non personnel. Votre image ne se gère pas comme sur Facebook.

OUTIL 41

Le recrutement mobile

ACTIONS SUR LES APPLICATIONS MOBILES EMPLOI ET APPLICATIONS MOBILES EMPLOI TÉLÉCHARGÉES

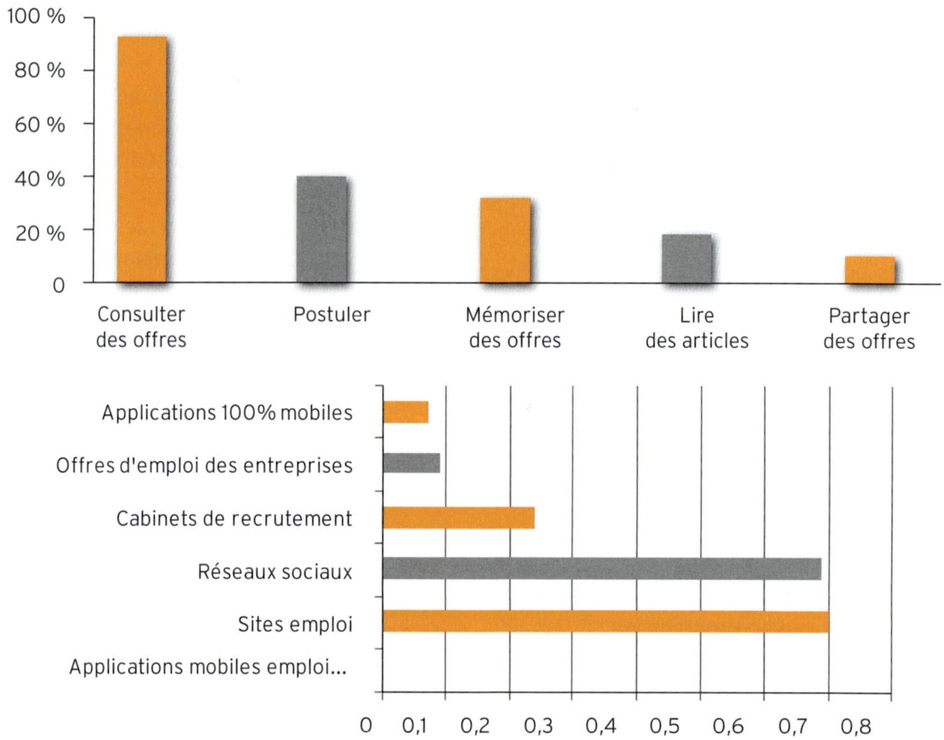

Source : OpenSourcing/AppJob

En résumé

L'une des tendances fortes du recrutement depuis 2013 est l'arrivée du mobile dans les processus et dans les relations entre candidats et recruteurs, *via* des sites ou des applications mobiles. Selon Comscore, son usage a plus que doublé en 10 mois. En recrutement, le mobile peut être utilisé dans la recherche, pour postuler ou pour réseauter. C'est aussi un levier de marketing RH pour toucher davantage de candidats. Plus la tâche est « sensible », plus les candidats privilégient l'ordinateur. Les internautes sont bien plus enclins à lire des articles sur mobile qu'à répondre à une annonce ou envoyer leur CV.

Insight

One of the strongest trends in recruitment since 2013 is the arrival of mobile in the process, and in the relationship between candidates and recruiters, through websites or mobile applications. According to Comscore, its use has more than doubled in 10 months. In recruitment, mobile can be used in research, to apply or to network. It is also a HR marketing lever to reach more candidates. More « sensitive » the task is, most candidates prefer computer. Users are much more likely to read articles on mobile than respond to an ad or send their CV.

Pourquoi l'utiliser ?

Objectifs

› Développer ou télécharger une application mobile dédiée à l'emploi (site d'emploi, réseau social, cabinet de recrutement, entreprise).

› Consulter des offres en situation de mobilité et les garder en mémoire.

› Consulter des articles.

› Postuler.

› Partager ou faire partager du contenu sur les réseaux sociaux ou par mail.

Contexte

En tant que recruteur, si vous n'êtes pas encore présent sur mobile soit *via* un site adapté, soit *via* une application, c'est un développement à prendre en compte. Le trafic Internet s'est déplacé de l'ordinateur de bureau vers les appareils mobiles (smartphones ou tablettes). Pour le moment, les internautes préfèrent encore l'ordinateur pour des démarches plus sensibles, mais les enquêtes confirment que la plupart d'entre eux vont principalement utiliser le mobile pour se rendre sur Internet. De plus en plus d'internautes se connectent au web *via* mobile plutôt que depuis un ordinateur. Il y a plus de 25 millions de mobinautes en France (65 % sur Android et 18 % sur Ios). Certains sites ont plus du tiers de leur trafic qui vient d'appareils mobiles. De plus en plus de candidats ont un entretien voire un poste après avoir postulé *via* mobile. Les alertes notamment rassurent les candidats qui ont ainsi l'impression de ne rien rater. La géolocalisation est un autre atout ainsi que la possibilité offerte de pouvoir se connecter tout le temps et partout.

Comment l'utiliser ?

Étapes

› Téléchargez les applications mobiles des réseaux sociaux sur lesquels vous êtes présents. Attention cependant, les fonctionnalités ne sont pas toujours les mêmes que sur les sites. LinkedIn par exemple n'a pas le même fonctionnement sur ordinateur, smartphone ou tablette.

› Téléchargez également les applications des sites d'emploi qui vous concernent.

Plus de la moitié des possesseurs de smartphone ont déjà téléchargé une application mobile liée à l'emploi.

Méthodologie et conseils

› Profitez des temps de transport, de déplacement pour rechercher des offres que vous sauvegardez pour les consulter ensuite.

› Les mobinautes veulent pouvoir postuler rapidement et simplement : reconnaissance automatique pour éviter de ressaisir les identifiants, accès direct aux offres auxquelles on peut postuler *via* mobile, pouvoir utiliser un CV ou un profil enregistré dans la base. ■

Avantages

- En événement de networking, photographiez, scannez les QR codes ; transformez les cartes de visite en contact (il y a des applications pour cela).
- Entrez en contact, envoyez des messages, commentez des discussions avec les applications.

Précautions à prendre

- La majorité des candidats préfère encore l'ordinateur de bureau pour leurs démarches liées à l'emploi. Faire une recherche est simple, postuler l'est moins. Le mobile n'est pas adapté aux longs formulaires : 40 % des candidats mobiles abandonnent si c'est trop lent ou si on ne peut postuler *via* mobile.

OUTIL 42

Chartes et guides de bonnes pratiques

LES ÉLÉMENTS ESSENTIELS D'UNE CHARTE DE BONNE CONDUITE

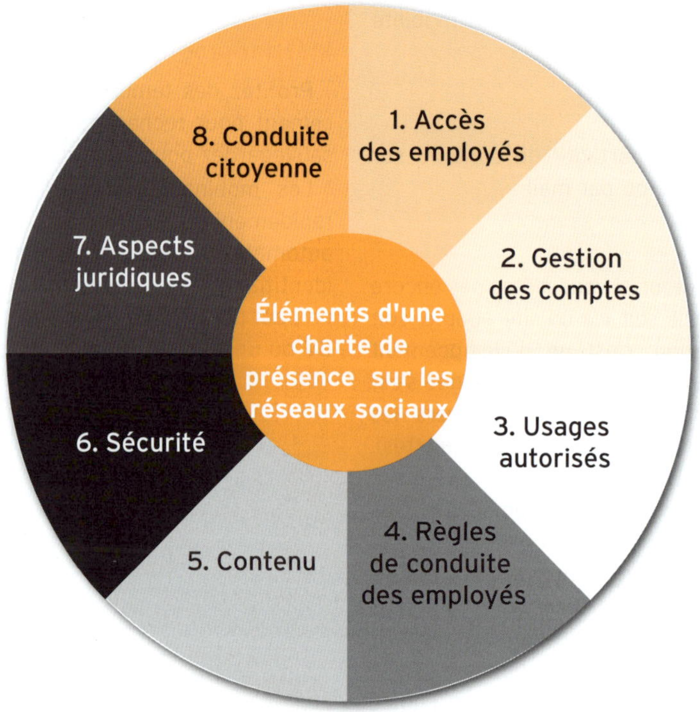

En résumé

Les salariés (et ex-salariés) parlent de leur entreprise sur les réseaux sociaux. Ce sont plutôt des hommes, des jeunes et des cadres. 2/3 en parlent positivement. 1/5 en parlent négativement. Peu nombreux sont ceux qui ont été sensibilisés par leur entreprise sur ce qui est légal ou non ni sur ce que l'entreprise autorise. Pourtant, plus ils le sont, moins ils sont enclins à critiquer. Ce sont surtout les salariés du public qui sont formés. Contrôler est illusoire, suivre est déjà très difficile et l'anonymat est très accessible. Mettre en place une **charte ou un guide de bonnes pratiques** est l'un des multiples enjeux des DRH.

Insight

*Employees (and former employees) talk about their employers on social networks. They are mainly men, youth and senior executives. 2/3 speaks positively. A fifth talk negatively. Few have been made aware by their company of what is legal or not, or what the company allows. However, the more they are sensitized, the less likely they are to criticize. More public employees, than private, are formed. Control is an illusion, it is already very difficult to follow and anonymity is very accessible. Establish a **charter or guide of good practices** is one of the new challenges of HR.*

Pourquoi l'utiliser ?

Objectifs

› Présenter les usages autorisés sur Internet et les réseaux sociaux. Ils peuvent être différents en fonction du métier ou du niveau hiérarchique.

› Définir qui peut parler de l'entreprise et qui peut parler au nom de l'entreprise.

› Homogénéiser les comportements.

› Préciser ce qui est personnel et ce qui est professionnel.

› Se prémunir des dérives.

Contexte

Les salariés, surtout les plus jeunes déclarent pouvoir être amenés à critiquer leur entreprise. À tel point que certains ont été licenciés pour l'avoir fait sur Facebook. Pour certains salariés, partager publiquement des informations sur des projets en cours, y compris avec des concurrents est autorisé.

Sans se préparer à cette prise de parole, naturelle pour vos collaborateurs, vous vous exposez à des risques d'attaque, à de la divulgation d'informations confidentielles, à une dégradation de votre image. Charte ou guide sont des préalables nécessaires pour limiter les risques. Il s'agit plutôt d'expliquer et d'accompagner des collaborateurs que de prévoir un document juridique.

Pour aider les entreprises à se poser les bonnes questions, le groupe AXA a rendu public son document interne : le guide du bon sens numérique. Orange a mis en ligne son « guide de bonnes pratiques des médias sociaux ».

Comment l'utiliser ?

Étapes

› Définissez une charte interne concernant la prise de parole sur Internet. Suivez cette prise de parole pour la mesurer et l'évaluer. Encouragez les salariés à s'exprimer.

› Le document que vous mettez en place rappelle ce que sont les médias sociaux, leurs enjeux et leurs risques :

– Il précise la stratégie de l'entreprise et sa vision sur l'utilisation de ces outils.
– Il indique vos recommandations pour les créations de profils, les règles de contribution, d'échange et de partage.
– Il communique vos règles quant à l'usage personnel au travail et quant aux références à l'organisation à titre privé.
– Il informe les représentants officiels de leurs contraintes particulières.
– Il rappelle ce qui est totalement interdit.

Mieux vaut prévenir que sévir ; sévir ne répare pas.

Méthodologie et conseils

Proposez à vos équipes de créer deux profils différents sur les comptes grand public comme Facebook ou Twitter. Les règles d'usage professionnel ne sont pas les mêmes que sur un plan personnel. Évitez d'aborder les thèmes personnels sur les profils professionnels et réciproquement. Le projet de charte implique les différentes parties prenantes : direction, management, RH, salariés et représentants du personnel. Sa mise en place est accompagnée par les managers de proximité.

Avoir un compte professionnel sur les réseaux sociaux peut être validé par la hiérarchie. Ce type de profil n'est pas adapté à tous les postes.

Si une charte de bonnes pratiques est nécessaire en interne, pensez à inclure une charte de modération sur vos espaces publics : blog, page Facebook, forum... ■

Avantages

- Un document écrit unique donne des repères à chacun et permet aux nouveaux collaborateurs de s'imprégner de la culture de l'entreprise et de ses usages.

Précautions à prendre

- Restez simple et pratique. Pensez à l'évolution de votre charte.

OUTIL 43

Des RSE à la Digital Workplace

AVANTAGES DES RSE (NOMBRE DE FOIS CITÉ EN 1°)

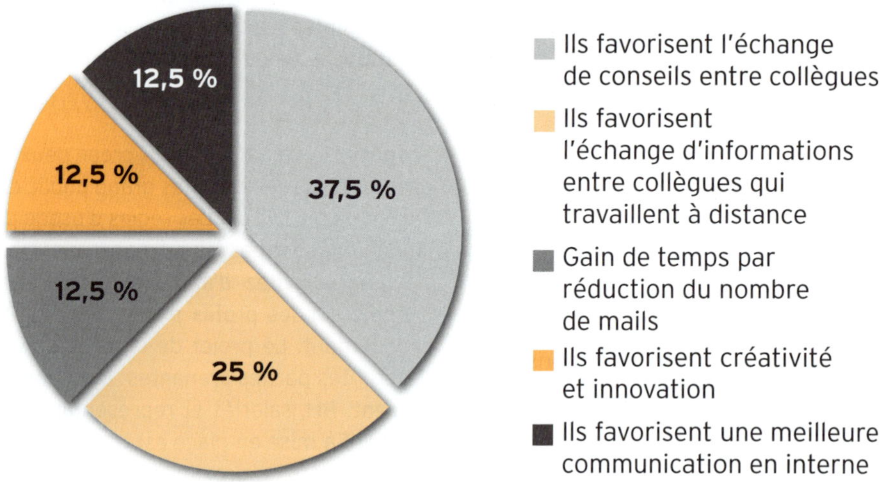

Source : étude CCM Benchmark

En résumé

Les réseaux sociaux d'entreprise ou RSE sont des espaces de conversation et de relation entre les parties prenantes de l'entreprise (internes et externes) qui offrent de nouvelles perspectives de collaboration et de communication en entreprise. Ce sont des outils de partages d'informations et d'expertises permettant de repérer les bonnes compétences internes pour résoudre des problématiques business. Le principal bénéfice est de contribuer à développer le lien social, l'engagement et l'implication. Pour qu'ils soient plus efficaces, ils ne doivent pas être limités à l'interne mais aussi intégrer des parties prenantes extérieures à l'entreprise.

Insight

Enterprise Social Networks or ESR are spaces for conversation and relationship between the stakeholders of the company (internal and external) that offer new opportunities for collaboration and communication in business. They are tools to share information and expertise to identify good internal skills to solve business problems. The main benefit is to help develop the social bond, commitment and involvement. To be more effective, they should not be limited to the internal but well integrate company's external stakeholders.

Pourquoi l'utiliser ?

Objectifs

› Répondre à la demande de « temps réel » des clients.

› Rendre la circulation de la communication plus rapide.

› Rapprocher les collaborateurs géographiquement éloignés.

› Diminuer les effets de silo et rendre plus visibles tous les experts internes.

› Intégrer plus rapidement de nouveaux collaborateurs sur les projets en cours.

› Développer la collaboration interne et la co-conception avec les partenaires et les clients.

Contexte

L'implantation de ces projets transverses se prépare et nécessite un appui et un engagement au plus haut niveau de l'entreprise. Ce n'est pas une émanation d'un groupe de *geeks* de l'organisation. Il doit expliquer aux équipes en quoi il remplace les outils existants. Au départ, annuaires internes, ce sont aujourd'hui des plateformes collaboratives 2.0.

Comment l'utiliser ?

Étapes

› Définissez votre projet (besoins de l'organisation et des métiers, usages, gouvernance), prenez en compte la culture d'entreprise, analysez l'existant et les mauvaises pratiques.

› Choisissez la solution : soit une solution packagée (aucune ne couvre 100 % des besoins) à adapter, soit une solution à développer sur-mesure.

› Personnalisez, définissez les aspects graphiques, intégrez.

› Déployez dans l'entreprise en commençant par un groupe test. Expliquez, formez et mettez en place les nouveaux processus.

Méthodologie et conseils

Fixer clairement les objectifs et le planning.

Impliquer le middle management. Trouver des relais pour animer les communautés.

Centrer le projet sur les équipes et non sur la technique.

Créer des groupes de travail avec les futurs collaborateurs. Impliquer en amont, expliquer, rassurer. Une démarche de « change management » doit accompagner la mise en place.

Intégrer les SI au projet, que ce soit pour évaluer en amont, intégrer la solution ou assurer le support ensuite.

Définir quels seront les critères de mesure et d'évaluation de la performance.

Les cadres qui intègrent les outils sociaux au quotidien relèvent une amélioration des marges de leur employeur. (McKinsey)

Avantages

- Ils sont économiques, humains, commerciaux et organisationnels.
- Les connaissances, mises en commun, circulent plus vite. Cela réduit les coûts d'apprentissage, améliore la productivité et favorise l'intégration des nouveaux.
- Chacun peut s'exprimer, faire valoir son expertise et se sentir plus facilement reconnu et valorisé.
- Grâce aux fils de discussions, l'information se partage plus vite, les réunions sont plus efficaces, les déplacements réduits et le nombre de mails diminue.

Précautions à prendre

- Les équipes doivent avoir confiance dans l'outil et se sentir libres de s'exprimer. Les temps d'acceptation, de formation et d'accompagnement sont longs, sans garantie de succès.
- Les collaborateurs ne doivent pas se sentir freinés par la peur de perdre leur expertise par une dilution de leur savoir qui sera communiquée à l'ensemble du réseau.
- Attention à la fuite d'informations confidentielles, liée au partage plus général des connaissances.

SUITE OUTIL 43 →

OUTIL 43

Des RSE à la Digital Workplace

Comment être plus efficace ?

L'implantation et le développement de ces outils dans les entreprises sont suivis par le cabinet McKinsey. La veille, l'émergence de nouvelles idées, le pilotage de projets en sont les principaux apports. Mais si ces outils sont ouverts à l'extérieur, l'efficacité du marketing en est nettement améliorée : accès au savoir plus rapide, satisfaction client, réduction des coûts de communication et de marketing.

Selon le spécialiste Anthony Poncier, il y a cinq défis majeurs à relever dans la mise en place d'un réseau social interne et de développement de culture collaborative.

› **Organisation.** Quels sont les freins et les facteurs d'accélération du travail collaboratif ?

› **Management.** Le convaincre de la valeur ajoutée de la collaboration. En faire un relais, notamment les managers de proximité.

› **Communautés.** En expliquer le principe et les règles de fonctionnement.

› **Personnel.** Montrer les gains apportés par ces outils. Éliminer la perception de flicage.

› **Technique.** Trouver la bonne solution qui réponde aux enjeux de l'organisation et aux besoins des employés.

L'un des principaux facteurs d'échec n'est pas technique mais humain. La résistance au changement est forte dans le déploiement de ces projets. Les collaborateurs ne voient pas l'intérêt de changer, peuvent se sentir plus surveillés, sortiront d'un anonymat qui leur convient. Le facteur humain est l'un des principaux points de vigilance, notamment avec les RH et les managers de proximité. Au-delà d'expliquer les fonctionnalités techniques, il faut donner du sens à ce projet.

Développer un RSE et le lancer ne veut pas dire qu'il fonctionnera. La confiance et l'animation sont essentielles ; le passage en force ne marche pas. Les animateurs de communauté, qui ont à la fois un rôle d'accueil, d'animation et de modération sont clés.

Facteurs de risque :

La pire erreur est de considérer que c'est un projet technologique. D'autres risques existent : échec, détournement, perte de productivité, fracture sociale (tous les salariés n'étant pas égaux face aux nouvelles technologies). L'observatoire des réseaux sociaux d'entreprise recommande une cartographie des risques du type : « description/probabilité/impact ». L'impact est noté de 0 à 4 selon qu'il est non significatif, faible, sensible, critique ou stratégique.

La Digital Workplace est un concept qui a évolué ces dernières années pour devenir une réalité dans de plus en plus d'entreprises. La Digital Workplace, c'est un mélange entre les capacités des individus et des outils au service des personnes et du business ; les leviers mobilisés pour faciliter le changement et l'état d'esprit qui détermine la manière dont l'organisation agit (Jane McConnell auteur d'un rapport sur la Digital Workplace).

Comme les RSE, la Digital Workplace ne se limite pas à des outils. Concrètement, des communautés collaboratives sont en place autour de tous les projets, tous pilotés par l'externe, c'est-à-dire les clients. La Digital Workplace est par essence mobile, car le poste de travail n'est plus fixe. Elle est plus flexible : travail à distance, vidéo...

CAS Du réseau social d'entreprise à une transformation digitale

CRAINTE DES ENTREPRISES LORS DU DÉPLOIEMENT D'UN RSE

Nombre de fois cité en 1re position

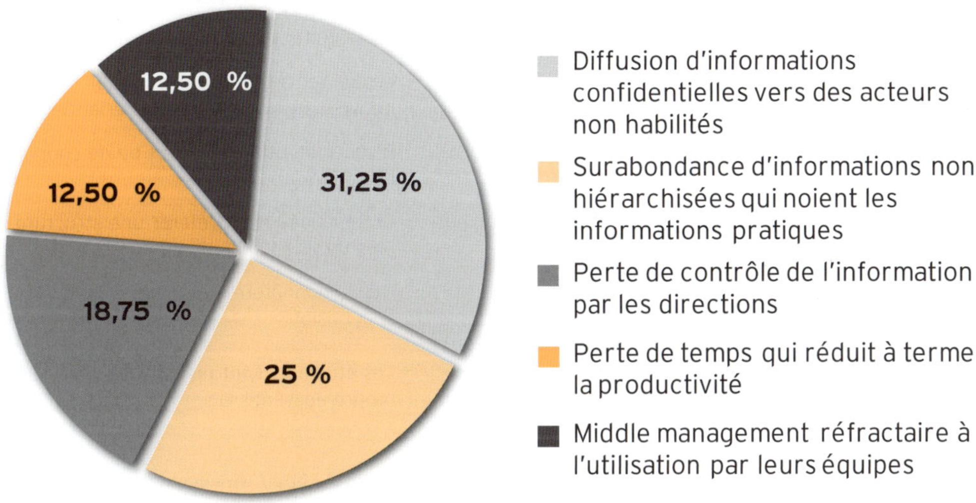

Source : CCM Benchmark

Anthony Poncier, directeur associé, Publicis Consultants, @aponcier

En 2006 l'apparition du concept d'entreprise 2.0 fait entrer l'entreprise dans cette nouvelle ère poussant plus loin la réflexion du recours aux réseaux sociaux et outils collaboratifs pour permettre de connecter mutuellement de manière plus efficace les individus, l'information et les actifs de l'entreprise. Ces connexions doivent influer les décisions stratégiques, actions et revenus dans toute l'entreprise. Depuis c'est plus ou moins le même concept qui est décliné. Social business, entreprise sociale, entreprise web 2.0, travail collaboratif… De nombreux mots, qui désignent souvent plus ou moins une même notion, à quelques différences près. Pour beaucoup de décideurs, cela se résume souvent à « mettre du Facebook » dans l'entreprise. Ce qui compte, c'est surtout ce que leur apportent ces modes d'organisation et comment les intégrer à l'entreprise. Au final, permettre une meilleure interaction entre les collaborateurs, les données et informations de l'entreprise, avec les parties prenantes de leur écosystème, interne et externe, souvent soutenu par des applications leur permettant de se mettre en réseau. Jusqu'à présent cette transformation interne n'a pas vraiment abouti, se limitant souvent à l'installation d'un outil. Avec la venue de nouveaux acteurs, comme par exemple Uber, Airbnb, qui bousculent les entreprises « traditionnelles » et leur business model, ainsi que le besoin de plus en plus important de s'organiser face à la montée en puissance des interactions avec les parties prenantes externes sur les réseaux sociaux (clients, partenaires, prospects) cette réorganisation interne dont les réseaux sociaux d'entreprises sont le symbole pourrait enfin passer à la vitesse supérieure. ■

OUTIL 44

Les MOOC

L'ABC DES MOOC

Facteurs	Avantages	Challenges
Infrasctucture	La plupart sont gratuits et ouverts à tous	La gratuité a ses limites (temps...)
	Apprentissage informel au rythme du participant	Pas de rencontre « réelle » pour networking ou partage d'expériences
	Un ordinateur et une connexion Internet suffisent	Risques de bugs matériels ou de coupure de connexion
	Pas d'inscription à l'institution donc pas de frais de scolarité	Certains peuvent préférer une structure plus traditionnelle
Expérience	Le travail peut être partagé, vu et critiqué par tous les participants	Quelle honnêteté académique sans supervision?
	Les meilleurs professeurs et leaders industriels peuvent atteindre des étudiants à travers le monde	Les étudiants sont responsables de leur propre apprentissage

Source : http://www.dontwasteyourtime.co.uk/

En résumé

Selon Wikipedia, les MOOC sont des cours en ligne ouverts et massifs. Ce sont des plateformes de formation en ligne, ouvertes à tous. La communication entre professeurs et étudiants ne se fait qu'en ligne. Les xMOOC valident des compétences avec un certificat. Les cMOOC sont destinés à l'apprentissage et les participants contribuent à la création du contenu. Les cMOOC reposent sur des réseaux de contenus et d'individus. Issus des grandes universités américaines, les MOOC sont maintenant présentes en France (Centrale Lille, l'X, Sorbonne, ESCP Europe, Télécom Bretagne, HEC). Ils sont une opportunité pour le marketing RH.

Insight

According to Wikipedia, the MOOC are Massive Open Online Courses. They are training platforms online, open to all. Communications between teachers and students are done only online. xMOOC validate skills with a certificate. cMOOC are for learning and participants contribute to the creation of content. cMOOC are based on content networks and individuals. From major U.S. universities, MOOC are now present in France (Centrale Lille, X, Sorbonne, ESCP Europe, Telecom Bretagne, HEC). They are an opportunity for HR marketing.

Pourquoi l'utiliser ?

Objectif

Les plateformes disposent de ressources intéressantes pour les entreprises dans une démarche de marketing RH : des audiences fortes et qualifiées et des données sur les apprenants. Selon une étude de LinkedIn, la capacité à gérer des viviers de talents est un élément de plus en plus différenciant.

Pour les salariés, c'est une opportunité d'apprendre, de développer ses compétences et son réseau par le travail collaboratif avec les autres étudiants répartis à travers le monde.

Contexte

4 millions d'inscrits, 200 pays, 80 universités... les MOOC sont apparus en 2008. C'est une activité récente, développée autour de 3 plateformes américaines : Coursera (le leader avec Stanford, Princeton, Duke, Columbia, l'X, HEC), edX (non lucratif, avec Harvard, MIT, Berkeley...) et Udacity. Yahoo! a développé un partenariat avec Coursera pour ses collaborateurs. Google a lancé mooc.org, « YouTube » pour MOOC avec l'organisme edX. Google y propose également des cours.

C'est une activité nouvelle dont le business model reste à construire. Ces plateformes ont besoin des ressources financières des entreprises. Les cours sont gratuits, les professeurs ne sont pas rémunérés. Mais, concevoir, produire et déployer des cours nécessite des moyens financiers conséquents. Le modèle économique actuel repose sur des dons, les investissements des universités, les certifications et les possibilités d'accompagnement. Ce sont de vrais cours avec tests, quizz, examens...

Comment l'utiliser ?

Étapes

› Utiliser les MOOC dans une démarche de marketing RH pour se constituer un vivier de talents et anticiper ses besoins de recrutement plutôt qu'agir en réaction. Il y a donc des changements à opérer dans le fonctionnement des RH pour définir quels seront les profils des collaborateurs et des managers dont l'entreprise aura besoin dans le futur.

› En fonction des données socio-démographiques des plateformes, choisissez auprès de quels jeunes professionnels ou jeunes diplômés vous positionner.

Dans le monde anglophone, il arrive fréquemment que 100 000 personnes soient réunies pour un cours. (Wikipedia)

Méthodologie et conseils

Envisager la création de chaires comme cela se fait déjà entre écoles et entreprises. C'est particulièrement intéressant pour rehausser son image employeur dans des zones où elle a un déficit de notoriété. Les moyens d'investir les MOOC sont nombreux : vidéos en début de cours, diffusion de bannières vers le site carrière, dialogue avec les étudiants... ■

Avantages

- Les MOOC sont très ciblés par universités et par cours, on peut donc choisir précisément auprès de quelle typologie d'étudiants on veut se rendre visible.
- Ils peuvent aussi servir d'outils internes de formation pour accueillir les nouveaux en leur donnant accès à une base de données de connaissance.

Précautions à prendre

- Repenser la proposition de valeur des services de formation interne.

DOSSIER

5 MOBILITÉ, GÉOLOCALISATION, COMMERCES DE PROXIMITÉ

Entre 25 % et 30 % des recherches faites sur Google, Bing ou Yahoo! sont locales. Une bonne partie se faisant depuis un appareil mobile. Quand un internaute recherche un certain nombre de prestataires ou de lieux, sa recherche est locale.

Au-delà de la guerre entre les moteurs de recherche, Facebook s'est immiscé en 2013 sur ce créneau porteur avec son Graph Search. Facebook est d'ailleurs plus populaire que TripAdvisor pour les recherches locales. Si 50 % des recherches locales se font sur Google, Facebook pourrait rapidement convaincre 12 % à 15 % des internautes. En revanche, chez les professionnels, près de 70 % des entreprises qui y sont présentes ont recours à la publicité. Avec le Graph Search annoncé en 2013, Facebook va devenir incontournable pour toutes les entreprises locales, indépendantes ou faisant partie d'une chaîne. Facebook ne prend pas encore en compte le nombre de check-ins ou de recommandations d'amis mais indique une liste des amis qui ont fait un check-in ou qui ont recommandé un lieu. Facebook n'est probablement pas près d'aller concurrencer Google sur toutes les recherches mais va devenir un concurrent sérieux pour les recherches locales. D'autant que le fonctionnement sera différent, car si les résultats de Google se basent sur son algorithme qui analyse le contenu et les liens, celui de Facebook se base sur les interactions du réseau de l'internaute.

Tous ces changements chez les opérateurs du web ont donc des impacts sur la gestion de sa présence en ligne. On ne peut plus se contenter d'une présence globale. Chaque entité doit avoir sa page Facebook et est à référencer pour Google. Un internaute aura en effet plus tendance à être en relation avec son restaurant voisin ou sa boutique de chaîne locale qu'avec une page nationale ou internationale.

La géolocalisation n'est pas tout. Elle est indissociable du mobile. Nous sommes 7 milliards d'êtres humains, 5 milliards ont un mobile, 4 milliards ont une brosse à dent. Les recherches locales sont liées au développement des smartphones. La recherche se fait sur mobile et le site est ensuite consulté depuis mobile. Le mobile est d'autant plus important qu'il devient la première source d'accès à Internet, devant le portable ou l'ordinateur de bureau. Si les utilisateurs de tablettes préfèrent accéder à la version classique du site, les utilisateurs de smartphones préfèrent une version mobile, dite « responsive design ». C'est une version allégée du site, qui en reprend les éléments essentiels avec un design adapté aux appareils mobiles.

Facebook n'est pas le seul réseau social concerné. Il existe aussi des réseaux sociaux exclusivement dédiés à des actions géolocalisées comme Foursquare par exemple.

La convergence des trois éléments Social, Local, Mobile est reprise par le terme SoLoMo.

Pour les commerçants traditionnels, la mobilité, la géolocalisation et les réseaux sociaux ont de profonds impacts. Les internautes ont adapté leurs comportements d'achat, que l'on regroupe en quatre comportements principaux :

- « full web » : recherche et achat sur Internet.
- « Full store » : recherche et achat en commerce de proximité.
- « showroomer » : recherche en magasin et achat en ligne.
- « ROPO » : recherche en ligne et achat en magasin.

Ces comportements ne sont pas exclusifs. Selon les catégories de produits, un consommateur peut adopter l'un ou l'autre de ces comportements. En ligne, le consommateur est motivé par le prix, le gain de temps, ne pas avoir à se déplacer ou les bons plans. En commerce, le consommateur valorise l'accès au produit, la disponibilité immédiate, la possibilité de toucher et d'essayer. Agro alimentaire, santé, beauté et chaussures sont les champions du commerce physique (70 % à 90 % des achats). Vêtements et électroménager sont les champions du « cross-canal ». Culture, électronique et séjours sont les champions du e-commerce (60 % à 70 %).

LE MOBILE EN FRANCE

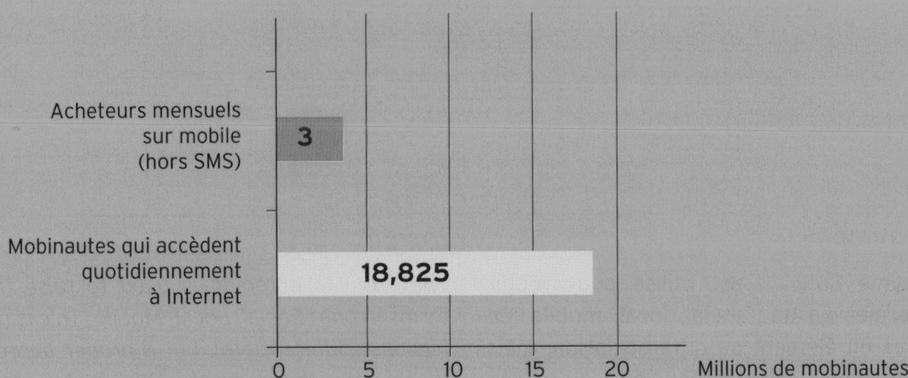

LES OUTILS

OUTIL 45

Social shopping

LES CARACTÉRISTIQUES DU SOLOMO

So	Lo	Mo
Social	**Local**	**Mobile**
Engagement	Localisation	Mobilité
Partage Communautés	Recherche Recommandations	Multi écrans Expérience
Conseils	Géolocalisation magasins Promotions	GPS Actions
Réseaux sociaux	Moteurs de recherche	Tablettes Smartphones

En résumé

L'acronyme SoLoMo est utilisé pour réunir trois termes en un : social, local, mobile. Ce n'est pas un élément de différenciation, mais une démarche à adopter pour être au niveau des autres. Il s'agit de proposer du contenu personnalisé, géolocalisé et qu'on puisse partager facilement. Le consommateur peut interagir ou s'informer où qu'il se trouve. À l'heure où plus de 50 % des Français ont un smartphone, ce n'est plus une option. De plus, les acheteurs mobiles partagent plus facilement sur les réseaux sociaux.

Insight

The SoLoMo acronym is used to raise three terms in one: Social, Local, Mobile. This is not a business differentiator, but a proper approach to be at others' level. This is to provide personalized content, localization that can be easily shared. Consumers can interact or learn where they are. At a time when more than 50 % of French people have a smartphone, it is no longer an option. In addition, mobile buyers more easily share on social networks.

Pourquoi l'utiliser ?

Objectif

Compte tenu des évolutions de Google et Facebook, de la démocratisation des smartphones et des réseaux sociaux, les bons plans se trouvent de plus en plus en fonction de son emplacement ou parce qu'un membre de son réseau a partagé un contenu.

Capter le consommateur où qu'il se trouve pour l'amener en magasin et le faire acheter puis partager son achat. Proposer des promotions, des coupons.

L'objectif final est de proposer des offres spéciales pour fidéliser une clientèle locale.

Contexte

Si ce sont les plus grandes marques qui ont les premières utilisé les approches SoLoMo, cela reste très accessible aux PME, à condition d'avoir une vraie stratégie marketing pour l'alimenter.

Le social, ce sont les discussions, les comparaisons et le partage (de bons plans). On cherche à engager et à faire partager.

Le local, c'est la recherche de magasin avec disponibilités, prix, offres locales. On recherche une proximité géographique et des recommandations.

Le mobile, c'est la recherche d'articles, l'information sur les produits, des listes d'achats, partout et tout le temps. On offre une expérience multi-écrans.

Comment l'utiliser ?

Étapes

- Travaillez votre visibilité dans les pages de résultats de Google avec une page locale dans Google+. Collectez les informations sur la manière dont vos clients et prospects interagissent pour définir des profils-types. Déterminez les offres adaptées et les meilleurs canaux pour chacune.
- Ciblez les influenceurs (ambassadeurs). Personnalisez la communication. Assurez-vous d'une communication cohérente quel que soit le canal. Permettez à vos représentations locales de gérer leurs propres campagnes en fonction de leurs spécificités.
- Le SoLoMo est particulièrement intéressant pour les établissements qui reçoivent des clients (pubs, brasseries, restauration, fleuristes, commerçants...).

58 % des Français se connectent à Internet sur au moins 2 écrans. (Mobile Marketing Association)

Méthodologie et conseils

Assurez-vous que votre contenu soit bien adapté aux usages mobiles.

Offrez ou faites offrir (via Facebook ou Twitter) des coupons à ceux qui partagent vos produits, récompensez les check-ins. Adaptez votre site aux formats mobiles avec le responsive design (adaptation automatique des sites au format de l'appareil). Créez une application.

Le SoLoMo est présent à toutes les étapes du cycle d'achat :

- En pré-achat, pour permettre de lire des avis et trouver un point de ventre proche.
- Pendant, pour se faire conseiller de ses amis et consulter des avis ; pour comparer ; pour s'informer.
- Après, pour poster des avis, recommander, conseiller, partager les achats par photo ou vidéo. ■

Avantages

- On offre un point de contact aux prospects et clients, n'importe où et n'importe quand.

Précautions à prendre

- Vos contenus doivent maintenant être compatibles avec une lecture et une exploitation mobiles (iOS, Android, Windows Mobile).
- Le message reste essentiel, pas l'outil.

Social to Store

LES 4 TYPES DE COMPORTEMENT D'ACHAT

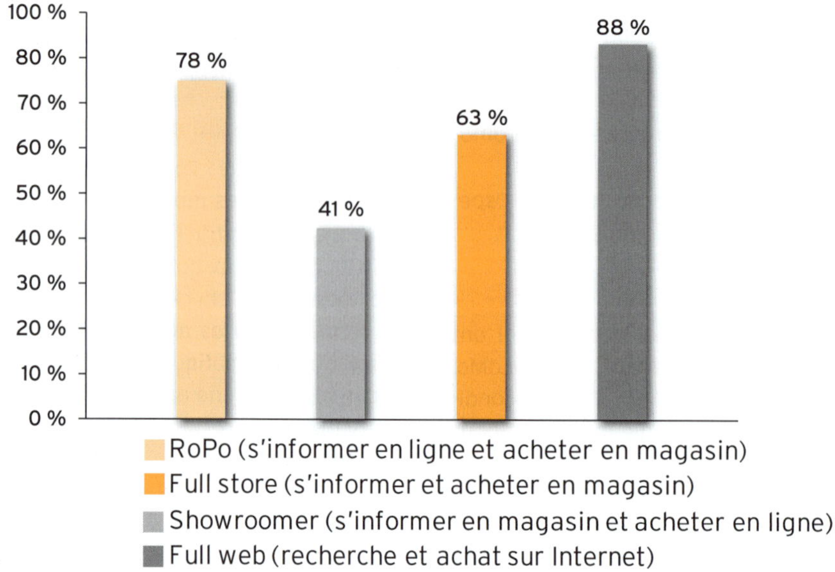

Source : Mappy.com

En résumé

L'un des enjeux pour une marque (BtoB ou grande consommation) vendue via un réseau de distribution externe est de faire venir des consommateurs là où elle est vendue pour être achetée ou consommée. L'un des enjeux pour un réseau de distribution est de faire venir des consommateurs dans ses magasins. Si aujourd'hui le merchandising occupe les commerces physiques (publicités, mobiliers, écrans, affiches...) il devrait demain occuper les pages de ces commerces sur les réseaux sociaux : les marques vont être amenées à proposer à leurs revendeurs de créer voire animer leurs profils sociaux (Social Retail Marchandising).

Insight

One of the challenges for a brand (BtoB or BtoC) sold through an external distribution network of is to have consumers coming where it is sold to be purchased or consumed. One of the challenges for a distribution network is to have consumers visit their stores. If today merchandising is prensent in local shops (advertising, furniture, displays, posters...) tomorrow it should be used on these shops pages on Social Media : brands will have to offer their resellers to create and/or animate their social profiles (Social Retail Merchandising).

Pourquoi l'utiliser ?

Objectif

L'objectif est double. Il s'agit d'une part d'utiliser les réseaux sociaux pour générer du trafic en point de vente. Les réseaux sociaux ne sont pas des lieux de transaction. Mais, ils peuvent être utilisés pour développer sa notoriété, pour se faire connaître ou pour donner envie à ceux avec qui on est en contact (fans, abonnés, followers...) de se rendre dans le commerce physique.

Un autre objectif est de développer sa présence sur les réseaux sociaux. Si les marques de grande consommation vendues en vente à emporter se sont battues pour occuper les espaces de vente avec leurs matériels, le web social sera très probablement leur prochain terrain de jeu.

Contexte

L'internaute d'une manière générale et en particulier celui inscrit sur les réseaux sociaux est en quête d'hyper personnalisation. Il veut exister et être reconnu avec toutes ses spécificités. Il sera beaucoup plus enclin à interagir avec la page de l'agence, de la boutique ou du restaurant de chaîne à proximité de chez lui et où il a l'habitude de se rendre qu'avec la page nationale, plus impersonnelle et où il n'est pas reconnu. De plus, les réseaux sociaux favorisent ce comportement avec les recherches locales et la géolocalisation. Une marque vendue par un réseau de distribution, que ce soit son réseau, un réseau de franchises ou un réseau externe, va donc devoir créer ou faire créer et animer une page par établissement si elle veut être réellement efficace et coller à la fois au fonctionnement de ces outils et aux attentes des internautes.

Comment l'utiliser ?

Étapes

› La première étape est de définir sur quelles bases les pages des établissements du réseau vont être créées : graphisme, informations communiquées, droits d'administration.

› Il faut ensuite établir une stratégie de contenu : quels types de contenus diffuser ? Quels messages ? Le contenu sera-t-il poussé automatiquement sur toutes les pages du réseau.

› Mettre en place une stratégie d'animation : prévoir une dynamique de communication via des opérations marketing destinées à donner envie à ceux qui les reçoivent de se rendre en point de vente. Prévoir des opérations à caractère national et destinées à être mise en avant sur toutes les pages du réseau au même moment et une bibliothèque d'animations que chaque membre du réseau pourra activer en fonction de sa zone géographique.

Les ventes influencées par Internet dans les magasins sont de 1 130 milliards de dollars aux États-Unis. (Forrester)

Méthodologie et conseils

› Proposer du contenu centré sur les centres d'intérêts des fans/followers de la marque.

› L'intérêt pour le fan/follower de devoir se rendre en point de vente doit être fort. Il doit y avoir une vraie valeur ou une vraie récompense à cette démarche.

› Si on met en place cette mécanique avec un réseau externe, être très clair au départ sur une stratégie de marque blanche ou de marque visible.

Avantages

- On sort de la stratégie basique d'accumulation de fans en mettant en place une dynamique destinée à envoyer du trafic de consommateurs potentiels dans le réseau de distribution physique.

Précautions à prendre

- Rassurer le réseau, surtout si c'est un réseau externe, sur le fait que cette démarche a pour but de les aider à animer leur présence sur les réseaux et non à animer leurs pages à leurs places.

SUITE OUTIL 46 →

Social to Store

Comment être plus efficace ?

Si un responsable de réseau de distribution (quel qu'il soit : agences, boutiques, restauration, hôtels...) opte pour cette démarche, il pourra s'assurer d'une homogénéité graphique des pages des différents établissements, bénéficier d'une vision transverse de ce qu'il se passe sur les pages de chacun de des établissements et envoyer en un clic une animation ou un contenu sur des dizaines ou des centaines de pages.

Si la relation s'opère entre une marque et un réseau de distribution externe, la marque peut entrer dans une démarche de Social Retail Merchandising. Dans ce contexte, c'est la marque qui va proposer (et financer) à son réseau de distribution la création et l'animation de ses pages sur les réseaux sociaux. La marque peut alors intervenir en marque blanche et ne pas apparaître au grand jour, c'est alors une stratégie au service de son réseau et une réelle proximité. Toutefois, dans ce cas, la marque garde une vision globale (mais aussi dans le détail) de ce que chacun met en place sur sa page et peut même proposer du contenu à mettre en avant, des animations autour de la marque, voire des animations du point de vente.

La marque peut aussi apparaître et bénéficier ainsi de la visibilité supplémentaire que lui apporterait son exposition sur des dizaines de pages tierces.

Un point au cœur de nombreuses discussions marketing aujourd'hui est celui des données. Chaque acte d'achat est l'occasion de récolter des données. Plus l'entreprise dispose de données sur ses consommateurs et plus ces données sont précises, plus elle est à même d'apporter un meilleur service et d'avoir une communication et un marketing efficaces.

Dans ce cas, la mécanique repose d'une part sur un incentive fort pour inciter le prospect ou le consommateur à se rendre dans un point de vente et d'autre part sur une récolte de ses données. Cette récupération des données du consommateur pouvant se faire par exemple via des coupons téléchargés (on saura quel consommateur a téléchargé quel coupon et où il l'a utilisé et pour quel produit) ; ou via des codes tagués en point de vente...

L'intérêt dans ce cas est de récupérer des données anonymes ou non, sur les profils précis de ses consommateurs pour mieux les connaître et pour pouvoir leur proposer un marketing de plus en plus ciblé et pertinent. Cette démarche est l'Inbound Network Marketing.

La mécanique de l'opération doit être très forte, puisque la réaction attendue est double : générer du trafic en point de vente et faire réagir pour récupérer des données. Pour bien fonctionner, que ce soit pour le réseau de distribution ou pour les consommateurs, la compatibilité mobile est essentielle.

Cette pratique peut aussi permettre de limiter le showrooming : le consommateur vient voir le produit en magasin puis l'achète en ligne (Selon le baromètre Connected Commerce de DigitasLBi, 67 % des Français pratiquent le showrooming et 84 % sont prêts à quitter le magasin si leur smartphone leur indique un prix moins cher de 10 %). Le wi-fi en magasin, permet davantage de retenir les clients en magasin que de pousser au showrooming.

CAS Le Social to Store avec Quoty, @Quoty_France

QUOTY, APPLICATION SHOPPER MARKETING

Michaël Flautre, directeur des médias digitaux, Sogec Marketing

Les marques sont de plus en plus au fait que les réseaux sociaux sont maintenant de véritables canaux de communication au même titre que les médias traditionnels. En B2C, Facebook est le réseau social incontournable en termes de stratégie de communication. En effet, dans un univers « hyper-connecté », les consommateurs sont de plus en plus critiques à l'égard des marques et toujours à l'affût de bons plans. Voilà pourquoi, il est maintenant primordial d'être présent sur ce canal, d'autant plus qu'il est présent tout au long du parcours d'achat.

C'est pourquoi, chez Quoty, la première plateforme centrée sur le shopper et ses usages, nous sommes convaincus de la pertinence de ce canal dans le cadre de la stratégie « social-to-store » des marques et des enseignes avec lesquelles nous collaborons. L'objectif est simple : augmenter l'engagement autour de la marque ou de ses produits mais surtout, augmenter le trafic en magasin.

Nous nous positionnons comme une plateforme drive-to-store grâce à différents médias que nous activons au gré des besoins de nos clients. L'ensemble de nos réseaux sociaux en fait pleinement partie car nous avons pour ambition d'être présents partout et tout le temps auprès de nos utilisateurs.

En conclusion, nous allons plus que jamais travailler ce canal avec nos clients pour faire de ce média un réel atout pour leur stratégie « social-to-store ». ■

DOSSIER

6 STRATÉGIE DE POSITIONNEMENT ET EXPLOITATION DES DONNÉES

L'expression « Data Marketing » ou « Data Based Marketing » a une quinzaine d'années. C'est un paradoxe français. Quand Internet et ses réseaux sociaux se sont imposés dans la communication, le marketing, la vente, le sujet qui revenait le plus souvent était celui du ROI (Retour Sur Investissement). La littérature ne manque pas, les recherches sur Google autour de « ROI internet », « ROI digital », « social media ROI » ou « ROI réseaux sociaux » renvoient plus de 400 000 résultats.

Utiliser de la data (des données) est le meilleur moyen d'espérer toucher des consommateurs potentiels. En 2015, le ciblage uniquement démographique reste pourtant la norme.

Si on modernise ses pratiques, il est possible de collecter des données sur les attentes réelles et en temps réel, au-delà des données démographiques. Les données démographiques ne sont d'aucune utilité pour savoir ce que les consommateurs veulent à un moment donné, s'il y a une saisonnalité dans la demande, quelle est la demande précise, quelles réponses ils souhaitent. Les déclarations d'intention ou de réceptivité à un message, émises par un consommateur choisi au hasard dans la rue et interrogé autour d'un café n'ont pas beaucoup de pertinence.

Grâce aux outils digitaux, on peut être présent et capter la donnée au moment stratégique, au moment précis où les consommateurs (ou acheteurs, en BtoB) recherchent nos produits ou services.

Selon Google, plus de la moitié des utilisateurs de mobiles ont acheté des produits d'une marque différente de celle qu'ils ciblaient parce que l'information était plus utile ailleurs.

Pourtant alors que la donnée est à portée de clic et facilement captable, les décisions marketing continuent à se baser sur :

- des éléments visuels ;
- le vocabulaire de la marque qui n'est pas celui des consommateurs ou des acheteurs professionnels ;
- à l'aveugle, sans réellement connaître ni son marché, ni ses clients, ni leurs besoins ;
- au feeling ;
- des déclarations d'intention (études de marché réalisées hors contexte alors que la recherche d'information se fait en ligne avant d'aller en magasin).

Pour reprendre une expression de Y. Gourvennec : « sur nos terres de France, la culture de la donnée ne fait pas encore partie de la panoplie naturelle du marketeur ».

Donnée à portée de clic

Aujourd'hui la donnée est là, à portée de clic. Le ROI du marketing digital est un gros sujet de préoccupation (bien plus que pour les leviers traditionnels : cherche-t-on des raisons pour ne pas y aller ?), mais il n'y a pas une activité marketing sur laquelle on a autant de données, d'informations et d'outils d'analyse. Tous les outils, toutes les plateformes proposent ces informations gratuitement et en temps réel.

En combinant différents outils, il est possible de faire une étude sur n'importe quel marché (BtoB, BtoC) et n'importe quelle problématique (business, notoriété, RH...). Elle permet de connaître un marché (parfois aussi bien que nos clients), le segmenter, détecter des niches, savoir quels sont les concurrents en place, sur quelles thématiques et avec quelle intensité, positionner un site sur les thématiques ayant le meilleur potentiel de conversion, diminuer drastiquement des coûts de conversion.

APPORTS D'UNE STRATÉGIE DE CONTENU

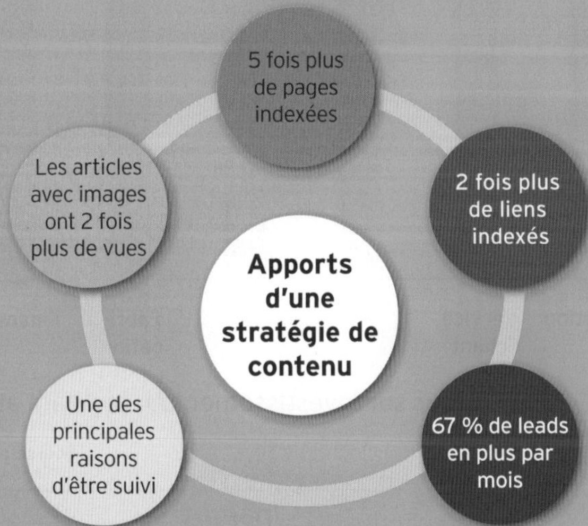

Source : Salesforce

Cette étude de marché 2.0 ne se base pas sur des interviews, sur des déclarations d'intention, mais sur du réel, factuel : sur les informations que les internautes recherchent quand ils veulent s'informer en vue de choisir puis d'acquérir un bien ou un service.

LES OUTILS

OUTIL 47

Le *big data*

ROI ATTENDU DU *BIG DATA*

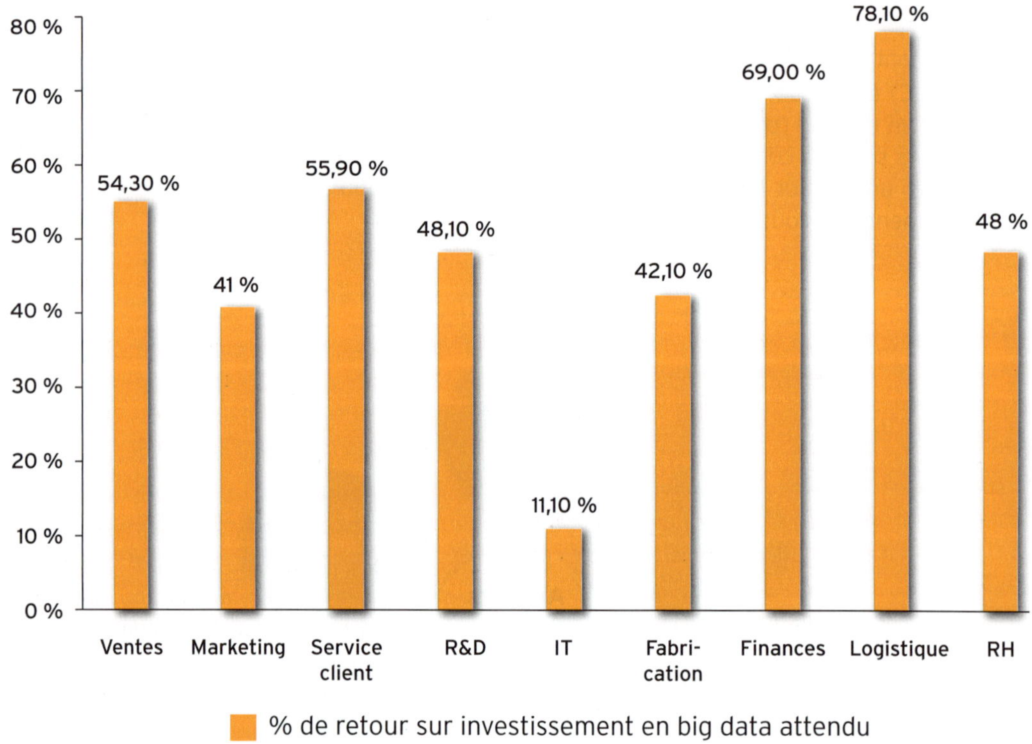

Source : Tata Consultancy Services

En résumé

L'expression *big data* représente l'ensemble des données qui devient aujourd'hui tellement conséquent qu'il est très difficile à traiter. Le traitement et l'analyse de ces données est l'un des principaux défis informatiques des années à venir.

On parle de *big data* en marketing pour représenter toutes les informations qui décrivent une personne, ses comportements, ses achats. Ce sont principalement les départements commerciaux, marketing et service client qui sont concernés.

On commence à parler de *big data* à partir de Teraoctets (10^{15}) ou Petaoctets (10^{18}) de données. Il y a peu de gains sur des volumes inférieurs.

Insight

Big data represent all data that is now becoming so important that it is very difficult to treat. Processing and analysis of these data is one of the major IT challenges in the years to come.

We talk about big data marketing to represent all the information that describes a person, his behavior, his purchases. These are mainly sales, marketing and customer services that are concerned.

We start talking about big data from Terabytes (1015) or Petabytes (1018) data. There are few gains on lower volumes.

Pourquoi l'utiliser ?

Objectif

Les données sont souvent en silos. Les comportements en ligne ne sont pas ou peu exploités. Des données de mauvaise qualité sont inexploitables et ont donc un coût. L'efficacité des campagnes diminue. Les données des différents canaux (boutiques, site, e-mailing...) ne sont pas rapprochées. L'objectif d'une démarche *big data* est de sélectionner, mettre en forme et analyser toutes les données dont dispose l'entreprise pour arriver à proposer des offres et des messages les plus ciblés possible aux prospects et clients.

Les résultats sont surtout attendus en logistique, amélioration du service client, efficacité commerciale et bien évidemment financiers. « Les données c'est l'or noir de demain » (Thierry Breton).

Contexte

La publicité directe de masse apparaît dans les années 1960. En 1963 aux États-Unis, et en 1964 en France, le code postal permet d'améliorer le ciblage. Le terme de marketing direct apparaît en 1967. Les premières bases de données relationnelles sont lancées par Oracle en 1979. Leur exploitation marketing se développe dans les années 1980, donnant naissance au CRM dans les années 1990 et à l'utilisation de l'e-mail en marketing. Dès 1998, la croissance du volume de données sur Internet est de 100 %. Le terme *big data* apparaît en 1999. En 2007, l'iPhone est lancé et permet au consommateur de devenir connecté en permanence. En 2011, Twitter passe la barre des 500 millions de comptes et de 175 000 tweets par minute. En 2012, Facebook passe le cap du milliard d'utilisateurs dans le monde avec près de 300 000 statuts par minute. Aujourd'hui, le marketing doit être de plus en plus personnalisé pour que chacun puisse recevoir le bon message au bon moment par le bon canal. Le marketing devient temps réel.

Comment l'utiliser ?

Étapes

Comment exploiter toutes ses données marketing ?

Ce n'est pas parce que c'est digital qu'il faut oublier les fondamentaux ; l'exploitation des données en marketing commence donc par une réflexion stratégique.

› Sélectionner les bonnes données, issues du système d'informations de l'entreprise, du web et des campagnes précédentes.

› Enrichir ces données pour standardiser leur qualité.

› Regrouper les données et les résultats des actions dans des bases de données.

› Exploitez-les pour améliorer l'efficacité de vos actions marketing : opérations multicanal, personnalisation de l'expérience Internet et des messages reçus par les clients.

« Tous les 2 jours, nous créons autant d'information que de la préhistoire jusqu'à 2003. » (Eric Schmidt, Google)

Méthodologie et conseils

› Les données, notamment issues des réseaux sociaux (posts Facebook, Twitter ou LinkedIn ; images sur Pinterest ; vidéos YouTube) sont produites en continu. Le traitement en temps réel devient la norme.

› Filtrer pour éliminer les données pléthoriques. ■

Avantages

- Par opposition au datamining qui analyse des données à partir d'un échantillon représentatif, le *big data* traite toutes les données.

Précautions à prendre

- L'énorme volume de données à traiter et stocker peut devenir un handicap (coûts, délais, retard sur la concurrence).
- Attention, quantité n'est pas qualité et la donnée n'est pas de l'information.
- La difficulté principale réside dans le temps nécessaire et la capacité de traitement.

OUTIL 48

SMO (réseaux sociaux et référencement)

PYRAMIDE DES OBJECTIFS DE SMO

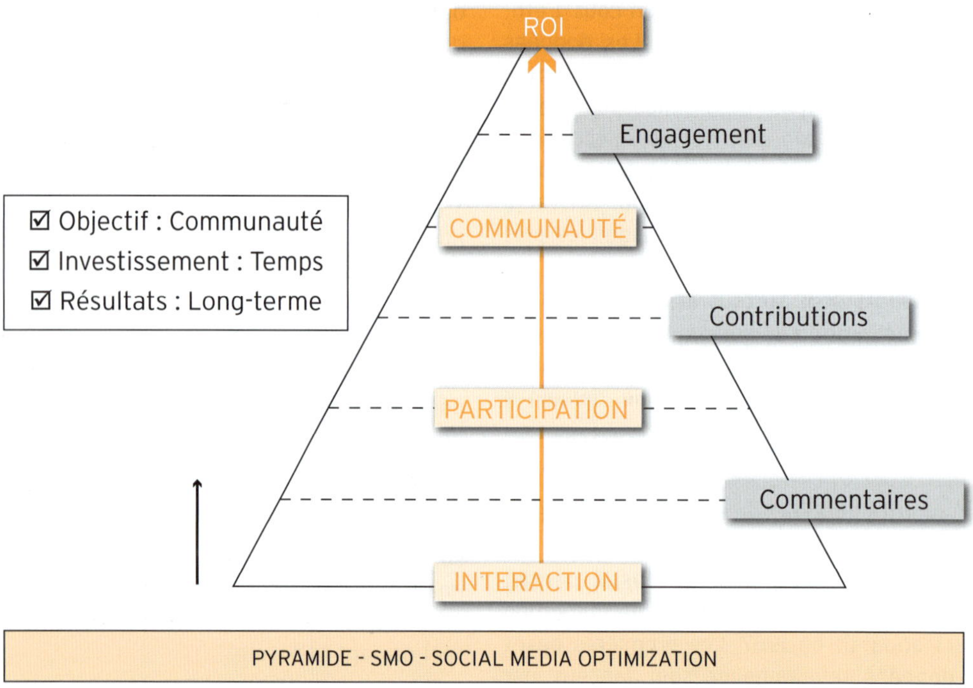

En résumé

Le SMO (*Social media optimization*) regroupe les techniques de référencement *via* les réseaux sociaux, qu'elles soient sur le site (boutons de partage...) ou en dehors (blogs, commentaires...).

Le référencement est l'une des principales préoccupations digitales de nombreux professionnels, que ce soit à titre personnel pour leur carrière, pour leur entreprise ou pour leur marque. Le référencement n'est pas tout, ce n'est pas une fin en soi mais un moyen d'accroître sa visibilité et sa reconnaissance.

Que ce soit Google ou Bing, les moteurs de recherche prennent de plus en plus en compte les signaux sociaux pour le référencement des différentes pages.

Insight

The SMO (Social media optimization) includes SEO techniques via social networks. They can be on-site (share buttons...) or off-site (blogs, comments...).

SEO is one of the main concerns of many digital professionals, either personally for their careers, for their business or their brand. SEO is not an end in itself but a means to increase visibility and recognition.

Whether Google or Bing, the search engines take into account the social signals for SEO.

Pourquoi l'utiliser ?

Objectif

Même si les algorithmes et le fonctionnement exact des principaux moteurs de recherche (Google, Bing) n'est pas connu, les deux intervenants ont indiqué que le classement des sites dans leurs pages de résultats prenait en compte les signaux issus des réseaux sociaux. Le SMO est donc à prendre en compte si on veut utiliser toutes les méthodes pour essayer d'améliorer le référencement de ses différentes pages.

La difficulté vient de ce que ce n'est pas le propriétaire du site qui peut améliorer directement le référencement social de son site. Il doit mettre à disposition des internautes les éléments pour le faire. C'est-à-dire qu'il doit chercher à faire en sorte que ceux qui viennent sur son site aient envie de partager son contenu et leur donner les moyens de le faire notamment avec des boutons de partage.

Contexte

On a commencé à parler de SMO en 2006, avec 5 règles de base qui ont été publiées. Elles sont 17 aujourd'hui. Le SMO est à prendre en compte par tous ceux qui ont un site Internet qu'ils veulent rendre plus visible. Cela peut être un site personnel, un blog, un site d'entreprise... Le SMO ne se substitue pas au SEO (techniques de référencement « de base ») ni au SEM (référencement payant grâce à la publicité) ; il vient en complément.

Selon Forrester, la recherche *via* les moteurs comme Google ou Bing reste majoritaire (plus de 50 % des internautes). Mais, la recherche sociale est passée de 18 % en 2010 à 35 % en 2012. On observe une fracture numérique liée à l'âge : 50 % des 18/23 ans préfèrent rechercher *via* les réseaux sociaux, contre 22 % chez les 55/67 ans.

Avec la personnalisation des résultats annoncée par Facebook et le recours généralisé aux hashtags, le SMO est incontournable.

Comment l'utiliser ?

Étapes

› Avant de se lancer dans une démarche de référencement, qu'il soit technique (SEO) ou social, il faut déjà avoir défini sur quelles thématiques (mots-clés, expressions) on veut se rendre visible.

› Il est également important de savoir sur quels espaces ses cibles (clients, prospects et ambassadeurs) ont le plus de chance de se trouver.

« Rien n'a plus d'influence qu'une recommandation d'un ami. C'est plus influent que n'importe quel message publicitaire. » (M. Zuckerberg)

Méthodologie et conseils

D'un point de vue technique, le site Internet doit contenir des outils de partage sur les réseaux sociaux. Ce sont des widgets, composés de lignes de code à intégrer dans le contenu des pages d'un site. Ils sont de 2 types. D'une part, des widgets de partage pour permettre à l'internaute de recommander un contenu donné à son réseau. D'autre part, des widgets de suivi pour permettre à l'internaute de suivre l'auteur des contenus sur les réseaux où il est présent. D'où l'intérêt d'avoir une présence sur plusieurs d'entre eux pour laisser le choix aux internautes de suivre sur les réseaux qui leur sont les plus familiers.

Avantages

- L'intérêt du SMO est que ce sont les internautes qui se chargent de faire connaître l'émetteur du contenu. Il n'en est que plus crédible.
- Cliquer sur des widgets de partage est de la publicité gratuite : l'émetteur du contenu n'a aucun coût.
- Donner la possibilité de partager ses contenus est une attitude « 2.0 » très appréciée.

Précautions à prendre

- S'il est facile de partager positivement pour recommander, il est tout aussi facile de le faire pour critiquer voire pour dénigrer.
- Quand les contenus circulent, ils peuvent plus facilement être détournés ou copiés sans en mentionner l'origine.

SUITE OUTIL 48 →

SMO (réseaux sociaux et référencement)

Comment être plus efficace ?

Comment améliorer son référencement social ?

Les professionnels du web considèrent qu'aujourd'hui 12 règles sont à prendre en compte au-delà des 5 règles initiales, soit 17 au total. Les éléments principaux sont les suivants.

› **Les liens sont un élément important,** qu'ils soient internes au site ou qu'ils viennent de sites tiers. Pour être pertinents, il doit y avoir un lien thématique entre les deux pages connectées. L'achat de liens ou l'échange de liens (A vers B et B vers A), les liens triangulaires (A vers B, B vers C et C vers A) sont généralement détectés et peu recommandés. Remerciez donc ceux qui en font spontanément parce que votre contenu les a intéressés.

› **Cherchez à faciliter la diffusion de vos contenus.** Chaque article, chaque image, chaque photo de produit doit pouvoir être partagée rapidement et simplement sur les principaux réseaux sociaux. Ce sont des lignes de code assez courtes que tout webmaster sait mettre en ligne aisément.

› **Commencez par donner pour recevoir,** par être une source et une ressource et n'attendez pas de résultat immédiat. Ne soyez pas calculateur.

› **Ciblez votre audience.** Sachez où elle est présente en ligne et soyez-y présent.

› **Créez du contenu.** Apportez de la valeur. Ne vous contentez pas de diffuser ou de faire suivre du contenu, créez-le. La qualité est essentielle. Elle ne garantit pas le succès, mais sans qualité il n'y a pas de trafic.

› **L'une des plateformes les plus efficaces pour améliorer le référencement est Google+,** le réseau social de Google. Ce n'est pas le nombre de « +1 » obtenu qui aura un impact direct sur le référencement. En tant que tel, le nombre de « +1 » ne veut rien dire : qui l'a fait ? Les comptes qui recommandent le contenu sont-ils actifs et reconnus ? En revanche, il semble que le nombre de « +1 » ait un lien indirect sur le référencement. Si une page reçoit des recommandations sur Google+ c'est qu'elle est partagée donc prise en compte par Google. Cela lui permet de se faire connaître auprès de plus de lecteurs, qui pourront chacun la recommander à leur tour. Les nouveaux lecteurs, en voyant le nombre de partages sur les différents réseaux seront plus enclins à lire et à partager à leur tour.

› **Facebook** qui travaille son moteur de recherche interne est peu enclin à faciliter la vie de Google pour repérer ce qui y est partagé. Twitter et Google n'ont plus de partenariat depuis 2011. Google privilégie donc son réseau Google+ et indexe plus rapidement le contenu qui y est recommandé.

› **Google** cherche aussi à développer la personnalisation des résultats, notamment à partir de Google+. Quand quelqu'un apprécie un contenu sur le réseau, Google va davantage le mettre en valeur lors des recherches effectuées par ses contacts. Commencez donc par recommander avec un « +1 » toutes vos pages et tous vos contenus et augmentez la taille de votre réseau sur Google+ pour bénéficier au mieux de la personnalisation.

CAS Impacts des réseaux sociaux sur le référencement

PRINCIPAUX CRITÈRES D'IMPACT SUR LE RÉFÉRENCEMENT

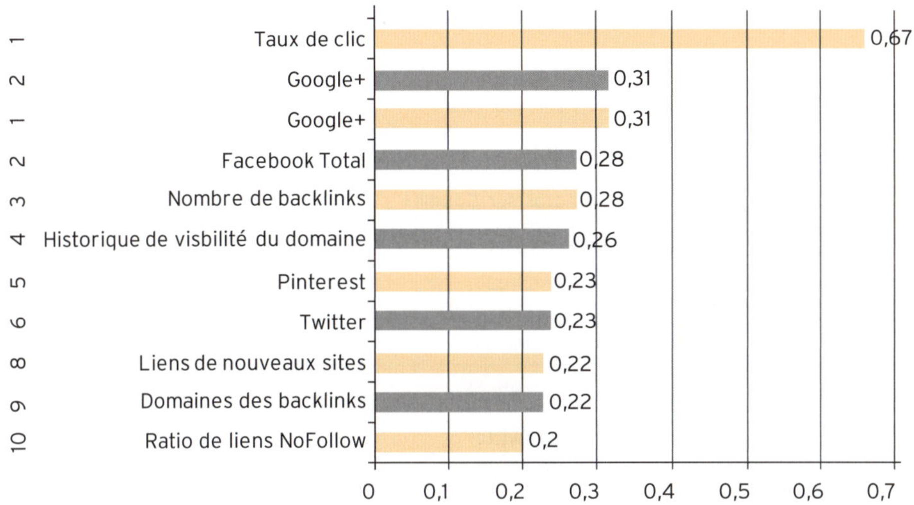

Source : http://www.searchmetrics.com/fr

Gaël de Kerdanet, CarpeDiemQM

Les études Searchmetrix qui analysent près de 30 items pour établir une corrélation entre facteurs de référencement et position sur google, confirment l'importance des réseaux sociaux (7 sur les 10 premiers facteurs). Google+ et Facebook viennent derrière mots clés et liens entrants, méthode privilégiée des référenceurs jusqu'à la mise à jour « Pingouin » de Google en 2013.

Pourquoi ? L'avenir de Google, financé par la publicité, dépend de sa pertinence pour les recherches des internautes. La guerre des moteurs de recherche est impitoyable et en changer facile : devant les manipulations toujours plus sophistiquées des spammeurs de contenus et de liens, Google mise sur la qualité intégrant les réseaux sociaux humains comme signal fort de qualité et donc des contenus ainsi partagés.

Comment ? Pour les TPE/PME il est plus facile de promouvoir site et contenu à travers des réseaux sociaux qui les connaissent et amplifient un message pertinent et bien construit – donc générateur de trafic vers le site - plutôt que de tenter de convaincre des sites inconnus d'échanger avec eux des liens dont la pérennité est relative, la pratique douteuse (ne respectant pas vraiment les T&Cs de Google) et l'impact faible. Une trentaine de « Shares » et de « +1 » – associés à autant de liens entrants de qualité et un site optimisé – peuvent faire la différence sur le positionnement d'un mot ou d'une page vis-à-vis de la concurrence.

Pour des entreprises plus importantes, une stratégie social media s'impose pour plusieurs raisons : communiquer et galvaniser ses followers tout en générant un nombre élevé de Likes / +1 aide à la réputation du site et génère du trafic ciblé et qualifié, élément important pour Google ! Attention, l'optimisation du contenu des pages du site pour le référencement reste essentielle !

OUTIL 49

Les blogs

60 SECONDES SUR LES RÉSEAUX SOCIAUX

293 000	Statuts mis à jour sur Facebook
347 000	Tweets partagés
3 000 000	Vidéos vues sur YouTube
40 000	Posts sur Tumblr
35 000	Nouvelles photos sur Google+
2 000 000	Likes sur Instagram
15 000	Nouveaux pins sur Pinterest
17 000	Profils vus sur Linkedin
150 000	Messages sur Facebook
1 000 000	Recherches sur Twitter
700 000	Vues mobiles sur YouTube
56 000	Nouvelles photos sur Instagram
60 000	Commentaires sur Instagram
120	Nouveaux membres sur LinkedIn

Source : Personalizemedia

En résumé

Les blogs sont un des fondements des réseaux sociaux. De nombreux échanges sur Facebook, LinkedIn ou Twitter sont des partages d'articles publiés sur les blogs. Ils ne sont donc, a priori, pas prêts de disparaître.

Les différentes plateformes de blog (WordPress, Typepad, Blogger...) sont développées pour que les articles soient facilement référencés sur les moteurs de recherche. Chacune propose plugins et widgets pour faciliter le partage des articles.

Il y a environ 200 millions de blogs, dont 165 millions sont actifs.

L'activité du blogueur est contraignante et nécessite une certaine régularité. Les résultats ne sont pas immédiats.

La concurrence est forte, il est difficile d'émerger.

Insight

Blogs are one of the foundations of social networks. Many posts on Facebook, LinkedIn or Twitter share articles published on blogs. They are therefore not about to disappear.

The different blogging platforms (WordPress, Typepad, Blogger...) are developed for the articles to be easily referenced on the search engines. Each offer widgets and plugins to facilitate the sharing of articles.

There are about 200 million blogs, of which 165 million are active.

Blogging is binding. It takes regularity and the results are not immediate.

Competition is strong, it is difficult to emerge.

Pourquoi l'utiliser ?

Objectifs

› Se faire connaître dans son milieu : articles de fond, analyse, billets d'humeur ou conseils.

› Exposer son expertise.

› Améliorer la visibilité et le trafic de son site.

› Développer son business.

Contexte

Le blog est un excellent outil pour être plus visible, qu'on soit entrepreneur, cadre ou dirigeant pour faire connaître son entreprise. J'ai lancé mon entreprise à l'aide d'un blog professionnel. Plusieurs entreprises m'ont contacté après avoir lu mes articles et sont devenues clientes.

Des cadres ont retrouvé un emploi grâce à l'expertise présentée sur leurs blogs.

Des blogueurs sont devenus incontournables dans leur métier et ont créé une entreprise de leur blog (Presse-citron.net).

Comment l'utiliser ?

Étapes

› Définissez votre ligne éditoriale (articles de fond, analyse, billets d'humeur) et la façon de vous démarquer de ce qui existe déjà.

› Choisissez une plateforme. Les plateformes proposent des modèles de présentation personnalisables et facilitent les tâches de partage et de diffusion. Très bien pris en compte par les moteurs de recherche, ils permettent d'être référencé plus rapidement qu'avec son propre site. Quand on vous recherche sur Google, votre blog est en première page des résultats.

› Veillez à vos qualités d'expression, de synthèse, d'analyse et d'orthographe. La professionnalisation croissante des blogueurs constitue aujourd'hui une barrière à l'entrée.

› Un internaute ne vient pas uniquement chercher la primeur d'une information (c'est très rare), mais une manière de l'exposer, une analyse personnelle.

› Pré-écrivez quelques articles avant de vous lancer. De nombreux blogs s'arrêtent après quelques jours faute de temps ou d'inspiration.

› Un blog nécessite de la régularité. En BtoC, essayez de publier quotidiennement voire plusieurs fois par jour, pour être présent auprès de son lectorat. En BtoB, la fréquence quotidienne n'est pas l'objectif. Publiez quand vous avez quelque chose à dire et publiez le bien. La qualité du contenu est essentielle.

57 % des entreprises qui ont un blog ont pu acquérir des clients grâce à lui. (Hubspot)

Méthodologie et conseils

Sur un blog professionnel, surtout en BtoB, apportez de la valeur et ne parlez pas que de vous.

Pour vous faire connaître, n'hésitez pas à commenter sur d'autres blogs du secteur ou à proposer des échanges d'articles.

Il est indispensable de relayer vos articles sur vos différents profils sociaux.

Avantages

- Un blog permet de partager un contenu que l'on maîtrise et de se positionner comme expert.
- Il permet d'occuper le terrain, grâce à un bon référencement.
- Un blog peut aider à augmenter le trafic vers son site.

Précautions à prendre

- Tenir un blog professionnel est une activité contraignante. Soyez prêt à y consacrer du temps.
- Attention au droit d'auteur et à bien respecter le travail des autres blogueurs. On peut tout à fait citer un autre blogueur ou un autre article. On peut reprendre un extrait dans son blog. Mais il ne faut pas oublier de citer la source d'origine et d'insérer un lien qui y renvoie.

SUITE OUTIL 49 →

Les blogs

Comment être plus efficace ?

Créer un blog professionnel

Le blog professionnel ou le blog d'entreprise est l'une des actions digitales les plus efficaces et les plus pérennes. Un article est une opportunité de plus de visibilité et de référencement. C'est également l'une des plus chronophages. Trouver une idée d'article, un angle d'attaque, les mots-clés à mettre en avant, le ton, l'illustration, le rédiger, le mettre en ligne, le partager sur les réseaux sociaux... tout cela demande au moins une heure de travail. De plus, personne ne vous attend et il est fort probable que beaucoup d'autres blogs vont aborder les mêmes thématiques que vous.

› Votre blog démarre avec une ligne éditoriale : blog d'humeur, de vulgarisation, de commentaire de l'actualité, éducatif... Définissez une ligne, exprimez-la et tenez-la. Ce qui fait la différence n'est pas tant ce que vous dîtes mais la manière de le dire.

› Une certaine régularité est nécessaire. Créez un calendrier éditorial pour planifier vos articles. Au départ, il est important de publier beaucoup pour se faire remarquer. N'hésitez pas à proposer des articles d'auteurs invités sur d'autres blogs de votre secteur. Vous pourrez vous faire connaître de leurs lectorats.

› Évitez de parler de vous, cela n'intéresse personne. Pensez à votre audience et apportez de la valeur.

› Choisissez soigneusement vos mots-clés, à la fois ceux du blog en général mais également ceux de chaque article.

› Diffusez vos articles sur vos profils sociaux. Ne diffusez pas systématiquement tous vos contenus sur les mêmes plateformes. Certains contenus sont plus adaptés à Facebook et d'autres à LinkedIn.

› Comprenez que les résultats ne seront visibles qu'à moyen terme et qu'il n'y a aucune garantie. Ce n'est pas parce que vous aurez un blog que vous aurez des lecteurs ou des clients. Avec plus de 165 millions de blogs actifs et près de 1 500 articles de blogs publiés chaque minute, il est très difficile d'émerger. C'est un marathon plus qu'un sprint.

› Acceptez de donner pour recevoir. C'est l'une des principales difficultés. Il faut à la fois apporter suffisamment de valeur pour émerger, intéresser et donner envie à vos lecteurs de vous contacter. Mais si vous en donnez trop, personne ne vous appellera. La limite « jusqu'où ne pas aller trop loin » est dure à fixer.

› Choisissez vos titres. Si vos posts sont repris sur Twitter ou *via* Scoop.it, on n'en verra que le titre et c'est lui qui décidera du clic. Il doit donc attirer et donner envie, sans décevoir quand on lit l'article. Évitez d'avoir un titre de plus de 100 caractères pour qu'il puisse tenir dans les 140 caractères de Twitter avec votre mention.

› Privilégiez les articles courts et précis : les internautes ne lisent pas, ils scannent. Ils lisent en moyenne moins de 30 % du contenu d'une page. Ne développez qu'une idée par paragraphe. Si l'internaute comprend en lisant les premiers mots d'un paragraphe que cela ne le concerne pas, il passe au suivant.

› Répondez aux questions QQOQCP : Quoi ? Qui ? Où ? Quand ? Comment ? Pourquoi ?

› N'oubliez pas l'image. Vous obtiendrez probablement plus de partages avec vos images qu'avec votre texte.

CAS Blog de Cyril Bladier

Le blog de Business on Line

J'ai une formation commerciale (aucune connaissance en IT) et une expérience professionnelle chez l'annonceur. En créant mon agence digitale, je n'avais aucune légitimité dans ce secteur, aucun réseau et je n'étais pas connu pour être un professionnel du digital. En revanche, avec un parcours dans des fonctions marketing et un Executive MBA, j'avais une bonne appréhension des objectifs et des contraintes des professionnels du marketing ainsi que des stratégies d'entreprise.

J'ai donc décidé de créer un blog professionnel pour partager ma compréhension des enjeux des réseaux sociaux et du digital sur les organisations et ma vision sur la meilleure manière de les appréhender.

À l'époque, on parlait très peu d'inbound marketing. Cela restait très confidentiel. Sans le savoir, j'ai appliqué ces méthodes. Je me suis dit que la meilleure manière de me faire connaître était de publier du contenu autour des thématiques que j'abordais. L'avantage est double. Un article, c'est une occasion de plus de se rendre visible en ligne et c'est une opportunité de montrer son savoir-faire. J'ai donc écrit près de 200 articles avant de démarrer mon activité. L'idée était de pouvoir publier deux articles par jour dès le départ et de ne pas avoir à se poser la question du thème à aborder chaque jour.

J'ai opté pour un blog externe (non hébergé sur mon site) et j'ai commencé à publier en choisissant mes mots-clés, mes titres et mes images. Chaque article est partagé automatiquement sur Twitter et si c'est pertinent sur LinkedIn, Viadeo ou Facebook.

Résultats ? Près de 1 000 articles à ce jour et autant de possibilités de me trouver en ligne, des contacts de prospects, des clients, des interviews (*Le Monde*, *Stratégies*, télévision...), des propositions de conférences ou de cours en écoles supérieures ou en universités. ■

OUTIL 50

Globalisation/Glocalisation

LE CHAMP D'APPLICATION DU MARKETING

Niveau de l'activité marketing

Applicabilité	Opérationnel	Tactique	Stratégique
Marketing Global	Non	Non	Oui/Non
Marketing Glocal	Oui	Oui	Oui
	Local/Domestique	International / Multinational	Global

Champ d'application du marketing

En résumé

Glocalisation est un néologisme issu de globalisation et de localisation.

Dans une approche de stratégie marketing avec les réseaux sociaux, la question se pose pour toutes pages, profils ou comptes à dimension internationale de savoir si on doit avoir une approche globale (les mêmes contenus pour tout le monde) ; une approche locale (un contenu spécifique par zone géographique) ou une approche dite glocale mélangeant les deux.

Les marques sont internationales, mais les consommateurs ne le sont pas.

Chaque marque, en fonction de sa stratégie a une approche globale, ou locale des réseaux sociaux. Certaines font cohabiter les approches en fonction de la cible, de l'outil ou du message à diffuser.

Insight

Glocalization is a neologism derived from globalization and localization.

Should all pages, profiles or accounts with an international dimension have a global approach (the same contents for everyone), a local approach (contents by a specific geographical region) or a mixture of the two (said glocal approach) ?

Trademarks are international, but consumers are not.

Each brand based on its overall strategy, has a local, global or glocal approach for social media. In some cases, the three approaches coexist depending on the target, the tool or the outgoing message.

Pourquoi l'utiliser ?

Objectif

Sur les réseaux sociaux, une marque internationale cherche à toucher des consommateurs avec des aspirations et des références différentes. Les règles locales sont spécifiques à chaque pays. Ce qui est autorisé dans un État, peut être interdit dans un autre (ciblage ethnique par exemple). Les mêmes mots ou gestes n'ont pas toujours la même signification. Dans une démarche internationale, l'objectif de cette réflexion est de faire le meilleur choix possible en fonction des audiences, des cibles, des messages et bien évidemment des ressources de l'entreprise.

Contexte

Les principales marques sur les réseaux sociaux (celles qui ont le plus de fans : Coca-Cola, Starbucks, Red Bull, Oreo, Skittles...) ont la même approche : des messages courts, globaux, avec des visuels attractifs et engageants et au ton neutre. Au-delà de cette approche globale, coexiste une approche locale avec des posts adaptés aux différentes cultures, publiés dans les différentes langues. Starbucks fait cohabiter une page internationale et des pages locales. Oreo ou Red Bull ont une page unique car on est un consommateur de la marque avant tout, peu importe sa nationalité. Ces marques peuvent néanmoins proposer ponctuellement des applications locales.

Comment l'utiliser ?

Étapes

› En fonction de la stratégie de l'entreprise, de ses marchés, de ses cibles et de ses moyens, le choix est à faire entre trois approches différentes. Les consommateurs veulent une relation nouvelle avec les marques.

› Une fois la stratégie et les objectifs clairement définis, créez les espaces correspondant sur les réseaux sociaux les plus pertinents.

Méthodologie et conseils

L'approche glocale est probablement la plus pertinente.

Facebook, Twitter ou YouTube sont adaptés à une démarche globale.

Pour toucher certaines populations spécifiques, LinkedIn (cadres et dirigeants), Google+ (technophiles), Instagram (mobinautes) ou Pinterest (femmes) sont très utiles.

Dans certains pays, il est indispensable d'être local. Les réseaux sociaux dominant en Russie (VKontakte) ou en Chine (RenRen) ne sont pas les mêmes qu'en Europe ou aux États-Unis.

Air France a différentes approches en fonction des messages et des audiences :

› Information générale, pour tous, sur Facebook ou Twitter.

› Promotions locales par pays, relayées sur Twitter.

› Promotions régionales : un Toulousain n'a pas les mêmes attentes qu'un Alsacien. ■

Glocalisation vient du terme japonais dochakuka, adaptation des techniques agricoles aux conditions locales.

Avantages

- N'avoir qu'une approche globale permet généralement de mieux bénéficier des algorithmes des différents réseaux sociaux dans la mesure où des audiences plus fortes peuvent laisser espérer un meilleur engagement donc une meilleure visibilité.
- N'avoir qu'une approche globale est économiquement et humainement plus simple à gérer.

Précautions à prendre

- Le risque d'une approche globale est de ne pas intéresser suffisamment les différentes populations, de ne pas être pertinent, voire de choquer.
- En cas de crise locale, s'il n'y a qu'une page globale, le risque de propagation est plus important.

OUTIL 51

Le social CRM : réseaux sociaux et relation client

DU CRM AU SOCIAL CRM

	CRM	Social CRM
QUI	Quelques départements	Chacun
QUOI	Process de l'entreprise	Process clients
QUAND	Heures de travail	Heures des clients
OÙ	Canaux définis	Canaux des clients
POURQUOI	Transaction	Interaction
COMMENT	De l'intérieur vers l'extérieur	De l'extérieur vers l'intérieur

Source : Chess Media Group

En résumé

Traditionnellement, le CRM (Consumer Relationship Management, relation client) est unidirectionnel, d'une marque vers son marché. Il comprend les ventes, le marketing et les fonctions support. Il est utilisé pour attirer le client et le faire revenir. Il repose sur les informations récoltées sur les clients pour mieux les segmenter et les cibler.

Le social CRM est une évolution du CRM qui repose sur la présence sociale, l'engagement des clients et les interactions. Il doit aider à comprendre les challenges de l'entreprise pour mieux les relever. C'est l'une des composantes du business social ou collaboratif, dans laquelle l'expérience client est un élément clé.

Insight

CRM (Consumer Relationship Management) is traditionally unidirectional between a brand and its customers and includes sales, marketing and support functions. It is used to attract customers and to get them to come back. It is based on information collected from customers to better segment and target them.

The social CRM is an evolution of CRM based on social presence, customer engagement and interaction. Its aim is to help understanding the challenges the company faces to better address them. This is one of the components of social or collaborative business. The customer experience is critical.

Pourquoi l'utiliser ?

Objectifs

› Tirer parti du fait que les interactions avec les clients sont de plus en plus nombreuses, en particulier *via* les réseaux sociaux.

› Attirer de nouveaux clients.

› Fidéliser les clients actuels.

› Renforcer l'innovation.

› Faire évoluer les fans et les suiveurs pour en faire des consommateurs et des ambassadeurs.

Contexte

Les nouvelles technologies sont acceptées par des consommateurs de tout âge. C'est une nouvelle audience pour les entreprises.

Les développeurs de CRM web ont tous cherché à intégrer les réseaux (Twitter, Facebook, LinkedIn) et leurs technologies dans leurs services, créant ainsi des offres de social CRM.

Les sites et services de social CRM proposent de nouveaux moyens pour se connecter aux clients, mieux les connaître, savoir ce qu'ils aiment ou non, connaître leurs besoins et désirs et aider à trouver de nouveaux prospects.

Il ne s'agit plus d'envoyer des messages aux consommateurs, mais de communiquer et de collaborer avec les clients pour résoudre les problèmes. Le client a sa propre expérience et les relations sont telles qu'il devient un ambassadeur de la marque.

Le client veut que son problème soit réglé, peu lui importe le rôle et le service de son interlocuteur.

Le social CRM engage le consommateur dans une conversation qui apportera une valeur réciproque.

Comment l'utiliser ?

Étapes

› Préparez-vous et planifiez en amont.

› Écoutez les conversations des clients : Facebook Twitter, blogs, LinkedIn...

› Analysez ces conversations.

› Rapprochez ces informations de celles que vous possédez déjà : appels, courriers, formulaires...

› Agissez sur ces conversations.

Méthodologie et conseils

« Le social CRM n'est pas une question de technologie. C'est une question de gens, de processus et de changements culturels nécessaires pour soutenir et faire croître une entreprise. » (M. Lieberman, VP, SugarCRM)

L'engagement social doit concerner l'entreprise dans son ensemble. Formez les commerciaux à l'usage de Twitter, sans spammer.

Aidez le service client à aider vos clients : moins vous contrôlez votre message, plus il sera collaboratif avec vos clients. ■

Le social CRM représente 8 % des dépenses de CRM soit plus d'un milliard de dollars. (Gartner)

Avantages

- Le marketing est plus rentable : meilleur ciblage, meilleur produit, expérience client, bouche-à-oreille.
- En intégrant le contenu social (attentes, souhaits...), l'entreprise peut développer son activité sur de nouveaux marchés.
- Plus écoutés, les clients sont plus fidèles.
- Le service client coûte moins cher.

Précautions à prendre

- L'animation de communauté ne se fait pas au détriment des autres actions.
- Bien identifier les bons ambassadeurs. Non pas ceux qui ont les plus larges audiences mais ceux qui sont les plus partagés.
- Vous êtes sur les réseaux sociaux. Restez sincère, soyez humble et ouvert. Ne vous imposez pas.

DOSSIER

7 MANAGEMENT, PILOTAGE, ROI, RISQUES

Les réseaux sociaux sont de nouveaux outils, de nouveaux usages, de nouveaux modes de consommation, etc. au service des cadres, des dirigeants, des marques, des entrepreneurs... Mais, en dehors des aspects technologiques et opérationnels (commercial, marketing, communication et recrutement), l'environnement global doit être appréhendé. Les efforts entrepris se mesurent et ont des implications (rentabilité, aspects juridiques) pour les managers et les dirigeants.

Les plateformes se sont multipliées. Les entreprises doivent être présentes sur plus d'un outil et actives au moins sur l'un d'entre eux. Néanmoins, certaines organisations voudront être présentes de manière active sur différents réseaux, voire gérer plusieurs comptes Twitter ou plusieurs pages Facebook. Il existe des tableaux de bord, comme Hootsuite par exemple, qui permettent de le faire.

Un des éléments que l'on cherche à atteindre c'est l'influence. On cherche soit à devenir influent soit à repérer quels sont les influenceurs dans son écosystème pour s'y appuyer et relayer sa communication. L'influence ne se décrète pas et ne s'achète pas. Ce n'est pas qu'une question d'audience. C'est surtout la capacité à engager les autres qui est importante. Quels sont les facteurs qui ont un impact sur l'influence ? Comment la mesurer ?

Si les réseaux sociaux ont une dimension opérationnelle indéniable, le dirigeant a besoin de prendre du recul et d'avoir une vision plus stratégique. Quels sont les éléments à prendre en compte en tant que dirigeant ?

Le ROI (*Return On Investment*) est une question essentielle dans toute action sur Internet. Aller sur les réseaux sociaux est une démarche stratégique avec des objectifs et des critères d'évaluation. Les marques sont en train de passer d'une logique de présence (pour y être) et/ou d'animation (pour engager) à une logique plus orientée business pour rentabiliser ces investissements. Faut-il prendre en compte des critères qualitatifs ou quantitatifs ? Quels sont ceux qui sont adaptés à ce nouveau marché ?

Pour les dirigeants et pour les collaborateurs de l'entreprise, les réseaux sociaux ont également une implication légale. Quelle est-elle ? Quels sont les points importants ? Quels sont les risques et les limites ?

DOSSIER 7

Même si les cas sont rares, de nombreuses entreprises (à commencer par les plus grandes) ont été attaquées sur les réseaux sociaux. Certaines attaques ont été essentiellement médiatiques, sans impact en dehors de la sphère technophile. D'autres au contraire ont vu leurs cours de bourse chuter ou leur activité sérieusement touchée. Le risque zéro ne peut être atteint. Ce n'est pas parce qu'une marque n'est pas présente qu'elle ne sera pas attaquée. Face à ce risque, une marque ne peut plus se permettre de ne répondre que sur son site, *via* des communiqués de presse et d'engager des pros de l'e-réputation après la crise. Une marque doit disposer d'espaces de réponse et de communautés prêtes à la défendre.

PARCOURS DU PROSPECT AVANT DE GÉNÉRER DU PROFIT

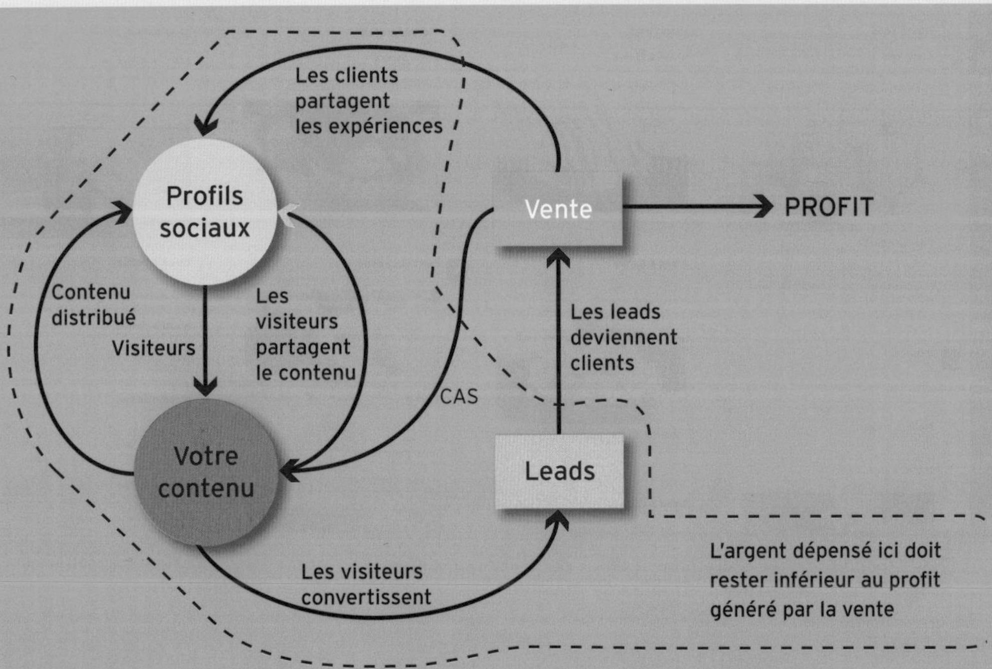

LES OUTILS

OUTIL 52

Les tableaux de bord (Hootsuite...)

TABLEAU DE BORD HOOTSUITE

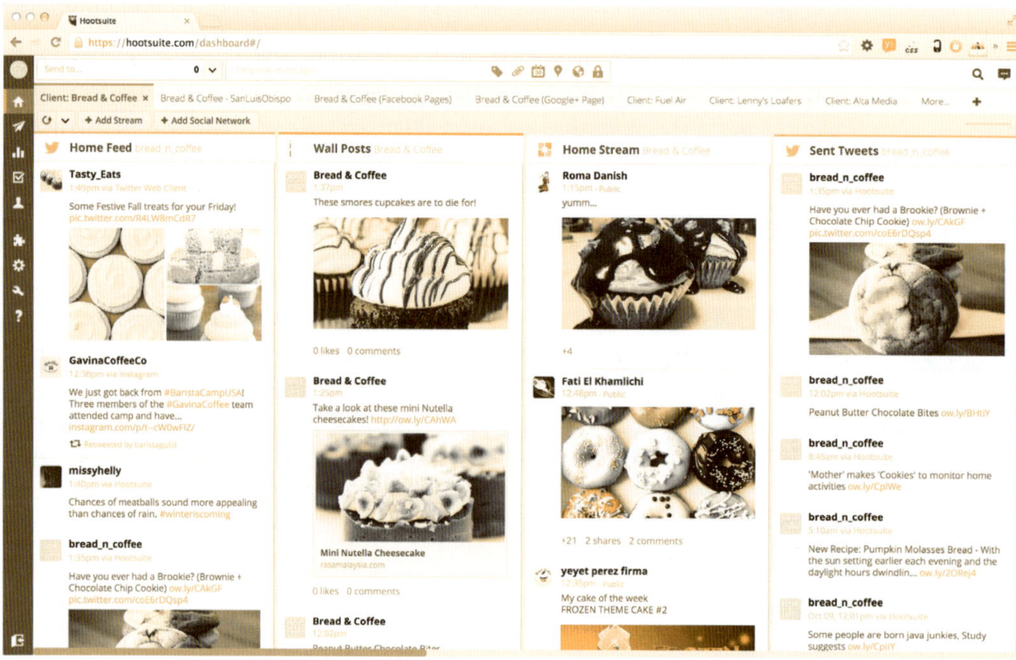

En résumé

Pour obtenir une bonne visibilité sur Internet et pour tirer le meilleur profit des réseaux sociaux, il est nécessaire de posséder des profils sur plusieurs plateformes. La gestion devient alors complexe pour mettre à jour, publier et faire évoluer les différents profils.

Hootsuite, Netvibes, Buffer, SocialOomph, Tweetdeck font partie des principaux outils pour le faire. La plupart de ces solutions ont des offres gratuites et payantes, soit selon le profil (individu, entreprise...) soit selon les fonctionnalités que l'on souhaite.

Insight

To get a good visibility on the Internet and make the most of social networks, it is necessary to have profiles on multiple platforms. Management becomes complex to update, publish and develop different profiles.

Hootsuite, Netvibes, Buffer, SocialOomph, Tweetdeck are part of the main tools to do so. Most solutions have free and paid offers, according to the profile (individual, company...) or depending on the desired features.

Pourquoi l'utiliser ?

Objectifs

› Principalement gagner du temps, que ce soit en centralisant ou en automatisant un certain nombre de tâches, souvent à faible valeur.

› Pouvoir gérer les interactions autour de son organisation en déplacement ou pendant son absence.

› Écouter, suivre et mesurer ce qui se dit sur les réseaux sociaux.

Contexte

Hootsuite, service pour gérer la présence sur plusieurs plateformes, a évolué pour se positionner comme outil de gestion de marque. C'est la seule solution qui permette de gérer des profils sur tous les principaux réseaux sociaux en même temps (Twitter, Facebook, LinkedIn, Google+, Foursquare et même wordpress pour les blogs). D'un outil, on peut publier rapidement sur toutes ces plateformes. Buffer, SocialOomph et Tweetdeck intègrent essentiellement Twitter. Netvibes est surtout un outil de veille et de suivi.

Ces services peuvent concerner chacun, du particulier à la multinationale mais ne sont intéressants que si vous avez plusieurs profils à gérer ou si vous êtes très actif sur Twitter.

Comment l'utiliser ?

Étapes

› Hootsuite est l'outil le plus connu et fonctionne à la fois pour les individus et les organisations. Il permet de manager des opérations sur plusieurs réseaux depuis un unique tableau de bord en ligne : gestion de comptes, tracking, conversations, mesure des résultats. Existe en versions gratuite et payante.

› Buffer est un outil pour programmer sa diffusion de contenu sur les réseaux sociaux qui fournit en plus un outil d'analyse de l'engagement et du reach.

› SocialOomph propose plusieurs services pour améliorer sa productivité en particulier autour de Twitter : programmation de tweets, tracking de mots-clés, auto-follow, message d'accueil des nouveaux abonnés...

› Tweetdeck est une solution en ligne et sur ordinateur pour suivre et manager plusieurs comptes Twitter. Tweetdeck a aété racheté par Twitter.

› Netvibes est un tableau de bord personnalisé pour publier toute sa vie numérique. Netvibes offre des solutions pour agences, entreprises et individus.

› Bottlenose a levé 3,6 millions de dollars en 2013 et a la particularité de fonctionner en temps réel.

La plupart de ces outils existent sous forme d'applications à intégrer dans son navigateur Internet.

Méthodologie et conseils

Hootsuite n'a pas réellement de concurrent direct pour le moment.

Ces outils fournissent des informations intéressantes, encore faut-il avoir le temps et la structure pour les analyser et en exploiter les résultats. ■

Avantages

- Quand on a plusieurs profils à gérer, ces outils s'imposent par leur praticité.

Précautions à prendre

- Certaines applications jouent avec les règles des réseaux sociaux et ce qui y est autorisé. En cas de durcissement ou de changement, leur pérennité peut être remise en cause.
- Attention à ne pas tout automatiser. Sur Facebook par exemple, les actions manuelles portent plus que les actions automatiques.

OUTIL 53

Influence et mesure de l'influence

LE CONCEPT DE KLOUT

- − Connecter vos réseaux ne peut qu'aider votre score
- + L'influence est la capacité à faire agir
- + Klout évolue en permanence
- + L'influence se construit dans le temps
- + Tout le monde a une expertise
- + Être actif n'est pas être influent

Source : Klout.com

En résumé

Avec le développement des réseaux sociaux, une nouvelle catégorie d'internautes a émergé : les influenceurs. Ce ne sont pas nécessairement ceux qui ont les plus fortes audiences. L'**influence** se mesure surtout par la capacité à engager et à faire réagir les autres. L'influenceur, quand il s'exprime, fait « Liker », « retweeter » ou partager ceux qui le suivent. C'est la raison pour laquelle les marques les recherchent. Un message repris par un influenceur a plus de poids et de crédibilité que s'il est émis directement par la marque. Plusieurs outils aident à mesurer l'influence en ligne, comme Klout, PeerIndex ou Kred.

Insight

With the development of social networks, a new category of online people emerged: influencers. These are not necessarily those who have the largest audience. ***Influence*** *is measured primarily by the ability to engage and make others react. The influencer when he posts, make his followers «Like», «retweet» or share. This is the reason why brands seek them. A message shared by an influencer has more weight and credibility than if issued directly by the brand. Several tools help to measure online influence, Like Klout, PeerIndex and Kred.*

Pourquoi l'utiliser ?

Objectifs

› Mesurer son influence en ligne, que ce soit pour son ego, pour mesurer la pertinence de ses actions, comme critère de retour sur investissement ou pour développer son activité.

› Trouver des influenceurs en ligne.

› Mesurer l'influence de ses concurrents et de ses partenaires.

Contexte

Klout est l'opérateur historique. Le Klout Score est un indice qui mesure l'influence entre 1 et 100 en se basant sur les profils Twitter, Facebook, LinkedIn, Google+, Foursquare, Instagram, YouTube, Tumblr... Ce sont les interactions : retweets, mentions, Likes, commentaires, « +1 » qui sont prises en compte. Le « Klout score » est un mix du nombre de personnes touchées, de l'amplification et de l'influence des personnes du réseau.

PeerIndex repose davantage sur Twitter et est plus européen. PeerIndex mixe autorité, audience et activité.

Kred n'analyse que les comptes Twitter, en fonction des mentions et des retweets. Comme pour Klout, il existe un «Kred for brands» pour identifier, prioriser et engager ses meilleurs fans.

Finalement, personne n'en parle mais tout le monde regarde en douce son Klout score...

Comment l'utiliser ?

Étapes

Ces trois principales plateformes sont accessibles gratuitement. Il suffit d'un compte Twitter pour en mesurer l'influence et connaître celle des autres.

› Identifiez les influenceurs clés (10 à 20, pas tous les influenceurs).

› Développez une relation avec eux.

› Mesurez leurs scores sur les trois plateformes. Regardez sur quels sites ils sont présents.

Méthodologie et conseils

Une liste d'influenceurs n'est pas figée, elle évolue dans le temps.

Il est rare que quelqu'un soit influent dans l'absolu. Un internaute est influent dans un secteur économique donné. Le cas échéant, il existe des agences spécialisées dans la détection et les relations avec les blogueurs. Apportez des réponses plus personnalisées aux influenceurs. Bien ou mal traités, leur expérience sera partagée sur les réseaux sociaux auprès de leurs communautés. ■

6 % des internautes concentrent 80 % de l'influence en ligne. (Forrester)

Avantages

- Klout a lancé une version « Klout for business ». Il existe des plugins pour les navigateurs Internet Chrome ou Firefox qui affichent les scores d'influence des comptes sur Twitter.
- L'influence ne se décrète pas et ne s'achète pas. C'est essentiellement une question de pertinence.

Précautions à prendre

- Les critiques remarquent qu'il est possible de manipuler son score. Néanmoins cela suppose que celui qui le fait sache que c'est possible et comment le faire.
- Bien encadrer sa communication autour de ces outils : la marque Quechua a déclenché une polémique sur le web en demandant un Klout score minimum pour un community manager stagiaire.
- L'influence n'est pas tout. Mieux vaut un community manager passionné par vos produits et moyennement influent, qu'un influent que vos produits n'intéressent pas.

ROI des réseaux sociaux

QUELS CONTENUS ONT LE MEILLEUR ROI ?

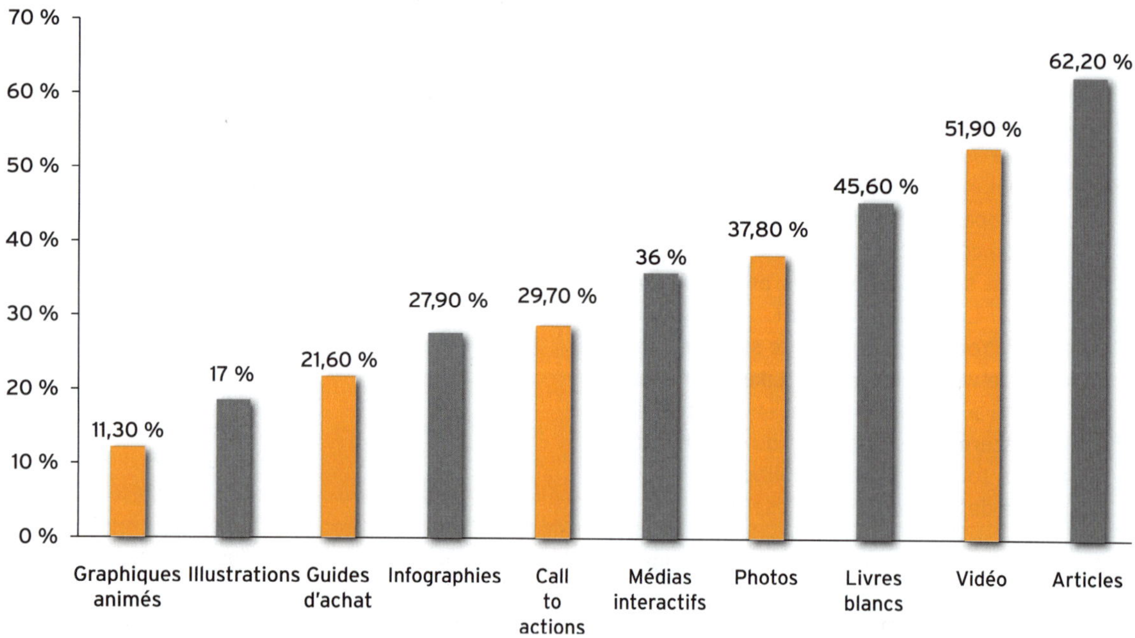

Source : emarketer.com

En résumé

La question du retour sur investissement (ROI) d'une présence sur les réseaux sociaux est au cœur de toute démarche. En entreprise, toute stratégie mise en place et le plan d'action qui en découlent doivent avoir des critères de mesure et d'évaluation. Sur les réseaux sociaux, les critères du ROI sont d'abord qualitatifs : image et notoriété. L'investissement sur les réseaux sociaux est un marathon, les résultats se mesurent sur le long terme. D'un point de vue quantitatif, il y a une infinité de critères. Ils doivent être en ligne avec les objectifs. Depuis quelques mois, la question de la rentabilisation de ces investissements se pose de plus en plus.

Insight

The issue of return on investment (ROI) of a presence on social networks is at the heart of any approach. In business, any strategy implementation and action plan arising must have metrics and evaluation. On social networks, ROI criteria are first qualitative : image and reputation. Investment in social networks is a marathon, results are measured over the long term. From a quantitative point of view, there is an infinite number of criteria. They must be in line with the objectives. In recent months, the issue of return on these investments arises more.

Pourquoi l'utiliser ?

Objectifs

› Évaluer la pertinence et la performance de ses actions.

› Analyser et apporter les mesures correctives.

› Informer le dirigeant du ROI. C'est sa principale question sur ce type de stratégie.

› Faire des choix entre les différentes opportunités.

› Capitaliser sur l'« earned media », les impressions créées par les internautes qui ont partagé du contenu sur les réseaux sociaux et le mesurer. C'est gratuit et efficace.

Contexte

La difficulté vient du fait que ces techniques restent récentes. Il n'y a pas de standard et les éléments intangibles ne convainquent pas tous les dirigeants. Les objections liées au manque de retour concret en termes de business servent d'excuse pour ne pas y aller. Alors que la question se pose moins pour la publicité télévisée (18 % de ROI positif), le mailing, les catalogues ou les salons. Le niveau d'exigence est plus élevé pour Internet et pour les réseaux sociaux que pour ces actions traditionnelles et entrées dans les mœurs.

La question aujourd'hui est plutôt celle du risque de non investissement : quel est le coût de ne pas aller sur les réseaux sociaux ? La part de budget publicitaire affectée à Internet est déconnectée du temps qu'on y passe.

Le ROI induit une notion financière. Fréquence, amis, followers n'en font pas partie. Le ROI ce sont des recettes supplémentaires ou des économies réalisées.

Comment l'utiliser ?

Étapes

› Définissez quels résultats sont attendus : économies, efficacité, business, trafic du site, nombre de pages vues, temps passé sur le site, téléchargements, appels et bien entendu clients et chiffre d'affaires.

› Définissez votre investissement (personnel, agence...).

› Comprenez vos audiences et ce qu'elles attendent.

› Choisissez vos références : opérations passées, concurrents...

› Choisissez vos outils de mesure en fonction de vos objectifs.

› Analysez, testez, agissez et mesurez encore.

« Le ROI des réseaux sociaux c'est que votre entreprise existera encore dans 5 ans. » (E. Qualman)

Méthodologie et conseils

Le ROI sur les réseaux sociaux est plus important pour des achats émotionnels que pour des achats rationnels.

Les réseaux sociaux sont un moyen d'écoute avant d'être un moyen de prise de parole.

Exemples de critères quantitatifs :

Nombre de leads, ventes, appels entrants, demandes de prix, interactions, partages, trafic du site, nombre d'abonnés, nombre de candidatures, rapport entre articles positifs et négatifs, nombre de retweets, nombre de vues (vidéos), nombre de clics, taux d'ouverture...

Exemples de critères qualitatifs :

Notoriété, capacité à créer du buzz, amélioration du service, obtenir du feedback. ■

Avantages

- Évaluer la pertinence de ses actions et les améliorer au fil du temps. Grâce aux outils d'analyse (*web analytics*), les actions sur Internet sont plus facilement mesurables que pour d'autres médias.
- Sur Internet, on capitalise sur *l'earned media*. Contrairement aux autres médias, on ne repart pas de zéro à chaque action.

Précautions à prendre

- Ne pas se tromper. Sur Facebook, l'important c'est l'engagement, pas le nombre de fans. Une page peut avoir moins de fans mais davantage d'engagement. Internet s'envisage sur le long terme, pas en campagnes.

OUTIL 55 Les réseaux sociaux pour le dirigeant

LES 6 COMPÉTENCES SOCIAL MEDIA QUE TOUT LEADER DOIT POSSÉDER

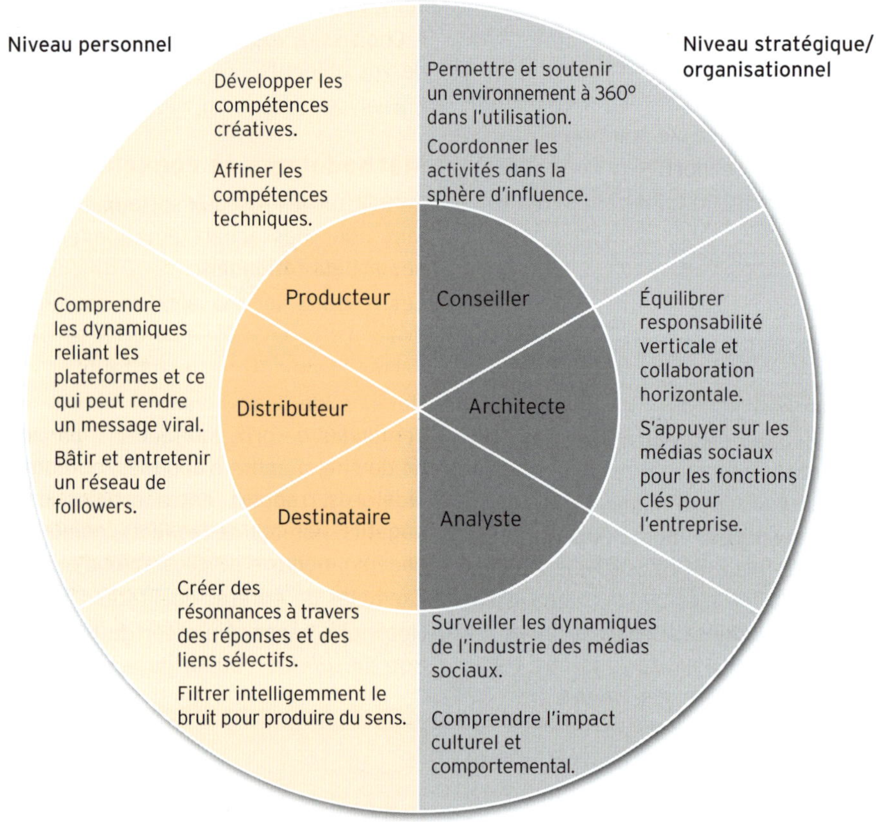

Source : McKinsey

En résumé

Le rôle du dirigeant vis-à-vis des réseaux sociaux n'est pas opérationnel. C'est à lui de donner l'impulsion pour faire évoluer la culture de l'entreprise et ses procédures. C'est au dirigeant de comprendre comment ces nouveaux outils peuvent aider et fragiliser son entreprise et de mettre en place les actions nécessaires. De nombreux exemples d'entreprises de toutes tailles montrent que rester caché pour ne pas s'exposer est inutile. Le fait de ne pas être présent n'empêchera personne de vous critiquer. En revanche, cela vous empêchera de répondre.

Insight

The role of the leader regarding social networks is not operational. It is up to him to provide the impetus for changing the culture of the company and its procedures. It is the leader's responsibility to understand how these new tools can help and weaken its business and implement the necessary actions. Many examples of companies of all sizes show that remain hidden to avoid exposure is useless. The fact of not being present does not stop anyone criticizing you. However, this will prevent you from responding.

Pourquoi l'utiliser ?

Objectifs

Si la question ne se pose plus d'aller ou non sur les réseaux sociaux, c'est au dirigeant de fixer les orientations, le mode de présence, les résultats attendus et d'y affecter les ressources nécessaires.

› Développer la collaboration interne, notamment en cas d'implantations multiples.

› Se préparer pour l'export.

› Trouver des clients. Se faire connaître.

› Créer de nouveaux business models.

› Mieux répondre aux attentes des clients.

› Fidéliser.

Contexte

Les médias traditionnels ne sont pas accessibles à tous. Il y a une forte barrière économique à l'entrée. On y va surtout par campagnes, dont l'effet se dilue dans le temps et il faut se concentrer sur un message-clé. Les pages et profils sur les réseaux sociaux sont accessibles 24/24h et 7/7 j. Ils permettent de toucher des audiences très ciblées et de concentrer ses moyens sur des audiences déjà intéressées par les offres que vous proposez. Il ne s'agit pas de diffuser largement en espérant que quelques-uns seront intéressés mais de chercher à capter ceux qui ont un besoin latent ou exprimé.

Pour les grandes marques, les réseaux sociaux sont des leviers d'engagement et de proximité. Pour les plus petits, ce sont des opportunités de développement encore inaccessibles il y a dix ans.

Comment l'utiliser ?

Étapes

A titre individuel, LinkedIn et Viadeo sont indispensables. On n'y a pas les mêmes réseaux de contacts, donc les deux peuvent être nécessaires.

› Écoutez vos employés. Regardez comment ils contribuent déjà. Demandez-leur leur avis.

› Évaluez les opportunités et la pertinence d'une présence sur Twitter, Facebook, Google+ et les réseaux de Picture Marketing.

› Utilisez YouTube en BtoB.

› Mettez en place un service client sur les réseaux sociaux. Vous pourrez écouter vos clients en temps réel.

« Un client insatisfait dans le monde physique le dit à 6 amis. Sur Internet, chacun peut le dire à 6 000 amis. » (J. Bezos, Amazon)

Méthodologie et conseils

› Créez des profils et des pages entreprises sur les réseaux principaux. Considérez-les comme des annuaires. Vous ne pouvez savoir d'où viendra la demande. Ensuite, regardez les audiences de ces plateformes, recherchez vos clients et concurrents et développez votre présence là où ils sont.

› Interrogez vos équipes, demandez-leur comment les réseaux sociaux peuvent impacter leur métier. Formez-les, préparez-les. N'oubliez pas que vos collaborateurs sont vos premiers et vos meilleurs ambassadeurs. En cas de crise, surveillez vos réactions tant qu'il n'y a pas d'impact sur les ventes. Il n'est pas nécessaire de répondre à tout. ■

Avantages

- Les équipes fonctionnent mieux quand elles sentent l'appui et l'engagement des dirigeants. Vous sécurisez votre entreprise pour l'avenir, quand les générations X et Y seront vos consommateurs et les décideurs. Ce type de projet doit avoir un soutien des dirigeants.

Précautions à prendre

- La décision finale est la vôtre. Ce n'est pas au dirigeant d'assurer la gestion quotidienne. Ne perdez pas de vue la stratégie globale à moyen et long terme. Les réseaux sociaux ne sont pas une stratégie mais au service de votre stratégie d'entreprise.

Aspects juridiques

6 AXES DE LA CHARTE POUR LE DROIT À L'OUBLI NUMÉRIQUE

Les 6 axes de la charte pour le droit à l'oubli numérique
Sensibilisation et éducation des internautes
Protection contre l'indexation automatique
Facilitation de la gestion des données par l'internaute
Mesures spécifiques pour les mineurs
Mise en place d'un outil de signalement
Gestion des transferts de données

En résumé

Les usages des salariés sont très en avance sur ceux des entreprises. Ils sont nombreux, surtout les plus jeunes à prendre la parole (parfois anonymement) pour parler de leur métier, de leur employeur, de leur management. Certains n'hésitent pas à critiquer. Une grande partie des salariés ne sont ni formés ni même sensibilisés par leur employeur à la prise de parole sur les réseaux sociaux. D'une part, ils s'exposent et prennent des risques. D'autre part, ils peuvent faire courir des risques à leur employeur. Enfin, les études montrent que s'ils sont formés, les salariés sont moins critiques.

Insight

Employees' customs are well ahead of companies' customs. There are many, especially young, to speak (sometimes anonymously) about their job, their employer, their management. Some do not hesitate to criticize. Much of the employees are not trained nor sensitized by their employer to speaking on social networks. On the one hand, they expose themselves and take risks. On the other hand, they may be at risk to their employer. Finally, studies show that when they are trained, employees are less critical.

Pourquoi l'utiliser ?

Objectifs

› Concilier liberté de parole et protection de l'entreprise et de la vie privée.

› Favoriser le bon déroulement du contrat de travail en prenant en compte les conséquences de l'utilisation inappropriée des réseaux sociaux.

› Intégrer la génération Y à la recherche d'équilibre professionnel/personnel.

› Définir sa responsabilité d'employeur et de salarié.

› Limiter les pertes de productivité, les risques de harcèlement et ceux liés aux propriétés intellectuelle et industrielle.

Contexte

Il n'y a pas de règle valable pour toutes les entreprises. Chacune a ses spécificités. Une information peut être confidentielle dans une entreprise ou dans un secteur et pas dans d'autres (part de marché, croissance de chiffre...).

Plusieurs challenges sont à prendre en compte. Les salariés ont un usage personnel des réseaux sociaux sur leur lieu de travail et pendant leur temps de travail. Même si les sites sont bloqués, les smartphones permettent d'y accéder facilement et rapidement. Mais, ils ont également des usages professionnels des réseaux sociaux en dehors de leur lieu de travail et de leur temps de travail. Des sites professionnels sont utilisés personnellement (Viadeo pour changer d'emploi) et inversement (page fan Facebook). De plus en plus de salariés communiquent sur leur emploi et sur leur entreprise sur leurs réseaux sociaux personnels.

Comment l'utiliser ?

Étapes

› Mettez en place un règlement pour les communications interne et externe.

› Faites traduire ces documents en français si vous êtes dans un groupe international.

› Informez le CE sur les techniques utilisées en recrutement et pour surveiller l'activité des salariés sur les réseaux sociaux.

› Suivez l'évolution législative sur des sites spécialisés.

Il ne suffit pas de paramétrer la confidentialité de ses profils pour être protégé.

Méthodologie et conseils

Ne liez pas vos chartes ou règlements au règlement intérieur de l'entreprise.

Informez les futurs collaborateurs dès les entretiens de recrutement de la mise en place d'outils de surveillance.

Les données dont vous pourriez avoir connaissance sur les réseaux sociaux ne peuvent porter préjudice à une candidature. Les éléments privés les concernant ne peuvent leur être opposables pour un recrutement, même si 15 % à 20 % des recruteurs prennent connaissance des centres d'intérêt déclarés et si un tiers reconnaît avoir rejeté une candidature à cause d'éléments relevés sur Internet.

Dans l'entreprise, les méthodes de contrôle sont transparentes, liées au poste et aux objectifs. Formez les dirigeants, tous vos salariés, les managers, les RH et les syndicats.

Avantages

- Il est nécessaire de fixer des règles, pour limiter les risques de dérive.
- Établir des chartes, règlements, contrats, etc. permet de définir les niveaux de responsabilité des différents contributeurs.

Précautions à prendre

- Pensez à vérifier les pratiques de vos partenaires, quitte à leur soumettre des engagements écrits.
- Ne recherchez pas d'information sur les sites à vocation personnelle. Distinguez vie personnelle et vie professionnelle.
- Soyez très réactif pour faire saisir les pages à problèmes.

SUITE OUTIL 56 →

Aspects juridiques

Comment être plus efficace ?

D'une manière générale, seule une faible proportion des salariés parle négativement de son entreprise. C'est le rôle des DRH d'apprécier, capter et comprendre ce risque d'image. Tous ne l'ont pas encore fait.

Un post sur Facebook à lui seul ne peut être mis en avant pour justifier un licenciement ; mais l'usage de Facebook, ce qui s'y dit, est mentionné dans près de 50 % des cas.

Prise de parole des salariés et licenciement

Fin 2013, une employée a été licenciée pour avoir trop consulté Facebook. En première instance, elle gagne. La cour d'appel lui donne tort.

Dénigrer son entreprise peut mener au licenciement, mais des injures publiées sur Facebook ne sont pas publiques tant que le compte est peu suivi.

Quels sont les risques encourus par les salariés suite à la publication de textes ou de photos sur des réseaux comme Facebook ? Peuvent-ils mener au licenciement ? Quelle est la valeur de preuve d'un texte ou d'une photo publiée sur les réseaux sociaux ? Les cas sont nombreux : salariés qui critiquent leur employeur, leur manager, d'autres collègues ou qui se montrent en photo à une fête alors qu'ils sont en arrêt maladie.

La jurisprudence en France

Elle n'est pas figée et peut varier selon qu'on soit devant les prud'hommes ou au pénal. Selon Maître Rocheblave (spécialiste en droit du travail), la Cour d'Appel considère que Facebook est un espace public et qu'on y renonce de fait à une certaine discrétion. La jurisprudence s'inspire donc de celle des blogs : on peut parler de son employeur à condition de peser ses mots. On ne dénigre pas publiquement son employeur, c'est une règle de droit de base. La spécificité de Facebook par rapport aux blogs, c'est qu'on y est généralement plus impulsif et moins mesuré. Plusieurs salariés se sont vus reprocher des photos ou des statuts en vacances alors qu'ils étaient en arrêt maladie.

Le paramètre de la confidentialité des profils des réseaux sociaux n'est pas suffisant pour se protéger. Un post sur Facebook peut être un motif de reproche mais aussi une preuve qui peut être présentée devant un tribunal à travers une impression d'écran. Si un salarié est licencié à cause d'un post, il gagnera aux Prud'hommes en contestant la qualification de la faute. La faute grave n'est pas nécessairement retenue.

Au-delà de la critique, les réseaux sociaux sont des risques de diffusion et de fuites d'information. On peut retrouver sur Internet des rapports présentant les structures de coûts de certains grands groupes. Le mode collaboratif étant très répandu, certains salariés ne savent plus faire la part des choses entre ce qui est confidentiel et ce qui ne l'est pas ou avec qui il ne l'est pas.

Les entreprises ont leur part de responsabilité dans la mesure où de nombreux salariés ignorent la législation ou manquent de culture numérique. C'est un chantier à mettre en œuvre car une fois formés, les salariés sont moins enclins à critiquer.

CAS Le point de vue de l'avocat

LES CRAINTES DES SALARIÉS

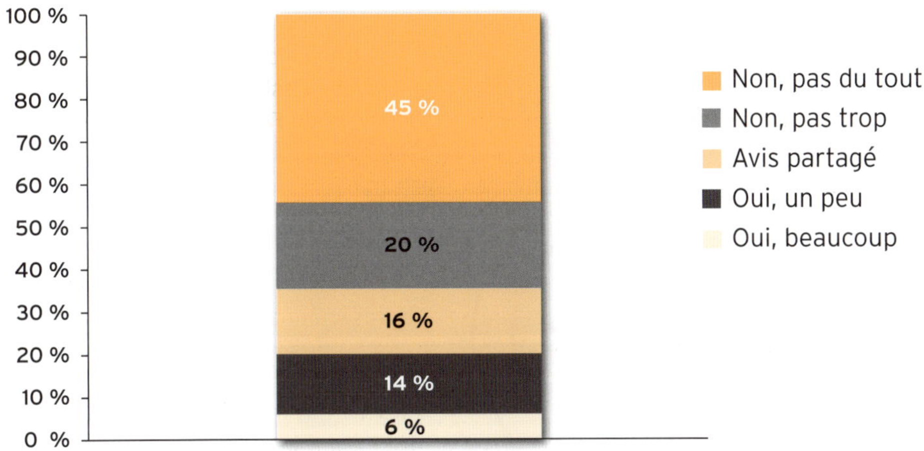

Maître Jean-Marc Puech, avocat au barreau de Paris spécialisé en droit du numérique

Internet est propice à tous les débordements et l'usage des réseaux sociaux (ci-après RS) n'est pas sans risque pour les internautes, si les propos échangés ont été tenus sur le profil ouvert d'une page Facebook ou sur un media public tel que Twitter. Les commentaires qui outrepassent la liberté d'expression peuvent engager la responsabilité pénale de l'auteur : infraction dite de presse - diffamation (allégations portant atteinte à l'honneur d'une personne) ou injure (expression outrageante), ou sa responsabilité civile (dénigrement). Des critiques excessives ou insultantes peuvent se traduire pour le salarié par des sanctions disciplinaires et aboutir à un licenciement, sauf s'il est constaté que les propos diffusés sur les RS n'étaient accessibles qu'*aux seules* personnes agréées par l'intéressé (amis) et en nombre *très* restreint.

Les risques d'atteinte à la réputation numérique des entreprises ne sont pas virtuels. Il leur faut les anticiper au niveau interne *via* des chartes numériques et éthiques, étant précisé que seules des restrictions justifiées par la nature de la tâche et proportionnées au but recherché peuvent être apportées aux libertés individuelles. Les entreprises disposent d'un arsenal juridique civil étendu pour faire cesser les atteintes à leur image ou à celles de leurs produits de marque. L'option de la voie pénale grâce aux services d'enquête de police spécialisés s'avérera souvent plus rapide et efficace. Elle ne doit pas être négligée. Une entreprise qui investit dans de la promotion des ventes *via* les RS veillera au respect scrupuleux de la réglementation applicable (droit de la consommation, du marketing ou du numérique, réglementation sectorielle, règles d'ordre public). Leur violation peut entrainer la rupture du contrat d'adhésion conclu entre la plateforme de RS et le marchand en ligne. Il s'assurera donc de parfaitement maîtriser (notamment sous l'angle juridique) les termes de la licence que lui accorde la société exploitante de la plateforme de RS. ■

OUTIL 57

Gérer une crise

LA VIRALITÉ DES RÉSEAUX SOCIAUX

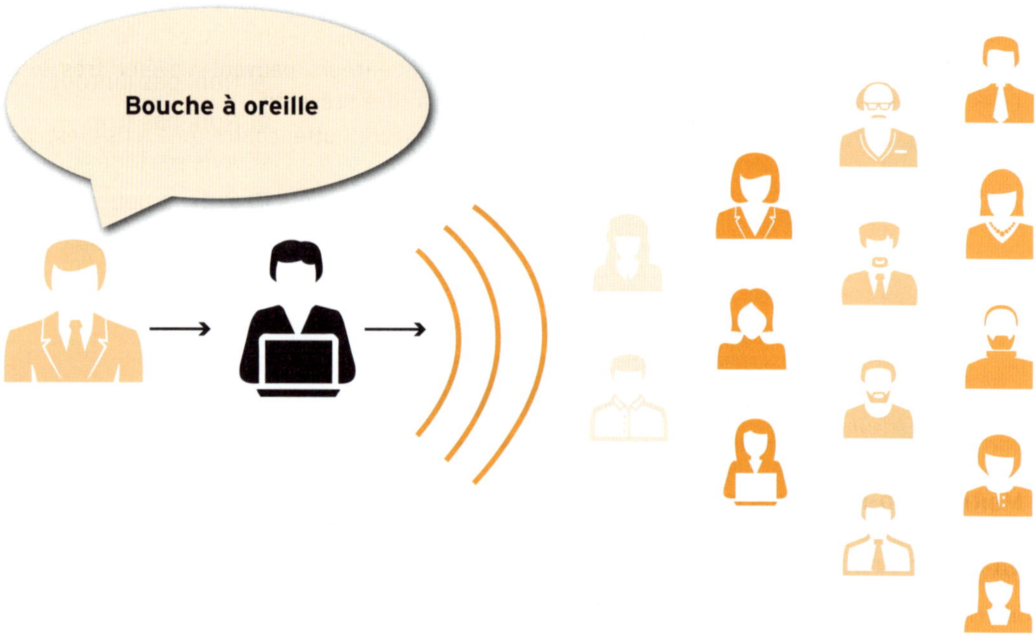

En résumé

Même les plus grandes marques internationales (Abercrombie, Dr Pepper, Kit Kat, Orangina, Malabar, Gap, Findus...) ont été touchées par des **crises** sur les réseaux sociaux. Elles sont soient liées à un mauvais usage des plateformes, soit à une expression sur les réseaux de critiques d'une marque pour ses pratiques commerciales ou environnementales ou pour son mode de communication. Dans certains cas, c'est juste une question d'image limitée aux internautes confrontés aux mauvaises pratiques (achats de fans...). Dans d'autres cas, cela fait la une des journaux. Pour certaines marques le cours de bourse en a été impacté.

Insight

*Even the biggest international brands (Abercrombie, Dr Pepper, Kit Kat, Orangina, Malabar, Gap, Findus...) have been affected by **crises** on social networks. They are related to misuse of platforms, or an expression on social networks against a brand for its communication or its commercial or environmental practices. In some cases, it's just limited to online picture for netsurfers exposed to bad practices (buying fans...). In other cases, it makes the headlines. For some brands the share price was impacted.*

Pourquoi l'utiliser ?

Objectif

Réagir rapidement pour limiter l'impact. Si pour les premières marques touchées, il y a eu peu d'incidence en dehors de la sphère Internet, les conséquences peuvent être beaucoup plus fortes aujourd'hui, d'un point de vue économique notamment, au-delà de l'atteinte à l'image.

Contexte

Il n'est pas nécessaire d'être présent pour être critiqué. Si on veut vous attaquer, on le fera, que vous soyez là ou non. Si vous êtes absent, vous laissez la place libre.

Ne pas être présent n'est donc pas une mesure de protection mais au contraire un handicap puisque sans existence sur ces réseaux, une marque ne dispose pas d'espace de réponse et ne peut réagir.

Comment l'utiliser ?

Étapes

› Découvrez ce qui se dit de vous, de vos produits, de vos marché, de vos concurrents. Mettez en place des dispositifs d'alerte et de veille. Classez les contenus entre réclamations, questions, manques, trolls...

› Pour éviter le cybersquatt (l'utilisation d'une URL à votre nom par un tiers), créez des profils sur tous les principaux réseaux sociaux.

› Le meilleur moyen de limiter les attaques est d'être proactif et d'avoir prévu un plan de gestion de crise. Sachez sur quoi vous pouvez être attaqué : qualité, pratiques environnementales, stratégie marketing ou de communication et prévoyez des réponses adaptées.

Méthodologie et conseils

Il ne faut pas nécessairement répondre à tout ni à tous. Se méfier en particulier des trolls dont le seul but est de vous attaquer et qui auront le dernier mot. Ne les encouragez pas.

Réagissez néanmoins rapidement. Répondre c'est aussi donner du crédit. Pensez à répondre pour tout le monde et pas seulement pour celui qui s'est exprimé. Évitez un discours trop corporate. Si vous ne pouvez répondre immédiatement, indiquez que vous avez pris note du message.

Créez du contenu positif pour protéger votre réputation. Des opérations auprès de blogueurs ou d'influenceurs peuvent s'avérer très efficaces à titre préventif.

La meilleure lutte contre une crise est de l'anticiper : le contenu positif est une bonne préparation.

« Je préfère que les clients mécontents le disent dans mon salon plutôt que dans celui d'un autre. » (M. Dell)

Avantages

- Il existe de nombreux outils de veille et d'analyse sémantique, dont certains sont gratuits. Sur Facebook, les paramètres permettent de prévoir une modération *a priori* des propos qui seront émis. Quand une communauté est créée, elle peut être un très bon ambassadeur/défenseur de la marque, comme c'est le cas pour Apple ou Free.

Précautions à prendre

- Les outils de veille gratuits et la plupart des outils payants ne sont que sémantiques. Pour être pertinente, une solution doit faire de l'analyse contextuelle et pas seulement sémantique. Des termes comme voile, orange... ont un sens différent selon le contexte. Les paramètres de Facebook ne peuvent tout couvrir comme par exemple les inversions de lettres (hilter...) ou le remplacement de lettres par des chiffres (v149r4 pour viagra).

SUITE OUTIL 57 →

Gérer une crise

Comment être plus efficace ?

Sur le web, le dialogue entre internautes et donc entre salariés, candidats, ex-salariés, prospects, clients se développe fortement et rapidement. Les réseaux sociaux renforcent le pouvoir des clients et la viralité d'une information même si elle est erronée. L'entreprise et ses dirigeants doivent prendre en compte ces nouveaux phénomènes pour éviter qu'un litige commercial prenne des proportions démesurées.

Les internautes ne s'expriment pas pour vous nuire : 90 % des contributeurs le font pour les autres et 80 % pour soutenir la marque. Néanmoins, en cas de problème, ils veulent au moins une prise en compte rapide, à défaut d'une réponse. Même si vous pensez que votre produit ou votre marque n'est pas un sujet de discussion, cela peut l'être pour des internautes.

L'un des meilleurs moyens de répondre aux critiques est de les anticiper et pour cela d'une part de créer des communautés, d'autre part de faire en sorte que ses clients partagent leur expérience positive sur les réseaux sociaux et auprès de leurs contacts. Il m'est arrivé qu'une autre société utilise mon logo sans mon accord, c'est un de mes contacts qui l'a repéré et lui a demandé de le retirer avant même de m'en avertir.

Si l'heure est au temps réel et que les internautes sont en attente de réactivité, ne confondez pas vitesse et précipitation et évitez de répondre du tac-au-tac.

En cas de crise, il est recommandé de reconnaître les erreurs. La réaction est importante. Tout le monde peut faire des erreurs, ce qu'on attend, c'est la réponse qui est apportée. Hasbro a fini par sortir une édition « Monopoly Montcuq » après que cette ville a remporté un maximum de suffrages pour le Monopoly des villes de France. Dans un premier temps, ce gagnant avait été écarté au profit du second. Dans une photo de vêtements pour enfants où on voit dans un catalogue un homme nu, La Redoute a transformé le bad buzz en jeu-concours pour trouver d'autres détails incongrus dans leur catalogue.

Le cas le plus difficile à gérer reste celui des trolls. Le troll désigne à la fois le propos et son émetteur. C'est un acte de provocation délibérée pour créer une polémique, pour le jeu, pour faire passer un message, pour critiquer, pour nuire, pour se faire connaître, pour attirer l'attention sur soi...

On distingue néanmoins trois types de trolls. Le débutant n'a pas l'intention de nuire. Il faut faire preuve de pédagogie pour lui répondre. Le troll bête est persuadé d'être intéressant. Il faut lui expliquer gentiment, quitte à répondre à plusieurs. Le troll méchant est le plus répandu. Il est de mauvaise foi et attaque par plaisir. Des clients en ont été victimes et les trolls en question ont fini par leur envoyer un mail pour les remercier pour le trafic et la visibilité apportés. Le troll méchant a une volonté de nuire, gratuitement et sans réel fondement. Il vaut mieux ignorer ces messages pour bloquer les dérives. Cependant l'internaute néophyte ne devra pas avoir l'impression que vous ne prenez pas en compte les remarques de vos clients. L'un des principaux problèmes des trolls est surtout qu'ils risquent de faire fuir ceux qui sont réellement intéressés et pertinents.

CAS Sortir d'une crise sur les médias sociaux

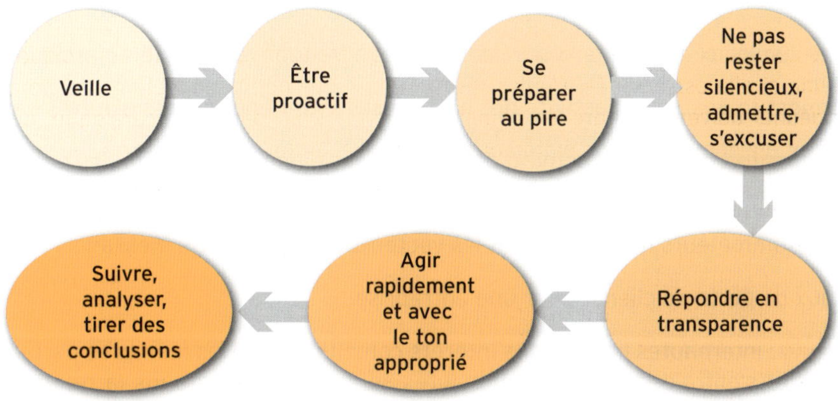

Stephane Munier, directeur du planning stratégique, EMEA Stein IAS, @Stephane_Munier

Pour gérer une crise, l'approche et les compétences requises sont identiques à celles des médias traditionnels.

› **Construisez le capital social de votre marque au quotidien.** Si une crise survient, vos cibles sont bien disposées envers vous.

› **Renseignez-vous sur vos audiences.** Identifiez vos influenceurs. Suivez les conversations et les auteurs. De quoi parlent-ils ? Qui est influent ?

› **Soyez proche de vos amis… et de vos ennemis.** Rejoignez-les sur leurs réseaux. Faites des veilles pour savoir ce qu'ils pensent, comment ils réagissent et s'ils répondront positivement ou non de vous. Cela vous aidera à planifier vos ressources pour impliquer ou apaiser vos publics en cas de crise.

› **Unissez vos forces** en impliquant les parties prenantes avant et pendant la crise (Comité de Direction, Juridique, RP, Service Client). Formez-les pour qu'ils soient sources de valeur. Regroupez-les en équipes pour se relayer 24/24 pendant la crise. Le manque de sommeil est l'une des causes principales de malentendus.

› **Équipez-vous** d'outils de tracking, de veille et de publication pour fournir des réponses appropriées et rapides. Combinez outils gratuits et payants. Évaluez votre fréquence de réponse et déterminez quels employés ont accès à vos outils.

› **N'en dites pas trop !** Ne communiquez que des faits publics, au bon moment. Vérifiez l'exactitude de vos affirmations pour éviter toute mauvaise interprétation. Expliquez et corrigez les inexactitudes.

› **Traitez les plaintes hors ligne** jusqu'à ce qu'elles soient résolues et sans les exposer à votre communauté. Rendez l'issue publique afin de montrer que la situation a été gérée de façon satisfaisante.

› **Ne laissez pas une situation s'envenimer.** ■

Glossaire

Agrégation de contenu : collecte et stockage de différents types de contenus venant de divers flux d'information.

Ambassadeur : individu qui promeut bénévolement et spontanément une marque.

Autoplay : les vidéos publiées sur Twitter ou Facebook se lisent automatiquement dès qu'elles sont affichées à l'écran.

Big Data : volumineux ensemble de données difficile à traiter avec les outils classiques.

BtoB (*Business to Business*) : activité des entreprises ayant pour clients d'autres entreprises.

BtoC (*Business to Consumer*) : activité des entreprises ayant pour clients des particuliers.

Buzz : action marketing consistant à faire du bruit autour d'un produit ou d'un service. Ce sont les consommateurs qui deviennent les vecteurs de diffusion du message.

Churn : taux de perte de clients pour une entreprise.

Communauté : internautes liés par des intérêts communs, dont les membres partagent leurs expériences et s'entraident. Les communautés se sont imposées dans la relation en ligne entre les marques et leurs cibles ou leurs clients.

Community Management : fonction qui consiste à animer les échanges entre les internautes qui soutiennent, aiment ou utilisent un produit ou un service et la marque qui le délivre.

CRM (*Customer Relationship Management/*Gestion de la Relation Client) : outils et techniques développés pour capter, traiter, analyser les informations sur les clients et prospects pour les fidéliser en améliorant leur connaissance et le niveau de service qu'on leur apporte.

Curation : revue de presse version 2.0. Trier et sélectionner les informations pertinentes parmi le déferlement permanent.

Cybersquatt : déposer ou utiliser un nom de domaine appartenant à une marque sans en avoir ni l'autorisation ni la légitimité pour profiter de sa notoriété (exemple : twitter.com/nutella).

Edgerank : algorithme de Facebook qui détermine dans quelle mesure des publications sont affichées dans les fils d'actualité.

Inbound marketing : l'art et la manière de faire venir à nous ceux qui ne nous connaissent pas.

Influenceur : personne qui réussit à faire réagir ceux qui la suivent sur les réseaux sociaux.

KPI (*Key Performance Indicators/*Indicateurs de Performance) : indicateurs mesurables du niveau de performance en entreprise.

Lead : prospect.

Marketing digital : actions du marketing destinées à toucher prospects et clients sur tous les supports digitaux.

Marque employeur : outils et techniques déployés pour exprimer une vision et des valeurs d'entreprise pour attirer et fidéliser des candidats. Pourquoi choisir l'entreprise ? Pourquoi y rester ? Pourquoi s'y investir ? Pourquoi la recommander ? Pourquoi rester en contact après l'avoir quittée ?

Médias sociaux : expression plus large que les réseaux sociaux, qui regroupe la technologie, les échanges et la création de contenu. Dans une optique de clarté, seule l'expression réseaux sociaux est utilisée dans ce livre.

Opt-in : adresse mail ayant fait l'objet d'un accord explicite de son propriétaire pour être utilisée à des fins marketing.

Opt-out : adresse mail dont le propriétaire ne s'est pas opposé à son utilisation à des fins marketing.

Picture marketing : expression créée par l'auteur pour illustrer l'importance de la place de l'image dans les réseaux sociaux; que ce soit dans les réseaux « classiques » ou les réseaux uniquement consacrés à l'image.

Réseaux sociaux : sites Internet regroupant en ligne, au départ, des relations de la vie réelle. Puis par extension, sites destinés à développer son cercle de relations dans des buts personnels ou professionnels : emploi, développement d'activité...

ROI (*Return on Investment*/Retour sur Investissement) : somme gagnée ou économisée suite à un investissement initial.

RONI (*Risk of Non Investment*/Risque de Non Investissement) : sur les réseaux sociaux, au-delà du retour sur investissement, on évoque le risque lié au non investissement.

RSE : Réseau Social d'Entreprise. Plateforme qui réunit les employés d'une entreprise, et par extension ses clients, partenaires et/ou actionnaires.

RSS (*Really Simple Syndication*) : flux de données sur les sites web utilisés pour la syndication des contenus.

Smart Data : extraire du Big Data les informations intéressantes pour les actions marketing.

SI : Service Informatique.

Social Selling : adapter ses cycles de vente et sa démarche commerciale aux nouveaux enjeux générés par les outils digitaux et les réseaux sociaux.

Syndication de contenu : autorisation de reproduire un contenu d'un site sur d'autres sites.

UGC (*User Generated Content* / Contenu Généré par les Utilisateurs) : contenu produit par les utilisateurs finaux d'un produit.

Video streaming live : diffusion en direct de vidéos sur les réseaux sociaux via son mobile.

Webtracking : actions destinées à identifier les parcours et les profils des visiteurs d'un site.

74933 - (I) - CSB 100 - 144 BLP - GCO
Achevé d'imprimer en Espagne par Unigraf S.L.